中国易学文化传承解读丛书

子平实战指引

徐伟刚　著

中国商业出版社

图书在版编目(CIP)数据

子平实战指引 / 徐伟刚著.—北京:中国商业出版社，2009.8

(中国易学文化传承解读丛书)

ISBN 978-7-5044-6620-4

Ⅰ. 子… Ⅱ. 徐… Ⅲ. ①命书—研究—中国②子平真诠—研究③穷通宝鉴—研究 Ⅳ. B992. 3

中国版本图书馆 CIP 数据核字（2009）第 134916 号

责任编辑 陈朝阳

*

中国商业出版社出版发行

010-63180647 www.c-cbook.com

(100053 北京广安门内报国寺 1 号)

新华书店总店北京发行所经销

北京龙跃印务有限公司印刷

*

2009 年 11 月第 1 版 2009 年 11 月第 1 次印刷

710×1000 毫米 16 开 22 印张 320 千字

定价：45.00 元

* * * *

(如有印装质量问题可更换)

《中国易学文化传承解读丛书》出版前言

中国传统文化以诗、书、易、礼、春秋为源头经典。《三字经》上曾讲“诗、书、易，礼、春秋，号六经，当讲求”，又说“有连山，有归藏，有周易，三易详”。在这六种（其中礼，有周礼、礼记二种）经典中，又以易经为最重要的经典。儒家将其列为群经之首，道家将其列为三玄之冠。因此，武汉大学哲学学院博士生导师唐明邦教授将易经称之为“中华文化的源头活水”。

易经文化的传承，一向分为两大部分，一部分是义理的传承，主要从哲学、政治学、社会学、伦理学等人文科学的方面进行阐释、发挥，以指导现实社会发展的方方面面；另一部分就是数术的传承，主要从未来学、预测学、咨询文化的角度进行阐释、发挥，乃至创新、改造，以适应现实社会生活和各色人等的心理咨询需求。

该套丛书，虽然也有部分文章着重从义理方面进行阐发解读，但大部分著作主要是从数术角度进行传承，进行解读。这十几部书涉及到数术中的绝大部分种类，既有古代称之为“三式”的太乙、奇门、六壬，又有八卦、六爻、梅花易数以及四柱命理等，都是作者近几年最新的研究和实践成果。

数术文化，源远流长。中华传统文化从本质上讲是一种没有宗教的文化(所谓本土宗教道教，也是在佛教等外来宗教传播的形势下，才以道家老子为鼻祖而新创的一种宗教)，而易经数术文化在中国历史上在一定意义上发挥着“准宗教”的作用，起着抚慰广大人民心灵的作用，换言之，发挥着社会心理学的作用。这就是它“野火烧不尽，春风吹又生”，能够顽强生存下来，得到持久传承的原因。即使到现代科学如此昌明的今天，有人称之为电子时代，信息化社会，但它不仅未能消亡，反而仍然在生生不息地传承着。

当今社会上人们对数术文化有着不同见解和看法。有人将它斥为“封建迷信”，有人将其视为“预测学”或“民俗学”，也有少数人盲目痴迷它，但大多数人处于不了解的状况。

为了使广大读者能够深层次地了解传统文化中的数术文化，以便独立地确定自己的意见和见解，我们出版了这部“中国易学文化传承解读丛书”，参与解读的作者都是个人研究的心得和实验的成果，正确与否，只是一家之言，一得之见。广大读者可以从中辨别真伪，或赞同，或批判，或质疑，或否定。

本丛书的很多内容讲的是预测及占筮技术。对此，我们比较赞同著名作家柯云路先生的观点，他在给本丛书之一的《梅花新易》一书的序中写到：“占筮技术在当今的实际应用则是该谨慎的。一个，是因为这种占筮技术本身的作用还是有其限度的，现代人该更多依靠科学决策。另一个，这一行良莠不齐，很容易给各种江湖骗子可乘之机。所以，对于一般大众来讲，我的告诫常常是：命一般不算，起码要少算。算错了，被误导，就真不如不算，那很有损害。而要真正使自己活得好，倒是该从大处掌握《易经》中的道理，那就是乾卦讲的‘天行健，君子以自强不息’，还有坤卦讲的‘地势坤，君子以厚德载物’。大的道理是十分简易的，再加上做事中正，为人诚信，与时偕行，知道进退，《易经》的大道理就都有了”。

目　录

自　序

自1989年起，我有缘接触到了中国传统易学与术数。当时所看到的易书，基本来源全是一些古术数书复印件。当时，我就逐步的邮购这些方面的资料，从八卦到六爻、梅花易数、子平命学、风水与三式、星占、相学、择吉、测字几乎无所不包，凡是这方面的书我是统统要购、要看的。

记得在1990年，我邮购到第一本子平命理书，那就是民国时期广益书局出版的《渊海子评》古本，从此，开始了我的子平命学学习、研究之路。1992年的春天，我在苏州书市购得了上海古籍出版社出版的《四库术数类丛书》中的“六、七、八、九”四册影印本，其中就有明代万民英先生的《三命通会》这一位子平家之命理巨作，看了此书之后，我的眼界慢慢放开，对中国传统子平命理学有了一个基本全面之了解与认识。

2001年我到了北京，由于做生意不是太顺手，所以又重新研究起以前扔掉（实际上是个断断续续的研究过程）的子平命学，反复阅读研究民国时期上海广益书局的《渊海子评》，此书是古本，每页上面都有眉注。当时，我对《渊海子评·继善篇》的用神定义最是疑惑，因为在此书的很多眉注中，都反复讲用神概念，说所谓的用神，就是用月令中的人元作用神。这种眉注让我起了大疑惑，为什么《渊海子评》要这样说用神呢？这与我们当时一般命理书上所流行的用神观完全不是一回事，流行之用神观，就是以日主旺衰来定的，身旺者则用神就是克泄日主的官煞或食伤，身弱者则就是生助日主的印比。这种流行用神观之俗说，与《渊海子评》的用神观根本无法联系到一起。通过对用神定义的深入反思与研究，且以之为突破口，到2002年夏天，我终于真正全面的了解《渊海子评》、《子平真诠》、《三命通会》等经典传统命书的核心命理内容——格局论，发现了自民国以来到当代命理研究的方向性错误。正是由于这种巨大的发现与了解，促使在 2002 年到 2003 年，我给国内易刊《易海方舟》写稿子，若干论文“八字用神原意考辩”、“八字命学道统论要”等文章皆在此刊物上发表，开始宣传传统子平命理学的核心理念——格局论了。

我的子平命理体系格局论，从学术的根源来看，的确是以《渊海子评》、《三命通会》、《子平真诠》、《神峰通考》等古命书为依托的，讲述格局的基本理论框架是从这些书中发掘出来的。这里要说明一下的是，关于我对格局论的发现与《子平真诠》原义的“发明”过程，完全是缘于自己的研究之中，并没有收到任何书、任何作者的启发。有好多研究过格局论的人知道，我在书中提到了台湾的梁湘润先生与美国的陆致极先生，因为这两位先生也是发现命理传统格局论本义的清醒研究者。所以，不少人猜测我所研究的格局论的发现，是受到了这两位先生学术上的启发。事实上完全不是这样的，在 2003 年底，我在北京南三环的光彩市场中的一个书店中，看到了一本台湾梁湘润先生的《细批终身流年详解》书，一本书十元。我翻阅此书，才发现我的格局论的主要观点与思想，在这位老先生的作品中也已明确提出了。此时，我才感叹发现此位老先生与我是知音（在 2003 年以前，我根本不知这位台湾的梁湘润老先生），与我是同行人，正是这样，我在我的作品中提到了梁先生。关于陆致极先生的《中国八字智慧》一书，我也是在 2003 年在北京国家图书馆的港台阅览室看到了。当时，只是走马观花，初步了解到陆先生在书中所讲的“日主网络”与“月令网络”的两个论命系统，发现了陆先生所以为的月令网络系统与我所发现的格局论本义是大致一样的，这也是个与我持同样观点的命理研究家。所以，我在我的书中也提到了陆先生，认为陆先生与梁先生皆是少见的清醒的命理家，是我的同道与知音。所以，在书提及他们两位，以示我之格局论并不是我一家之言。所以，事实上这样，我对格局论的重新发现过程中，并没有受到陆、梁两位先生的任何启发，只是在我基本整明子平命理格局论的本义之后，才发现这两位的观点与我所论是异曲同工者。可以讲，我的命理观点没有公开之前，中国大陆命学界讲格局论是没有任何一个人的，而正是我的命理书出来之后，才使得的中国命学界真正重视起传统经典命理格局论来，到现在国内研究格局论的人已悄然多了起来，在网络上则早已是流行成风气了。

格局论已重新现世有五年多了，我对命学的研究也在进一步深化，这本《子平实战指引》就是我这近年的研究新成果。在这本新书中，除了对格局论进行深化系统之外，我还推出了以古命书《穷通宝鉴》为根据的命理调候论，也简称为穷通论，将穷通论作为论命看命的另一法则，与格局论并存。要知道的是，格局论是四柱预测系统论，穷通论则是四柱预测局部重点论，两论各有侧重，各有体系，相辅相成，全是研究子平命学的真论。依据格局论、穷通论这两论，我在本书中列举了大量的实践命案，从中可以了解此两论在认识人生命运方面的巨大价值。在这些内容之外，本书还增加了命理漫谈的很多文章，以来丰富格局论、穷通论，也同时揭示出更多的命学真知识来，帮助研究者尽快掌握这两个真论。

从 1989 年到 2009 年，我的术数研究已整 20 年了。大概而言，我的术数研究，本于传统主流术数，强调研究术数中的大宗之法，以为学习研究它们，就可以掌握中国传统术数之根本。对于这些大宗术数，我一直强调要求走正统之研究路线，这就是以尊重传统、尊重经典、尊重先贤、重视实践为标准，不搞旁门左道，不搞歪理邪说，不欺师灭祖，不拉党结派，不臆想胡侃，真正继承传统大宗术数之精华，在这个新时代将之发扬光大。在研究目标上，我强调要有志气，要定下远大之目标，要肯下苦功夫，才能将大宗术数学通、学好、学精，从而提升个人思想见识之境界，得大智慧，通百家法，胸罗万象，为世人指点迷津，结缘众生，服务社会。

子平命学作为传统术数中的根本法，宗法中的宗法，其重要性是首屈一指。所以，我的认识是，研究传统中国术数，最好是从子平命学开始，抓住了这个子平命学，那就抓住了中国术数之根。这是因为，在传统术数中，只有子平命学最能完全系统地正确的反映出一个人的人生命运大局来。只有掌握了这个人生大局，才有可能对人生作出终生之规划；也只有这样，才有机会对人生大事作出前瞻性的指导方略；也只有这样，子平命学才能体现出它的历史意义与实际社会价值。

以上所想所思，说来较长，不过也是有感而发，是为序。

徐伟刚

2009 年 7 月 25 日晚 22：23 分于北京

第一章　四柱基础知识

阴阳五行，是阴阳学识和五行学说的合称，是古人用以认识自然和解释自然的世界观和方法论，是我国古代的唯物论和辩证法。阴阳学说认为世界是物质的，物质世界是在阴阳二气的相互作用下孳生着、发展着和变化着的。五行学说认为木、火、土、金、水是构成物质世界所不可缺少的最基本物质，由于这五种最基本物质之间的相互资生、相互制约的运动变化而构成了物质世界。这种观念对我国古代唯物主义哲学有着很深远的影响，并成为我国古代自然科学的唯物主义世界观和方法论的基础。

第一节　干支常识

一、天干地支

天干地支简称干支，是中国古代用来计算历法的一套符号。其中天干有十干：甲乙丙丁戊己庚辛壬癸；地支有十二支：子丑寅卯辰巳午未申酉戌亥。天干与地支结合起来组成六十位干支，也称六十花甲。如下表。

甲子	乙丑	丙寅	丁卯	戊辰	己巳	庚午	辛未	壬申	癸酉	甲戌	乙亥
丙子	丁丑	戊寅	己卯	庚辰	辛巳	壬午	癸未	甲申	乙酉	丙戌	丁亥
戊子	己丑	庚寅	辛卯	壬辰	癸巳	甲午	乙未	丙申	丁酉	戊戌	己亥
庚子	辛丑	壬寅	癸卯	甲辰	乙巳	丙午	丁未	戊申	己酉	庚戌	辛亥
壬子	癸丑	甲寅	乙卯	丙辰	丁巳	戊午	己未	庚申	辛酉	壬戌	癸亥

二、阴阳五行

阴阳五行是中国古代的一种哲学概念，是古人认识自然的一种朴素的唯物观点。

《易》曰："易有太极，是生两仪。"所谓"两仪"就是阴阳，所以《易》又曰："一阴一阳之谓道。"阴阳指事物的矛盾，如昼夜、寒暑、长短、雌雄、男女、动静、刚柔等等。

五行则是对世界万物更为细致的分析。古人认为，世界是由金、木、水、火、土五种基本元素组成的。并且更进一步地认为，这五种元素是互相转化、互相制约的。由此转化和制约，从而构成了天地万物千姿百态的架构和趣向。对于五行转化的规律，可分为相生和相克两种：

相生：金生水、水生木、木生火、火生土、土生金。

相克：金克木、木克土、土克水、水克火、火克金。

三、干支分配五行

既然世界万物皆属阴阳五行，那么天干地支也不例外，古人将干支分配五行如下：

金		木		水		火		土	
阴	阳	阴	阳	阴	阳	阴	阳	阴	阳
辛	庚	乙	甲	癸	壬	丁	丙	己	戊
酉	申	卯	寅	亥	子	巳	午	丑未	辰戌

四、二十四节气与干支之关系

古今的历法不外太阳历与太阴历两种。太阳历如今日世界通用的公历（前身为儒略历，十六世纪教皇格里高里十三世稍作修改形成了今天的公历），太阴历如穆斯林国家通用的穆斯林教历。这两种历法的主要区别在于：太阳历以地球绕太阳一周（相对于地球来说，则为太阳绕黄道运行一周）为一回归年，并将其平均成十二个月份，再分立大小平闰月以概其余。太阳历的优点是四季分明，准确无差；太阴历则严格以月亮朔望周期纪月，因没有顾及到地球公转周期，所以不能准确地划分四季界限。中国传统的农历实际上是一种阴阳合历，一方面以月亮朔望周期纪月，一方面又巧妙地设立闰月做到与回归年同步。

节气	黄经	月令	节气	黄经	月令	节气	黄经	月令	节气	黄经	月令
立春	315 度	寅	立夏	45 度	巳	立秋	135 度	申	立冬	225 度	亥
雨水	330 度	寅	小满	60 度	巳	处暑	150 度	申	小雪	240 度	亥
惊蛰	345 度	卯	芒种	75 度	午	白露	165 度	酉	大雪	255 度	子
春分	0 度	卯	夏至	90 度	午	秋分	180 度	酉	冬至	270 度	子
清明	15 度	辰	小暑	105 度	未	寒露	195 度	戌	小寒	285 度	丑
谷雨	30 度	辰	大暑	120 度	未	霜降	210 度	戌	大寒	300 度	丑

（四柱年月支与节气之关系表）

所谓二十四节气是将地球绕太阳一周即一回归年的 360 度角划作 24 分，即太阳在黄经在向东每移动 15 度角为一“气”，移动一周 360 度共 24 气。农历将这二十四节气名为立春、雨水、惊蛰、春分、清明、谷雨、立夏、小满、芒种、夏至、小暑、大暑、立秋、处暑、白露、秋分、寒露、霜降、立冬、小雪、大雪、冬至、小寒、大寒。

其中立春、惊蛰、清明、立夏、芒种、小暑、立秋、白露、寒露、立冬、大雪、小寒等十二个称为“节气”，其余的称为“中气”。节气通常被看作是阴历，实际上却是严格按回归年计算的，属于阴历的范筹。四柱排列中所用的年月划分也是严格以节气为标准的，而不是通常农历或公历的年月划分，这是起四柱的基本原则，使得四柱排列不受历法变更的影响而保持其准确性，更重要的是以回归年为纪年标志，符合四季寒暑变化的节律，遵循天道轮回的因果关系，而这些都是命理学的理论基础。

注：1. 一年的开始严格以立春时为准，如 1994 年 2 月 4 日 9 时 31 分立春，则甲戌年从 1994 年 2 月 4 日 9 时 31 分算起到 1995 年立春时止。

2. 每月的开始严格以交节时刻为准，如 1994 年 2 月 4 日 9 时 31 分立春，则甲戌年寅月(一月)从立春时算起，到 3 月 6 日 3 时 38 分惊蛰为止，从 3 月 6 日 3 时 38 分起算作卯月(二月)，余此类推。

五、天干五合

甲己合化土。

乙庚合化金。

丙辛合化水。

丁壬合化木。

戊癸合化火。

所谓天干五合，是指五组天干的互相作用而产生的变化。如丙辛合化水，指天干丙遇到天干辛，丙本是火，辛本是金，但这两者在一起相互起反应，组合在一起，却变化成了水，如化学反应一般，两者的性质已变，生成新的性质。当然在实践应用中，合化是有着严格的条件的，并非一见丙辛就认为是化成了水。丙辛如此，余可类推。

六、地支六冲

子午冲。

丑未冲。

寅申冲。

卯酉冲。

辰戌冲 。

巳亥冲 。

地支六冲是指地支之间的生克变化，如地支子遇见地支午，两者相冲，互相都受到损失。至于此冲是好是坏，需要全盘推论。

四柱中有子、午二字，则子、午相冲。四柱中有丑、未二字，则丑、未相冲。四柱中有寅、申二字，则寅、申相冲。四柱中有卯、酉二字，则卯、酉相冲，四柱中有辰、戌二字，则辰、戌相冲，四柱中的巳、亥二字，则巳、亥相冲。

子属于正北，午属正南，子属水，午属火，方位相对，性质相反。四柱中有子字和午字，则子与午就会产生互相排斥的作用而争战扭打起来，其结果是两败俱伤，各自损失大部分的精力。若子字和午字相邻，则冲力较大，若中间隔了一二个地支，则冲力减少，但冲力仍有。若子字有丑字相合，或午字有未字相合，则以又合又冲论，不能认为合可以解冲，或冲可以解合，这点宜注意。至于辰戌丑未之冲，方位相对，性质相类，虽然相冲，并不战克。四柱中有子字，而大运或流年走午字，则子、午也会相冲。其余地支之相冲类推。

七、地支三合

亥卯未合化木。

巳酉丑合化金。

申子辰合化水。

寅午戌合化火。

地支三合理同天干五合，即地支之间的相互作用而变化性质，如亥卯未三个地支聚在一起，那么就变化成了木。在实践中地支三合也有严格的条件。

八、地支半三合

亥卯合木，卯未合木。

巳酉合金，酉丑合金。

申子合水，子辰合水。

寅午合火，午戌合火。

地支半三合理同地支三合，不过因为三者没有汇全，所以其力量较三合要小一些。

九、地支六合

子丑合土。

寅亥合木。

卯戌合火。

辰酉合金。

巳申合水。

午未合土。

地支六合亦是地支之间的相互变化，如子丑聚在一起，就变化成了土，地支六合的力量小于三合和半三合。

子丑合土、寅亥合木、卯戌合火、辰酉合金、巳申合水，午未合土，午为阳，未为阴。四柱中有子字或丑字，则子丑相合，并加强了土的力量。若子与丑相邻，则合力较大，子与丑中间有一二地支隔开，则合力较微，但若有午来冲子，或未来冲丑，当以又合又冲论，不可认为因合而解了冲，或因冲而解了合。若四柱中一亥字，则作亥子丑会北方水局论，而不去论子丑合土。子与丑合，不管相邻或是相隔，子仍然是子，丑仍然是丑，不能因为子丑合，子就不存在了，子水就发生化学反应而变成土了。其余地支之相合类推。

十、地支三刑

寅刑巳，巳刑申，申刑寅。四柱中有寅、巳二字，或巳、申二字，或申、寅二字，或寅、巳、申三字全有，则属相刑。四柱中有寅、巳、申三字中的一个或二个，大运或流年地支碰上了另外一个或二个，亦属相刑。或四柱中有寅、巳、申三字中的一个，大运碰上其中另外一个，这步大运所辖的流年地支遇另外一个，亦属相刑。如四柱中有一个寅字，大运走申时，流年在巳年，就属相刑。

丑刑戌，戌刑未，未刑丑。四柱中有丑、戌二字，或戌、未二字，或未、丑二字，或丑、戌、未三字全有，则属相刑。四柱中有丑、戌、未三字中的一个或二个，大运或流年地支碰上了另外一个或二个，亦属相刑。或四柱中有丑、戌、未三字中的一个，大运碰上其中另外一个，这步大运所辖的流年地支遇另外一个，亦属相刑。如四柱中有一个丑字，大运走戌时，流年在未年，就属相刑。

子刑卯，卯刑子。四柱中有子、卯二字，则属相刑。四柱中有子字（或卯字），大运或流年走卯字（或子字），亦属相刑。

辰午酉亥自相刑。四柱中有两个辰或更多的辰，有两个午或更多的午，有两个酉或更多的酉，有两个亥或更多的亥，则辰辰相刑，午午相刑，酉酉相刑，亥亥相刑，均属自刑。或四柱中有辰，而大运或流年又遇辰，亦属相刑。其余午、酉、亥之刑类推。

十一、地支六害

子未相害、丑午相害、寅巳相害、卯辰相害、申亥相害、酉戌相害。共六种相害，称“六害”，相害又叫相穿。

四柱中有子字和未字，则子未相害。若子字和未字相邻，则害之力大，若子字与未字相隔，则害之力较轻。或四柱中有子字，而大运或流年走未字，则子未亦相害。其余类推。

十二、十二地支所属生肖及属相

子丑寅卯辰巳午未申酉戌亥为十二地支。

子属鼠、丑属牛、寅属虎、卯属兔、辰属龙、巳属蛇、午属马、未属羊、申属猴、酉属鸡、戌属狗、亥属猪。

子寅辰午申戌属阳，丑卯巳未酉亥属阴。

十三、地支人元藏干

命理学上有天地人三元之说，天干为天元，地支为地元，人元则是指地支中所藏含的天干。十二地支，每个地支中分别藏着一个、二个或三个天干，即所谓地支循藏。

为方便记忆有口诀如下：

子宫癸水在其中，丑癸辛金己土同；
寅藏甲木秉丙戊，卯宫乙木独相逢；
辰藏乙戊三分癸，巳中庚金丙戊丛；
午宫丁火并己土，未中乙己丁共宗；
申位庚金壬水戊，酉中辛金独丰隆；
戌宫辛金及丁戊，亥藏壬甲是真踪。

第二节　四柱起法

一、起年柱

将出生日期对照《万年历》，看此日期处于哪一年，即以其年之干支作为年柱。但应注意的是，年的开始必须严格以立春时刻为起点，而不是通常以农历正月初一或公历元旦作为一年的开始。如某人 1994 年 2 月 5 日生，查万年历为癸酉年阴历十二月廿五日，但再查立春却是在癸酉年阴历十二月廿四日酉时交节，那么其年柱就应该是甲戌而不是癸酉。同理若某人生于癸酉年阴历正月十二，查万年历得知癸酉年立春在正月十三辰时交节，那么其年柱应该算作壬申年而不能作癸酉，余仿此。

年柱是四柱之根，在柱中占有很重要的地位。如命书上常说某人是大溪水命，某人是霹雳火命，都是指年柱的纳音属性而言。

二、起月柱

月柱的起法，是以节气为交界，每交一节气（注意是节气而不是中气），则交替月柱，是即按太阳黄经之运行轨道，将一回归年分成十二分，用以标示四季寒暑之变化、五行盈亏之消息，命局十神之旺衰，在月令一字之分，故为四柱之提纲。

同年柱理，月份也是严格以节气交替时刻为标准的，而不论其阴历阳历平闰与否。参照《基础知识》篇中的节气与干支对照表，可知从立春到惊蛰为寅月，从惊蛰到清明为卯月等，如某人生于 1993 年 3 月 3 日即农历二月十一日，察万年历得知二月十一日位于立春和惊蛰之间，乃作寅月，知道了月柱的地支，再按下列“五虎遁年起月”表对照求出月干，如上例寅月对照表中年干癸查得月干为甲，即月柱为甲寅，余仿此。

五虎遁年起月表（以生月地支对照年干查月干）

月支依次为	寅	卯	辰	巳	午	未	申	酉	戌	亥	子	丑
年干为甲己	丙寅	丁卯	戊辰	己巳	庚午	辛未	壬申	癸酉	甲戌	乙亥	丙子	丁丑
年干为乙庚	戊寅	己卯	庚辰	辛巳	壬午	癸未	甲申	乙酉	丙戌	丁亥	戊子	己丑
年干为丙辛	庚寅	辛卯	壬辰	癸巳	甲午	乙未	丙申	丁酉	戊戌	己亥	庚子	辛丑
年干为丁壬	壬寅	癸卯	甲辰	乙巳	丙午	丁未	戊申	己酉	庚戌	辛亥	壬子	癸丑
年干为戊癸	甲寅	乙卯	丙辰	丁巳	戊午	己未	庚申	辛酉	壬戌	癸亥	甲子	乙丑

三、起日柱

日夜交替是由地球之自转形成的，在命理学中，以夜子时之初为新的一天开始，那么子时是如何确定的呢，在天文历法中，以太阳过某地上中天为正午时，太阳过某地下中天（所谓下中天即太阳过相对的另一半球的上中天）为正子时，所谓“正”即表示是子时的中间点，按古历一个时辰为二个小时，那么子时之初即为正子时之前一小时，换算成现在的时间，即某地区当地时间夜晚 23 时为子时之初（历法上称初子时），即为该地新的一天开始。

但是到了近代，受西方历法的影响，一些命理学家对日柱的起讫点有了新的看法，认为新的一天并非是从初子时开始的，而应该是从正子时起算。如近代著名的命理学家袁树珊先生，在其名作《命理探源》之中，就专文讨论过这个问题，袁氏认为在夜晚初子时之后正子时之前，日柱仍然按当天算，时柱却要算作下一天的子时（因为时辰已经交递）。袁氏之说法，在近代影响较大，直到现在，仍然有一些命理学家遵从其说。

但是我们遍阅古籍，不仅是在四柱命理书中，而且在所有的奇门、八卦、紫徽、六壬等等术数典籍中，却查不到任何一例这样的算法。可见上述的这种观点，只是一种探讨性质，并非定论。当今的预测学者、有“易坛泰斗”之称的邵伟华氏，在其《四柱基因学》一书中，批驳了这种观点。邵氏说：“这种说法不甚合理，又无古例可援，故舍去其分别，又经诸家检验，凡过夜晚 23 点（即初子时），即作第二天的干支计算日柱。”故我们可以认定，每一天的开始，确实是以初子时为分界线的，凡过初子时即算作新的一天，以此标准论断，方称确当。

如果要计算日柱干支，最简单的方法是查万年历，如某人生于 1994 年 6 月 1 日，查万年历知该日干支为戊午，即日柱为戊午。

四、起时柱

时柱用农历干支表示人出生的时辰， 一个时辰在农历记时中跨两个小时，故一天共十二个时辰。

子时: 23 点——凌晨 1 点前	丑时: 1 点——凌晨 3 点前
寅时: 3 点——凌晨 5 点前	卯时: 5 点——凌晨 7 点前
辰时: 7 点——上午 9 点前	巳时: 9 点——上午 11 点前
午时: 11 点——上午 13 点前	未时: 13 点——上午 15 点前
申时: 15 点——上午 17 点前	酉时: 17 点——上午 19 点前
戌时: 19 点——晚上 21 点前	亥时: 21 点——晚上 23 点前

古人将一日等分为十二时辰，即:夜半者子也，鸡鸣者丑也，平旦者寅也，日出者卯也，食时者辰也，隅中者巳也，日中者午也，日佚者未也，哺时者申也，日入者酉也，黄昏者戌也，入定者亥也。

时柱的地支是固定不变的，而天干却不同，可查下面日上起时表：

日上起时表

时＼日	甲己	乙庚	丙辛	丁壬	戊癸
子	甲子	丙子	戊子	庚子	壬子
丑	乙丑	丁丑	己丑	辛丑	癸丑
寅	丙寅	戊寅	庚寅	壬寅	甲寅
卯	丁卯	己卯	辛卯	癸卯	乙卯
辰	戊辰	庚辰	壬辰	甲辰	丙辰
巳	己巳	辛巳	癸巳	乙巳	丁巳
午	庚午	壬午	甲午	丙午	戊午
未	辛未	癸未	乙未	丁未	己未
申	壬申	甲申	丙申	戊申	庚申
酉	癸酉	乙酉	丁酉	己酉	辛酉
戌	甲戌	丙戌	戊戌	庚戌	壬戌
亥	乙亥	丁亥	己亥	辛亥	癸亥

另有以下口诀可帮助记忆，也称“五鼠遁”：

甲己还加甲，乙庚丙作初。
丙辛从戊起，丁壬庚子居。
戊癸何方发，壬子是真途。

上表和口诀的用法与年上起月法类似。如丙申日卯时的天干是辛，即辛卯时。

四柱的中心是日干，称为“日主”、“日元”。在四柱中，日干代表自身，其他各干根据其与日干之间的生克关系，被赋予一定的名称。

1. 生我者为正印、偏印：其中以异性相生为正印，同性相生为偏印。

如日干为辛金，他干为戊土，则为阳土生阴金，属异性相生，戊土记为正印。若见己土，则为阴土生阴金，属同性相生，己土则为偏印。若日干为庚金则相反。

2. 我生者为伤官、食神：其中以异性相生为伤官，同性相生为食神。如日干为辛金，他干为壬水，则为阴金生阳水，属异性相生，壬水则为伤官。若见癸水，则为阴金生阴水，属同性相生，癸水则为食神。若日干为庚金则相反。

3. 克我者为正官、偏官：其中以异性相克为正官，同性相克为偏官。如日干为辛金，他干见丙火，则为阳火克阴金，属异性相克，丙火则为正官。若见丁火，则为阴火克阴金，属同性相克，丁火则为偏官。若日干为庚金则相反。

4. 我克者为正财、偏财：其中以异性相克为正财，同性相克为偏财。如日干为辛金，他干见甲木，则为阴金克阳木，属异性相克，甲木则为正财。若见乙木，则为阴金克阴木，属同性相克，乙木则为偏财。若日干为庚金则相反。

5. 同我者为劫财、比肩：其中以异性相同为劫财，同性相同为比肩。如日干为辛金，他干见庚金，则为阴金同阳金，属异性相同，庚金则为劫财。若见辛金，则为阴金同阴金，属同性相同，辛金则为比肩。若日干为庚金则相反。

正官、偏官、正印、偏印、食神、伤官、正财、偏财、比肩、劫财等这些名词，统称为十神，又称六神。

通过上面的步骤，推出四柱，以后再推出大运，取配十神，定出格局，就可以从事命理的推衍了

人的大运是十年一变，所以才有了十年河东、十年河西之说法。所以一个人必须知道何时走好运，何时走败运，以达到趋吉避凶。当一个人财运官运亨通之时，即此人经过不懈努力终于登上了山峰，那种一览众山小，大自然尽收眼底的喜悦之情难以言尽。可人总不能停留在山顶，此时无论往山的那边走，都是下坡路，即走退运。当一个人在人生最低谷时，往那边走都是

上坡路，越走越高，即行好运，此为绝处逢生之理。

第三节　排大运

四柱为命，大运为运，命和运合为人一生的命运，命运结合方知吉凶祸福。大运是以四柱中的月柱来排定的，有男女顺逆之分，起运数计算也有顺逆之别。

大运排法：阳男阴女顺排，阴男阳女逆排，一般排八步运。如，庚戌年己卯月生男，为阳年生男，其大运为：庚辰、辛巳、壬午、癸未、甲申、乙酉、丙戌、丁亥。庚戌年己卯月生女，为阳年生女，其大运为：戊寅、丁丑、丙子、乙亥、甲戌、癸酉、壬申、辛未。丁酉年甲辰月生男，为阴年生男，其大运为：癸卯、壬寅、辛丑、庚子、己亥、戊戌、丁酉、丙申。丁酉年甲辰月生女，为阴年生女，其大运为：乙巳、丙午、丁未、戊申、己酉、庚戌、辛亥、壬子。

起运数：大运数的起法，以三天折合一岁计，即一天折合四个月，一小时折合五天。计算时，如起运总数为 18 天，被 3 除，等于 6，即为 6 岁起大运。如为 19 天，则为 6 岁 4 个月起大运。每十年行一步大运。起运天数的计算，是以出生之日所在月令，分男女顺逆算出。阳年生男，男命以出生之日数至本月令结束，如辰月生人，其月令为清明之月，清明结束之时，即立夏巳月交节前夕。如九五年四月二十一日生男，阳年生男从二十一日数至五月初九清明节令结束，芒种开始，共十七天，除 3 等于从 5 岁零八个月开始行大运。如果这一天生女，从二十一逆数至四月初九，即立夏开始之日，共 14 天，除 3 等于从 4 岁零八个月行大运。阴年生女同阳年生男，阴年生男同阳年生女。

第二章
四柱立论原理及命运谈

四柱命学立论的根本原理就是建立于“天人合一”的光辉理念之上，如何真正理解此一原理，对于认识人生命运有着非常重大之价值意义。

大概而言，一个小生命的诞生一刻，就标志一个完整“小天地”的形成。据于人天相应、人天合一的原理，在某个特定时刻产生的个体“小生命”“小天地”，必然会与当下一刻的“大天地”完整对应合一。换言之，当下大天地的阴阳五行结构、状态和关系就同步反映着当下个体“小生命”“小天地”出生一刻所禀受的阴阳五行之结构、状态和关系。细言之，个体小生命在肉体上所禀受的五行（五脏六腑）状态与当下大天地内的阴阳五行状态是一一对应且等同的。同时，个体小生命所禀受的阴阳五行人生信息就同步等同相应地体现在当下一刻大天地内的阴阳五行关系。因此，我们可以从人出生一刻反映大天地阴阳五行信息的历法（纪年、纪月、纪日、纪时）的干支字来同步等于人的全部天然属性，这就是四柱（俗称八字）。

四柱从来源上讲，仅是大天地运化的一个点而已，这个“点”内所蕴含的阴阳五行信息会同步体现全息体现在当下产生的“小天地”个体生命的身上，这就是四柱以“言天”来“知人”的过程。既然当下一刻大天地与个体生命对应，那么当下一刻“大天地”之演化必然会与个体生命的人生演化也同步对应，据于如此之原理推论，四柱命学之大运设计就可以知晓了。

命运一说就四柱而言，自有其特定的意义指征。命者，月令也；借以笼统指代四柱全局也。运者，运化也；借以笼统描述人生一辈子之变化也。但就命运于事实层面上看，命运更具广泛之表象意义。故我之理解是：命运乃是人生现象过程之总和。凡是属于人生现象者，无一隶属于命运之范畴。

一般术者仅以为命运之吉凶结果（现象）是为命运，孰不知吉凶结果之形成过程也同样是命运之内容形式。换言之，凡是人生选择判断奋斗或堕落皆是命运所主宰之事，命运不仅仅表现于人生的吉凶祸福之结果，人生吉凶祸福之形成或选择趋避过程皆是命运之象。

俗人云：我要练习气功来改命、我要努力进取来改变命运……种种不一，皆是笑谈儿戏。凡练习气功或宗教修行，其本身就是一种命运之现象，在四柱局中自有其特征内涵。比如“身旺无依者，若不为僧即道”是也。这一观点表明一个人的四柱之中，日主健旺无依财官全部死绝者，这种人就必有出家或修行之倾向；为何？身旺仅旺了一个身子，但财官所象之名利（财为利官为名）、所象之妻子（财为妻官为子）皆死绝全无，岂不为和尚道士乎？和尚道士之修行岂改变了人生命运乎？故而知道，和尚道士及俗人之宗教修行或信仰之种种现象本身是属于命运现象之一种，其本身就被四柱所主宰。

又有俗人云：彼人努力进取故而成功，彼人自甘堕落而致失败；我若亦努力则也有成功矣，将个人成功失败之原因归之于其人之努力或堕落也，不以为命运可以主宰一切！这种见解只是俗人俗眼之“近视”看法，其只看到“努力”→“成功”或“堕落”→“失败”之直接原因，但不知其人之或“努力”或“堕落”本身就决定于四柱之中了。比如四柱中身旺财官俱旺者，都是努力进取之人；又若身弱财官死绝者，皆是不思进取之徒。故而个人主观能动性之程度或“努力”或“消极”等现象也都决定于四柱之中。

就四柱而言，其是绝对之“宿命论”，一切皆是四柱所拘之“定数”。故而我常言，人一出生就关进了“生辰八字”这个“牢房”，欲想出来无有其事。其是“无期徒刑”，只有“死”方可了事，所谓“牢笼四柱定平生”是也。当然，从更大视野来看，四柱并不完全决定人生之全部，每年共有4320个时辰，即有4320个四柱类型。这些类型乘以60甲子加以阴阳男女两大类，共有518400种四柱组合型态，这些“型态”乃是天地造化禀赋生人之“常经”“常数”。换言之，天地之造化人生型式，其常用之公式共有

52 万种，任何人都会落入 52 万种四柱之型式一种当中去的，这些天之“常道”决定着人生之大局和主体。细言之，人生之全部未必可以用四柱来全面涵盖，但人生命运之主轴和大体核心绝对决定于四柱矣！古往今来乃至未来社会只要是人，其人生之大象和主象绝对逃不了四柱的控制之外，用四柱来推测人生命运是目前人类最有效的方法之一。

就四柱而言，一切都是由四柱这个体系来决定人生的。那么预测认识它又有什么意义呢？认识和预测四柱的最大意义就是认识自我，从而在“知命”的基础上去安身立命顺天之化，认识个人之长处去走最适合个人发展的一条人生道路。比如四柱是官印之人，则适宜去从政切忌下海经商；又如四柱中是伤官生财之格局，则适合经商做生意。通过四柱认清自我而去从事职业工作，顺天之化，这就是四柱乃至一切术学运用的最大价值所在。

研究四柱和术学的其他好处是：从术学的角度去理解人生命运吉凶形成的道理，从而去实践“命运”。人分三种：上智、中人、下愚。上智、下愚都被气数拘定绝对难以改变，只有“中人”才有学习术学的价值。“中人”上可进“上智”，下可退为“下愚”，上下有个中间模糊地带。通过术学研究了解吉凶之形成过程而去实践之，则会顺天之化出来命运“吉凶”之结果。吉凶之命运结果不是天生而来的，它必然有个“吉凶”形成之过程。《易经》就讲过“积善之家必有余庆，积不善之家必有余殃”，这里的“积善”就是“吉”的形成过程，“余庆”就是“吉”之结果。同样，“积不善”就是“凶”的形成过程，“余殃”就是“凶”之结果。研究术学之后，中人欲想有“吉”之结果，就必须有意识地去实践“吉”之形成过程；这就是修身克己做个好人，不犯坏事不违法乱纪。若真懂了个中道理，这就是真正的“知命”到“立命”的过程。

在我研究术数的十多年时间中，接触了大量的种种术数分科：大衍筮法、梅花易、六爻卦法、奇门遁甲、斗数、四柱、六壬、相学、地理、星命、神数、字占、杂占……千奇百怪不可名状。就我个人经验而言，中国传统术学中预测至少有八成以上准略率之术数分科包括大六壬和四柱两大类。这两大类研究精通者，则完全有希望有能力有九成以上或者更高之预测占断之准略率。这些惊人的高度预测准略率是一般普通术数爱好者们难于想象的境界，事实上这些境界在一些人身上的确存在着。当然，要想追求这些惊人之境界，必要有过人之天赋和过人之努力苦学，且有因缘运会，才会能在术数上有大境界！

大六壬和四柱命学是传统术数中的大法，其占验之理想出人意料。六壬以占验人事而见长，四柱以预测终身命运为强。一长一强，两条腿走路，两手都要硬，方可会在术学上有成果。大概而言，在所有占卜分科之中，古人以为六壬所占最灵最验，它完全可以对短期的、微观的、个体的人生单独事件进行十分全面精确地推断。在所有预测终身命运的分科之中，以四柱推算最准最灵，它完全可以对长期的、宏观的、终身的、全面的人生总过程进行细致的推算。只要真正精通六壬和四柱这两门技艺，完全可以走遍天下都不怕了，完全可以在“预测”这一行当中站稳脚根了，完全可以高度自信地面对任何一位众生或顾客了……

第三章
对阴阳五行的再认识

阴阳五行要分二个层面来讲：一者阴阳；二者五行；两者相互关联又可以相互独立，阴阳五行是传统术学中的最基础最根本者。

阴阳学说一般主要是有其哲学层面上的意义，但中国古人将它们与实际问题联系起来作为研究解决问题的主要方法论。大概而言，研究一个事物不可能单纯就事物本身来言其性质与规律，一个事物并不会孤立于世界之外，事物的性质决定于事物本身与相遇外在事物之间的种种相互关系之中。就事物与事物的错综复杂的相互交织的网络关系之中，一个事物与另一个事物之间的二元关系是构成事物复杂关系中的最基本单位。故而，阴阳学说是研究事物关系的最原始最基础的方法论。大凡梅花易数中的体用二卦、六爻卦法中的世应关系、六壬中的干支主客分别皆是研究事物二元关系的最简单模式，这些模式无一不是建筑于阴阳关系之上的。

传统阴阳学说就是用于研究二个事物之间关系的最基本方法，这种阴阳学说来表达二个事物之间关系似乎抽象，但中国古人将它实际化和人事化来借代比喻，即由阴阳关系可以推导出如下种种关系拟人化的描述方式：

阳：天、君、男、父、夫、客、动、上……

阴：地、臣、女、母、妻、主、静、下……

换言之，研究单纯二个事物之间的关系可以用抽象的阴阳来描述之，同时也可借用同步的人事社会关系来拟喻描述之，这是中国古人最重要的研究两个事物的方法论。大凡只要“两者”“两种”“两个”“两类”事物之间种种关系讨论，皆可用“阴阳”模式（君臣、父子、夫妇、男女关系）来描述之，这种方法论在四柱中都有重要应用。

阴阳的主要现实应用意义这里介绍一下：

阳：光明正大、君子、运动的、刚健的、表面化的、积极的、短暂的……

阴：阴晦黑暗、小人、静止的、阴柔的、内在的、消极化的、长久的……

阴阳学说在四柱中的应用分配有如下几个层次：

一、方位之阴阳：东南为阳方，西北为阴方；

二、天干为阳，地支为阴；

三、甲丙戊庚壬为阳干，乙丁己辛癸为阴干；

四、子寅辰午申戌为阳支，丑卯巳未酉亥为阴支；

五、天干阳中阳为阳干，天干阳中阴为阴干；地支阴中阳为阳支，地支阴中阴为阴支。

上述五法更可以结合来讲：东南之阳干阳支，东南之阴干阴支，西北之阳干阳支，西北之阴干阴支。

四柱中分别运用阴阳学说主要从四柱支干来讲的：

一、凡四柱皆为阳干支，谓之四柱纯阳；男主克妻，女主克夫且多异性缘。

纯阳支干主刚健激进妄为，能打江山，易妄动招灾，易建立功名事业；且发迹迅速，但恐败退亦速。

二、凡四柱皆为阴干支，谓之四柱纯阴；男主畏妻且多异性缘，女主畏夫。

纯阴干支阴柔含蓄易消极，难于起发，不易打开局面来做大事业；但一旦成功则稳定长久，可以守江山，退败亦缓。

坤造：**甲午　壬申　庚申　戊寅**

女命纯阳，性质刚健，做事干爽利落有男人性格与气魄，可以打拼成就事业。

乾造：**戊寅　甲寅　甲戌　庚午**

男命纯阳，性格刚强不服输，好斗战，故多挫折。

乾造：**辛巳　乙未　辛酉　癸巳**

男命纯阴，性格必然内敛稳健之象，多心机主见。

坤造：**乙卯　癸未　癸亥　乙未**

女命纯阴，性格定然文静内向有女人味，做事含蓄有内涵。

另外，男女四柱中尚有“偏阳”“偏阴”“平衡”之象，也有特殊意义。四柱纯阳、偏阳、纯阴、偏阴尚要结合方所来言。大凡东南纯阳偏阳之四柱，其阳亢之性质至为明显；西北纯阴偏阴之四柱，其阴柔之性质也至为显然。

纯阳偏阳之四柱的好处是胆大，肯作肯为，可以迅速发迹做大局面事业；缺点是知进不知退，不考虑细节，不易守住江山，发灾亦大。纯阴偏阴之四柱好处是稳当柔和，可以做长久事业，重细节踏实；但缺点是缺乏魄力，胆小不敢任事无大局观，优柔寡断娘娘腔，难于起来发迹，做事业做不大！

大凡看四柱之第一直观判断，就是观察四柱支干的阴阳组合，宜按上述逐类来言之。

五行中的“行”字，就是“流行”之义。五行就是木火土金水五个元素流行于春夏秋冬四季循环之中，这种持续性、接班式的循环就是五行中“行”之一字含义。由此含义推广，年月日时四柱之干支皆是五行在不同层面上的五气流行情况的体现。比如甲申年这一年内，大天地流行之主气就是甲之木气申之金气；又如甲戌月这一个月内，大天地流行之主气就是甲木之气戌土之气，又如丙戌日这一日内，大天地流行之主气就是丙火之气戌土之气；又如癸巳时这一时内，大天地流行之主气就是癸水之气巳火之气；这四种流行渠道是同步流行于大天地之中的。在这种同时流行分布输送出来的五气中，我们最有体验的就是月令之气春木夏火秋金冬水；这就是夏天火热冬天寒冷之气。另外也有同样体验的就是时辰之气：晚上亥子时冷气重，白天巳午时温度高热气多一点。

对于年和日之布气的理解，我们可以依月令和时辰之气来类推。像今年甲申，甲为木气申为金气，这一年主气就有甲申方面的主象，这就可据此一原理来类推此一年全球人类可能发生的重大事象。这种“五气顺布”也就是“时至气布”的说法。换言之，“五行”就是“五气”，“五气”中流行速度较快的、在天上的、强烈的、外在的主气就是天干之气；五气流行速度较慢的、在地上的、衰弱的、内在的主气就是地支之气；这就是由“五气顺布”来分导出干支类的东西。

五行就是五气五种不同性质之气：木火为阳气、金水为阴气、土为中央交接之气。其中木为少阳之气、火为太阳之气、金为少阴之气、水为太阴之气。阳气主扩张的、发展的、前进的、表面化的、热烈的。阴气主收敛性的、消退性、内在的、阴冷的；一张一缩、一热一冷、一进一退、一外一里就是阴阳二气之象。故而四柱中木火旺之人，多是外向之人，有冲劲有活力，风风火火有积极有热情，皆是木火之气象的呈现。又如四柱中金水旺之人，多是内向的、稳健的、理智的；以金水之气象来呈现。当然木火土金水构成的一个人（四柱这个小天地）中尚要结合十神（即官财印食之类）来言之。比如木火为官印，则其人在工作和学习上是风风火火的；又如木火为财食，则其人在经济上技术钻研上做生意上充满干劲和热情。火主热情活力，火旺主热情高，火弱主热情低温情脉脉；有木生火，则长时间充满热情激情，无木生火则三分钟热度……

就五行生克角度来看四柱，由于相生表示和谐平衡之原则，相克表示矛盾战斗破坏之不良信息；故而四柱之中天干与天干、地支与地支、天干与地支就单纯依五行生克角度来看，局中相生愈多，则四柱就越上乘；相克愈多，则四柱就越劣质，这是一般性原则。

大凡年月日时干支流通连续相生，至吉之象。凡时上起头生至日、月、年柱，谓之下生上；一辈子得下属子女众人之拥护，可以光宗耀祖，越老生活越好。从年上一柱始往下相生月日时，大凡一辈子多得长辈上司贵人父母之提拔，可以恩泽后人，本人也可以年少便出人头地。

从五行角度看四柱，还有一种极重要之看法，即观察四柱中五行是否俱全（这五行性质纯粹依干支来看）。比如这一男孩四柱：

乾造：**甲申　壬申　丙戌　甲午**

局中四柱二甲（二木）、一壬（一水）、二申（二金）、一丙一午（二火）、一戌（一土），五行俱全。

这个四柱是姨夫的外甥，是我起的名字。就是利用“壬水辅丙”的意象，给其命名为“顾清阳”。清者，水也；阳者，日也；阳光照在水面上波光粼粼，光明气象也！

五行俱全之人一般好命者居多，发达亦易，寿元亦高。为何？大天地造化以五行（五行）流行接续相生而能万古长存生生不息，故而四柱中五行俱全之人自然可以同“大天地”一般长久存在（即可亨高寿），可以生生不息做出一番事业功名来。

若四柱中五行不全，则宜姓名上补之，这是中国民间传统改命换运之一大良法。五行全与不全，主要依四柱的干支五行性质看的，不可依四柱纳音来看。一般而言，五行俱全的则四柱中各五行的力量就会分布的相对均衡有序，而五行一旦缺一行或二行者，则四柱中出现的字中所带五行就会在力量上发生偏颇，导致人生之高潮或低潮的出现。

五行俱全之人，一辈子不愁吃穿，至少生活在中档水平层次（即使格局组合不佳）。

第四章　干支论

干支论分三块来讲：一者天干论；二者地支论；三者干支合论。

这里先讲天干论。天干：甲乙丙丁戊己庚辛壬癸。

阳干：甲　丙　戊　庚　壬

阴干：乙　丁　己　辛　癸

阳干与阴干之性质迥然不同，这是天干论之最基础重要者。大致而言：

阳干禀气雄壮、刚健、强大、进取、动态之象。

阴干禀气柔软、有弹性、卑弱、软和、静态之象。

古人运用“实物”来指代比喻天干，极有用处：

甲为参天大树、栋梁之材、根深蒂固。

乙为柔弱小草、花草之木。

丙为太阳之光，熊熊烈火焚烧一切、气势嚣张、光辉灿烂。

丁为星星之火，文明之光、长明灯、夜明珠之光，绚丽多姿。

戊为城墙之土，极厚极实之土，可以厚载万物。

己为田园阴湿之土，土性柔和，可以生养万物，即坤母之象。

庚为锋锐顽固之金，刚健、凶器、顽钝之铁。

辛为温香软玉，湿润之金、珠光宝气，可以通灵。

壬为大江大河，奔腾不息，汹涌之昆仑水。

癸为小江小河之静水，至静至阴，至柔之水。

从上述这些角度去理解十天干之性情是十分重要的一条线路，同时也能对理解它们之间的生克制化大有好处，这些观点就是《穷通宝鉴》一书立论之基础。

另外，阳干主光明正大、干脆磊落、落落大方之风格、硬手段；阴干主阴谋诡计、柔和亢繁、奸细、软手段等事象。比如阳干作七煞身健者，对应之人必为暴徒蛮干之流；但阴干作七煞者，必是奸邪之阴谋家，心狠手辣不露声色而致人死地。七煞多有凶残本性，但由于阳干阴干之区别，导致在七煞事象表现方式上的不同。

就十天干而言，可以上升归纳为五行层面来概括讲：

甲乙为木、丙丁为火、戊己为土、庚辛为金、壬癸为水。

就日主而言，甲乙木为日主，其出人头地就在于能否“成材”，故木要成材，必赖金来砍削；若木不作成材用，则可以作火之原料，可以“木火通明”发光发热，即木用火来发明之以彰其身。大凡论木有用于世间成格之吉象有三条：一者用金来使木“成材”；二者用火来“通明”；三者用水来“华秀”，使木生机盎然欣欣向荣装扮世间。

木之“成材”作“栋梁”有用于世间社会，主要指甲木阳木来讲的；木之华秀欣欣向荣则主要对乙木来讲的；木火通明则甲乙日主皆适用之。俗说中一个人能否“成材”是否为“有用之材”，对于甲乙日主尤其有特别意义。

丙丁日主为火，火之特征是发光发热。换言之，火之生命在于光辉，故丙丁日主喜木来生助，则光明永驻光炳千秋了。火又喜水来映衬，则光辉灿烂卓著。火为五行中最特殊的一行，它跟精神、神明、神灵大有关系；为何？木水土金皆有其体质而有其用，惟火无体而有用，火可依任何一物为其体而展其用，即火可以焚烧一切物，一切物皆其火之功用；而神明神灵之功用也是不见其体只见其用，故火与神明神灵大有关系。人类用火燃亮文明之光，就是神之使者；这也是任何野兽动物惧火惧神明的原因。

所以丙丁火在人身既代表热度生命力，又代表个人的精神心灵世界；为何？心无体而其用无穷尽矣！丙丁日主之人最易出名成名，“明星”人物在其光明烛照也，故而丙丁日主之人特别聪明可以压邪；但丙火衰弱火无神采，是为晦象，一生不振。

戊己土之功用在于厚载生养万物，厚载之后方可生养万物。戊己喜火来生助，土有热气方可厚实稳固来承载万物；戊己喜水来润泽，土有水气方可有生气来养万物；故戊己土不可离水火之两用。戊己又喜木来疏通，则土灵出矣！凡可以担挡“大任”者，皆在于戊己土日主也，以土能厚载生育众生矣！

戊土日主有用于人世者，在于其能“大任”；己土日主有用人世者，在于其生养，故戊土喜水旺，土载江海而不泄，必是“大任”之人。故己土喜金旺，土之生育大有用于人世间矣！

庚辛金之功用皆在作利器钢材断物铸造有利于人事者。欲成“大器”者，皆是火来炼金，百炼成钢；“大器”者多指庚金阳金来言的。

辛金为珠宝之金，聚日月之光华天地之精英，粉饰人间富贵象也。珠光宝气荣华富贵者，辛金日主最宜。

壬癸水之功用在于润泽万物，其性质在于流动，源源不断连绵不息，故庚辛申酉金可以被作水之源，以水生于金乡。水务须流通汩汩不断，方可凸现其生命价值，故水喜动不喜静。水可以生木，水可以润土，水可以济火，水可以淘金，皆是水之功用矣。

大凡水为地之血脉，为地之精华，水为地之精，火为天之神，水火为天地之间真精神矣。地理中看地有无生气精神气势如何，就观地中水火两气如何是象矣！

五行皆忌太过，故木过盛极喜金来砍伐，尤喜阳金庚金，以其力大矣。火太炎恐一焚即灭，极喜水既济来调理，尤喜阳水壬水，以其力大矣。戊己土太硬太厚太固实而不灵，极喜木来疏通，尤喜阳木甲木，以其力大矣。庚辛金太盛太锐，极喜火来锻炼，尤喜丁火不喜丙火，这就是火来炼金之特殊性，以丁为阴火以柔克刚，则金可成器，有大器成就之象；忌丙火势太烈，恐一熔而忘身矣。壬癸水势汹涌浩荡澎湃不可挡，极喜土来挡塞，极喜阳土戊土也，以其力大矣。戊土厚实可以“水来土挡”，己土卑弱浅湿恐力单薄反冲水冲奔了。

大凡而言，五行太过者，极喜官鬼（克五行之阳干）来强有力地抑制之，以阳干力大矣；不甚喜阴干，阴干力弱矣。五行不及者，极喜父母（生五行之阴干）来生之养之，以阴干多慈爱之心绵绵之力矣；不甚喜阳干，以阳干力虽大但多无长久恩养之性。

总而言之，木之成材、火之发炎增光、土之大任、金之成大器、水之渊源流长，皆在于五行之组合搭配而可以成就有功于世上。

阳干与阳干相处，方显力大之象；阳干与阴干相处，则阳力不施矣。比如庚金制甲木，庚金尽施威力，但庚金一逢乙木，则庚金之威消灭输于乙妹矣。所以天干合要注意：甲己合，甲之威难施于己土身上；乙庚合，庚必输情于乙妹；丙辛合，丙之炎威逢辛反怯；丁壬合戊癸合同论。反过来讲，己不甚畏忌甲威，乙不甚忌庚威矣……

所以：甲忌庚、庚忌丙、丙忌壬、壬忌戊、戊忌甲；乙忌辛、辛忌丁、丁忌癸、癸忌己、己忌乙；此即七煞之义，依其无情克战而休咎出了。

天干中尚有三奇一说，就是指三个天干之组合：一者甲戊庚三奇（人间三奇）；二者乙丙丁三奇（天上三奇）；三者壬癸辛三奇（地三奇）。此三奇中尤以甲戊庚三奇最为上乘，可以成就大功名；为何？甲戊庚阳干阳土阳金，力大无比；又同丑未贵人之垣。乙丙丁三奇主文明学术，名气动闻天下；辛壬癸主技艺精湛过人而闻名于世。乙丙丁三奇有木火发炎光辉之象，故有天三奇之象；辛壬癸有源清流洁浩瀚之象，有地三奇之象。当然甲戊庚、乙丙丁、壬癸辛此三奇透露于命局中，尚要结合日主格局来细断。

从古人论命思想和现实社会环境来看，阳干比阴干更吉一点。所以，古人重阳干轻阴干，阳干之效验胜于阴干。

关于十二地支的认识有如下几个重要层面的内容：一者对地支关系与性质的定位。十二地支若从五行层面上讲，的确是可以按“生克”路线去看的，但这仅是最基础之看法。在地支有“刑冲化合害破”的情况下，就依地支此等刑冲诸法则去论。比如未子相害，未害子，子害未，两相伤害都有损伤，不能仅讲未土克子水，子水独自受伤。况且子未为阴阳两支，异性之克仅是轻克“夫妻”矛盾而已，并不伤根本的。

二者地支是天干力量之源泉。因为对天干来讲，地支是天干之根基宅舍，这样一来就有根多、根少、根轻、根重之区别。此一区别实质上就是对十二地支力量轻重大小上的判定。

大凡而言，阳支力大于阴支力，四仲地支力大于四孟地支力，四孟地支力大于四季地支力。特别要说明的是，辰戌丑未是五气连续传递过程中的“中间地带”。比如辰前承寅卯，后启巳午字，故辰字一中既有木之余气，又有火的来临之气（朝气）。换言之，辰字送木气走接火气来，这种辰戌丑未的接送来气往气的性质，古人故谓之“杂气”也。

在十二地支之中，子午力量大于卯酉，寅申力量大于巳亥，辰戌力量大于丑未。以阴阳支来分定，再结合十二地支五行生克来看，十二地支力量顺序：

四仲：子＞午＞酉＞卯

四孟：申＞寅＞亥＞巳

四季：辰＞戌＞丑＞未

由上述地支阴阳力之比较和孟仲季比较可以看出：六冲之中，以四仲冲最凶，即子午冲或卯酉冲；为何？四仲力大无比。四孟冲次之，即寅申冲或巳亥冲。四季冲又次之，辰戌冲或丑未冲最轻。一般而言，四柱中共有四个天干和四个地支，在四个地支中，最忌讳的是地支年月日时相临六冲，则四柱全局不稳了。比如卯年酉月，或申年寅月。若地支六冲在年月日时地支隔开则不甚畏忌，若寅年申日或申月寅时之类。地支相临六冲是四柱中论地支关系切忌的一种状态，在这种凶恶的结构组合中，可以有二种解法：一者就是傍位或六合之支合起冲支；二者就是三合地支合起冲支；若寅年申月年月六冲，得子日子申会合能解寅冲；其他仿此。

大凡而言，财官印食四吉神所藏地支逢六冲，则吉神冲怒吉而不吉，吉象就大打折扣了。至于煞伤枭刃，尤其是煞刃之支逢冲，则凶上加凶为大凶之象了，煞刃逢冲必有大灾。

除了六冲之外，地支三刑也是要重点研究的问题。大凡丑戌未恃势刑、寅巳申无恩礼、子卯无礼刑、辰酉午亥自刑此四种刑法中，以丑戌未、寅巳申此二种刑最凶最验，常主疾病、牢狱、车祸之灾。其中丑戌未三刑在甲戊庚日主可以作吉论。为何？以天乙贵人压之，甲戊庚日丑未皆贵人也，其他日主则多作凶论。至于寅巳申三刑在任何日干中都不作吉论，寅巳申三刑在流年大运地支的相会过程中，其发车祸最多最验，其次就是牢狱之灾。

地支三刑之救解，务要有财官印食四吉神或天乙贵人压之，或地支六合解脱，最喜年日天乙贵人制之，则主大灾化小，小灾化无。最忌的是地支三刑又逢六冲，再逢煞刃或劫煞、亡神、六厄、灾煞、大耗、病符诸等凶神恶煞，定见其灾。

另外，四柱颇忌一个地支等重叠出现，比如子年子月子日生，此一子字犯三重伏吟，谓之地支三朋格，大都凶论。若地支二重伏吟则不必多加注意。换言之，地支中有三个字相同者，其四柱都是偏颇的，凶多吉少，一般都不作好命推。

一般而言，地支关系也和天干一样，喜相生和谐之局，故喜六合三合。但地支中的三合局有利有弊，以三合局相会力量巨大，会支配全局主宰全局，为福其力极大，为祸其力亦不小，故而地支中最好喜见的是六合或半三合，主要是指相临地支来言的。比如申年子月丑日年月半三合，月日六合。半三合和六合既可使四柱全局和谐又可使力量不至于太偏颇而倾向均衡。一个好的四柱，必然遵循理想化的美学原则：均衡、有序、和谐与稳定、对称！当然这些理想化的四柱是不太多见 ，大多人的四柱是失衡的、无序的，不对称的，体现出人命的千差万别与万有不齐之象。换言之，四柱是丰富多彩的，各种人的生活形态也就是丰富多彩的，从而构成丰富多彩的世界。

从地支的组合角度来可以看一个命的大致好坏，这是一种方便法门。大凡地支中相临不犯六冲，又无三刑之组合，亦无地支三合三会之局的四柱可以作好命。比如寅辰午亥四个地支组合，无冲无害无刑，这种四柱地支命就是好命；又如卯巳子辰四支五行不同又无重大刑冲，就是属于地支中的好组合；又如辰午申丑又如卯午亥申，五行地支各不相同又无重大刑冲克三合三会，皆可以作地支良配看。这里可以总结一些规律：一者四个地支最好是四种五行（五行各不相同）；二者四个地支不犯重大六冲；三者相互加临之地支不要出现三合局或三刑字全的组合。像寅巳申辰各个地支五行属性不同，又卯巳、巳申、申辰无相临六冲，三者又无三合或三刑全，按此方便法门去鉴定四柱是一条极稳健的方法，其中暗孕生生不息持续发展的天机。

第五章
用神应用与十神认识

在《正解》一书中已明确指出：用神之见解有广义与狭义之区别。广义之用神乃是日主使用柱中支干充当某类“十神”角色来发挥功用，狭义之用神乃是格局之名号，专指月令中人元。在《三命通会》、《渊海子评》中固然以六格来统领所有四柱命局，但在实际论命中尚有运用广义之用神说法来概括一些柱中十神之功用。特别要明白指出的是：用神之用是欲其发挥功用之特性，而非俗说中为我日主所用的“病药”神。比如甲木生于寅卯月，月令禄刃，木势雄壮参天，就要用金来砍削使之“成材”，这时的庚金辛金就是用神，用庚辛金来削砍甲木日主，此用神之真义所在，用庚辛天干来发挥功用砍伐甲木，若庚辛金力弱，谓之用神无力或浅薄；若庚辛金重叠有其有力，谓之用神太过繁杂太重。故我所强调之用神应用，是指局中十神之功用轻重来言的。记着：用神——功用此一关键性！

四柱中的十神即是：正官、七煞、正财、偏财、正印、偏印、伤官、食神、比肩、劫财十类，对十神的充分理解和认识可以拟人化来体会把握。把此十神视为十个不同性格、类型、职事、能力的十个人：正官为正人君子、七煞为暴徒，正印为慈母、偏印为后母、正财为妻、偏财为妾、伤官为奸邪高傲者，食神为性情和睦者、比劫为竞争者，把十神当作“十个人”来体会。那么，研究一个四柱中日主与其他支干字所代表的十神，就可以依“我”（日主）与“十个类型人士”（十神）打交道的过程。大凡研究支干关系，古人都是用常见的人事社会关系来描述的，这种研究方法极其重要，古人谓命理不外乎人事之引伸而已的意义即在此。

大凡财官印食为君子、煞伤劫刃为小人。阳干支之财官印食为阳君子、阴支干之财官印食为阴君子，阳支干之煞伤劫刃为阳小人，阴支干之煞伤劫刃为阴小人。此四种“人”有四种不用处事风格：阳君子刚直正方，阴君子柔嘉温厚；阳小人暴戾故肆，阴小人奸诈智巧。阴阳之君子、小人其所主祸福之道也不一：阳君子取祸，阴君子独免；阳小人取祸，阴小人得福。深于命理者，必详观命局中此十神“性情”矣！

又财官印食四吉神四君子、煞伤劫刃四凶神四小人跟所居天干或地支或所居年月日时柱位置不一也是富有关系的：天干主外主动，地支主内主静。比如财官印食居于天干为外三奇（三奇四吉），居于地支为内三奇。《三命通会·三奇真贵》云：“外奇主劳而富贵，守处常有未宁之象，以天干常动矣。”由此一说，可知四吉四凶阴阳君子小人，分处于天干或地支之内的含义，也可类推矣。

就四柱这个以日主为中心的世界之中，要求日主与其他支干所代表十神（十人）皆要有旺相活力，相互扶持，和谐共存，共同繁荣，则表示其人在社会上（世界中）的成功与发达。

将十神当作“十个人”来看待，关键的问题要充分理解此十神所具有的性格与能力。

第六章
轻重较量——旺衰判断方法

在我的四柱体系中，判断旺衰并不是什么大难题。依据《渊海子评》、《三命通会》中诸等命例的阐释，我将四柱中判定天干旺衰的方法总结为如下四种：一者时旺；二者自旺；三者引旺；四者得局（局旺、会局）。

一者时旺，即指月令中所藏天干得天时禀令为时旺主气，充满活力可以行使生克之职事。比如寅月，寅中藏甲丙戊，不论甲丙戊是否透露于天干，皆谓时旺。其中甲当禄得时旺之最，丙长生于月令亦为时旺之象，戊寄生旺。又如申月，申内藏庚壬，则庚壬天干时旺是“活物”，可以生克其他支干来行使职事，表现出其“爱憎”性情来。换言之，月令中藏干就是时旺之物，它禀承天时旺气，代表天命，主宰一方影响四柱全局。

二者自旺，自旺指干支同柱关系来讲的。比如甲寅柱，甲干自坐寅禄生旺，丙寅柱丙干自坐长生也自旺，丙戌则自坐库旺（戌为火库）。大凡天干自坐禄刃、长生、库、余气之支，皆可谓自旺，但当中“自旺”力量也有大小之区别。大约依禄刃最为有力，长生次有力，坐库坐余气则有气不甚特别有力。像丙午坐刃自旺极其有力，甲寅、乙卯、庚申坐禄天干极有力，又如壬申、丙寅自坐长生之支也较有力，且长生之力可以绵绵不息。又如乙未、壬辰坐库，谓之库旺有气；又如甲辰、丁未自坐余气之支，也作有气论。

由自旺此一概念可以反推出自死、自绝、自败等天干坐衰败无力的情况。比如庚午自败、庚子自死、甲申自绝、乙酉自胎等天干衰弱不能任事，在局中易被其他生旺天干所左右支配。

大凡四吉神天干喜自旺忌自我死绝，四凶神喜自死忌自旺。自旺这一个判断天干旺衰的方法，在《三命通会》许多命例中可以屡屡见到，这里略举数例，以兹明证。

《三命通会·论正官》中的“禄马官印”中云：“经云，命中禄马与官印，福禄金珠准。如戊申、辛酉、癸丑、丁巳、癸坐丑自旺，辛坐酉禄旺为印，时逢丁巳财官又是天乙贵人，俱各有气，故贵。”请注意此一段释文。

乾造：**戊申　辛酉　癸丑　丁巳**

癸坐丑自旺，丑为亥子丑北方一支，为北方水之余气之地，癸坐丑余气之地故自旺。辛坐酉禄为印，则辛印自旺。又丁巳财官，丁财坐于巳乡亦旺，巳中戊土建禄巳，是财官印供旺；故万氏释文中说“俱各有气，故贵”。这里的“俱”是指日主、辛印、丁财、戊官（即贵人禄马），此四者各自生旺有气之象矣。

又《三命通会·论正官》中的“官印禄煞俱全”节言：“经云，官印禄煞俱全，八座钧衡之任。如戊申、己未、壬子、辛亥，壬坐刃自旺，归禄于亥；己为正官坐未带刃自旺；戊为七煞坐申自生；亥为壬禄，禀辛受生为壬正印，临官居申；此四者皆旺为最贵造化。”请注意这段文字中的相关句子。

乾造：**戊申　己未　壬子　辛亥**

壬坐子，子为壬刃，故壬日主自旺，壬又归禄，日主更旺（此归禄即下文所讲的引旺）。

己为正官坐未带刃自旺，带刃一说乃古法命学中的阳刃一说：甲刃在卯、乙刃在辰、丙戊刃在子、庚刃在酉、辛刃在戌、壬刃在子、癸刃在丑。这里阳干之刃即命学中的阳刃，这里的阴干之刃即“阴刃”此一概念。阳刃和阴刃此二个概念，古人极其重视阳刃，阴刃只是种提法而已，无多大广泛运用实战价值。这里的己坐未带刃即阴干之刃作旺论，也即丁己同寄未宫，未为南方余气之地，按己未坐余气也可同样说法。

戊为七煞坐申自生，也即有气之象。水土俱长生于申，故云戊坐申自生。又戊生于寅，也可以成论，两说不作对立看，俱作成立看。

至于这儿辛印临官居申，也即后文中的“引旺”一方可以理解的。

这段释文中，日主、官星、印、煞俱旺，大家彼此各自兴旺，故万民英先生讲是为“最贵造化”了。

三者引旺，引旺乃指年月日时四个天下除了观察自坐地支之外，分别将其去对照其他三支，逢其他三支中有刃、禄、库、长生、余气之支谓之引旺；若逢地支中有死、绝、败之支谓之引死、引绝。

比如：乾造　**丙子　庚子　癸酉　甲寅**

7　17　27　37　47　57　67　77

大运：辛丑　壬寅　癸卯　甲辰　乙巳　丙午　丁未　戊申

这一个四柱中的年干丙火坐子无气，又丙火在子月失了天时，此一丙火既失时旺又失自旺，将丙引至日支酉乡，谓之引死，酉为丙火之死地，将丙引至对照时上甲寅，寅为丙火长生之乡，谓之引旺引生了，则此一丙火在局中亦作生旺有气看；但此一丙火作财引旺作用是有其时限的，即丙火此财神真正开始旺相有益于日主，必然是晚年；且此财生旺之原因乃是凭甲寅伤官技艺赚来的。

年月日时四干引旺，其作用时限要按年月日时四柱所主大限去分别的。像上造丙火正财引旺于时支，故其晚年大发财禄，以时柱管晚年矣。若丙火引旺于壬寅日，则中年就可以发财；其他三干仿此可以同论。

四者得局者，指柱中天干逢地支三合、半三合、三会、六合，不究天时（月令）不究地利（自坐之支）都作生旺看，谓之得局成党作大旺相看。事实上，天干得局者，它是年月日时四个地支或自旺、引旺、时旺地支的三合、半三合、三合、六合的组合，比如：**壬申　甲辰　甲子　丙寅**此一四柱，年干壬水得局，以年月日申辰子三合水局也。这是壬水得局实质是自旺长生一支申、时旺一支辰水库、引旺一支子水阳刃三支的整体组合而已。

大凡天干得局成党者，力量在四柱全局中往往最大，其会影响四柱全局和所主管时限，在人生命运现实中表现出最主要象和长时间象。

熟练掌握上述四个判定旺衰的方法，则对四柱中四个天干财官印食煞伤枭刃劫的旺衰力量皆会比较轻松的掌握了，这里举个碰到的四柱来看：

乾造：壬辰　壬寅　己丑　戊辰

7　17　27　37　47　57　67

大运：癸卯　甲辰　乙巳　丙午　丁未　戊申　己酉

己丑日主自旺无疑，甲木正官藏于寅支之内时柱又无破损，年干壬水财星自旺于辰库又引旺于时支财库，身旺财官俱好，好命高命无疑，富贵双全之象。

中青年甲官主事，此一时期定然官场得意。年干壬财引旺时支财库辰字内，中晚年必然大发财禄，在“富”字上得志。当然局中比劫重重，兄弟朋友同事分财争官也是极厉害的。综合四柱全局，此人固然富贵双全，但一生是先贵后富，常与人争夺名利。

事实上此人青年从军作官，后官场上被人挤出来，自己做房产生意，近来大发财禄了。

此人中年之所以官场上败北，缘由大运走南方巳午之地，官星引至死气，比劫得禄大旺，木不胜众土，土重木折，故从军中辞职下海了。此命之所以大富，主要在于命中有两个财库辰字之原因。

又如朋友让看一个女孩四柱，问是否有利合婚。

坤造：辛酉　壬辰　癸亥　庚申

7　17　27　37　47　57　67

大运：癸巳　甲午　乙未　丙申　丁酉　戊申　己酉

此一女孩命，日主自旺，正官时旺，辛酉、庚申金印双旺，局中官印日主俱旺，明显是有高学历双学历有名望之女孩，将来前程不可限量。又局中戊土夫居一位，最利合婚了。此女现在国外留学，品貌俱佳。

女命四柱合婚最忌者：一者伤官出头透干且生旺；二者官煞混杂身健可任。若无比二者，则女命大致可以作利于姻缘看待。

大凡判断一个四柱四个天干的旺衰，可以按年干、月干、日干和时干顺序照“四个旺衰判断方法”来看出年干、月干、日干、时干之不同旺衰，分别出此四干中的最旺者、次旺者、旺者和不甚旺者，这就是古法四柱命学中的“轻重较量。”

第七章
用神原始理念大考辨

用神是四柱命学中的核心与灵魂。自《神峰通考》提出“病药”说之后，后世研究者皆从命局中和平衡的角度出发，以日主的强弱为惟一标准从扶抑、调候、强寡、通关等各方面来找出命局“病症”（不平衡处），然后选择一个针对“病症”的“药物”来治序解决，此类“药物”就是用神。这种“病药”平衡用神观在后世所谓的一些“命学名著”，如陈素庵之《命理约言》、任铁樵之《滴天髓》、袁树珊之《命理探源》、徐乐吾之《子平真诠评注》、李涵辰之《八字预踪真踪》皆奉其说以为圭臬。就连当代港台东南亚乃至欧美日本的几乎所有四柱研究者们，皆按此一“病药”用神观来展开对四柱的研究。那么要问的是，四柱学的祖宗书《琭珞子三命消息赋注》、经典书《渊海子评》、集大成书《三命通会》、精粹书《子平真诠》是否也持这种后世公认泛滥成灾的“病药”用神观呢？事实上根本不是！那么要问的是，四柱学的发明者子平先生、传承者大升先生、集大成者民英先生乃至乾隆己未进士沈孝瞻先生，他们脑子里的用神观又是什么样的呢？这就要我们去挖掘探索。

研究一种学术，必须要有严谨务实的态度去追根溯源。了解最初发明者、传承者、集大成者们脑中真实的原始的学术理念，而不能仅凭后来研究者们的一些所谓“研究书”为依据去舍本逐末地来想象认识学术的本来面目。学习研究四柱命学更应同样如此，我们要去寻根问源。任何学术都有个“源清流浊”的问题，就是讲在一种学术创造发明的伊始，学术的理念一般都是较清晰明白的，这就是源清。

随着历史的发展，后来研究者们的大量卷入，一些研究者会作“歪嘴和尚乱念经”。这些研究者们一般是一些文化素质平平的江湖术士，他们往往凭借个人的一些“小聪明”去妄加猜测曲解甚至无视发明者们在学术起初时一些很明确的观点与思想，并且著述成书以遗毒后人，这就是“流浊”。这种学术的流弊在四柱命学中显得犹为突出。比如四柱中的“阳刃”（非羊刃），《渊海子评》、《三命通会》、《子平真诠》在“论阳刃”章节中都明确无误地记载，“甲戊庚丙壬五阳干有刃，乙丁己辛癸五阴干无刃，故名阳刃。”此一观点特别明确，可偏偏现代不少人爱钻牛角尖来论证五阴干之“阳刃”，岂不枉费心思惹人笑话？当然，这里的“阳刃”问题尚是小节无妨于大局。可偏偏在“用神”此一核心概念之上，我们绝大多数人受《滴天髓》、《命理约言》、《命理探源》、《子平真诠评注》等书的误导，曲解用神原始本义，并未从根本上弄清“用神”定义的本来面目与概念。我们研究命学要尽量多看古书少看现代人的书，要多看古书中的源头书、祖宗书、集大成书，少看古书中的后来者书、一家之言书、疑古书和文人写的书。四柱学中的祖宗书首准《渊海子评》，集大成莫过于《三命通会》，最精炼者当以《子平真诠》为首。（附：《神峰通考》是张楠先生精研《渊海子评》、《三命通会》近四十余年后写的一部书，其书固然提出了“病药”说，但张楠还明瞭用神原始本义，依旧取月令中人元为用神。书中所举命例基本上皆是依据“病药”说与原始用神观相结合着进行判断的。但全书在格局上混淆不清是非不分，也未能够得《渊海子评》论格正旨，徒然发表议论浊乱后世，是其大过也。至于后人读书不求其解断章取义来依“病药”说作用神定义，恐非张楠本人所能料到。另外从《神峰通考》一文写书文辞可见，显然张氏文化不高尽是古代白话，跟《三命通会》《子平真诠》两书进士级的作者文笔不可同日而论），至于《滴天髓》《命理约言》《命理探源》诸书皆不明瞭用神本义与格局真旨，矫枉过正偏激妄傲，缺乏高品质的学术价值，纯粹是术士之作矣。当今命学谬说风行，什么“新体系”“正宗”之类层出不穷，较之古人更为狂傲更为荒诞可笑，实在是不值一提了。

关于用神的原始理念与确实含义，在《渊海子评》中有白纸黑字明确无误的记载，绝非后人所谓的“病药”的用神观，《三命通会》《子平真诠》则禀承此一正统用神观去讨论命局。笔者将贯通汇总这三书中的相应赋文篇幅来阐述解释古人真实的用神思想，还历史一个学术上的清白与真相。

《渊海子评·继善篇》赋文云：“取用凭于生月，当推究于浅深；发觉在于日时，要消详于强弱。”其释：“用者，用中所藏者。如甲木生于十一月，乃建子之月，既以月中所藏癸水为用神，忌土克之。要日月时相辅其旺相休囚可也。其余仿此而推。”这段释文十分通俗易懂，四柱命学中的用神专指月令中所藏的人元，而绝非什么后人津津乐道的“病药”之用神。又《渊海子评·论宝法》讲：“子平一法，以日为主。只看提纲为重，次用年日时合成格局，方可断之。皆用月令为用，不可以年取格。”其注文最是白纸黑字地讲：“用神者，月中所藏神以之为用。”（此段原文请参阅上海广益书局版《渊海子评》书第 72 页）这里的用神定义最为清晰明白，其中的关键词眼就是“所藏之神”和“以之为用”；何意？《渊海子评·继善篇》赋文“欲知贵贱，先看月令提纲”及其释文就作了回答。其诠释：“月令乃八字之纲领，更知节气浅深以知祸福。如寅有艮土余气七日半。丙火寄生又七日半，甲木正令共十五日。此中不知用何为祸为福；见正官正印食神则吉，伤官偏印则祸也。”对照这段释文可以看出，很显然“所藏之神”就是专指月令中所藏正当令掌权的人元（即“节气浅深”中的司令之物）。至于“以之为用”就是“司令之物”正当天时专权一方，可以发挥生煞功用行使职事。关于这种专责月令当权人元取作用神的观点，在《渊海子评》的“喜忌篇”“群兴论”“论兴亡”中曾多次谈到，请读者朋友们查书证实，以示我之不诬。

《渊海子评》既持如是用神观，那么《三命通会》真的是禀承此一用神观点吗？请看民英先生书中的论用。《三命通会·论人元司事》云：“……天地各正其位，成才于两间者，乃所谓人也。故支中所藏者主命，谓之人元，名为司事之神。以命术言之，为月令用神”，很明显万民英先生继承了《渊海子评》的思想，用神乃被表述为“以命术言之，为月令用神”。在实际评命中，万先生一直是按这种用神思路来展开的。《子平真诠》一书独得《渊海子评》《三命通会》二书精髓，在“论用神”章节里直截了当地就讲

“八字用神，专求月令。以日干配月令地支而生克不同，格局分焉”。由此可以看出《三命通会》、《子平真诠》两书的确是传承了四柱命学中用神的原始理念。

我们初步了解了用神的大概与所在，那么“用神”的“用”字又是何意呢？这就要我们再一步详考探挖。

《渊海子评·继善篇》赋文云：“用神不可损伤，日主最宜健旺，”其释：“如月令有官不可伤，有财不可伤，有财不可劫，有印不可破。凡柱中有用之神，不可损坏。仍要日干强健，则能任其财神。”请注意：这里的“用神”乃指月令中的“有用之神”，要求“不可损伤”，方能“有用”。

《三命通会·论十干坐支兼得月时及行运吉凶·甲乙》中讲：“六甲日用辛为官、庚为偏官、戊己为财，如年日时中透出戊己庚辛官，生于三秋四季及金土局，财官有用。”这段文字至为重要，其中的“用”字有二层含义：一者“使用”的含义；如甲日使用辛金来作官星之语。这里的“使用”含义在《三命通会·论正官》中有类似表述：“取官星不必泥于月令支辰，或月日时支干只一处有，不曾员伤皆可取用”。可以看出，最后的“取用”两字就是取来拿来使用运用的意思。二者“用”的含义也包括“有用”“无用”的功能性意义。所谓“戊己庚辛生于三秋四季或金土局，财官有用”一句是也。财官必须有气为“活物”，方是“有用”之物，否则财官死囚则为“废物”则无用处了。换言之，甲木可以拿辛金来当作正官使用，但此辛金作正官使用能否有效，要看辛金是否有气。若辛金有气则是“有用”之物可以发挥功效；若辛金死囚则是“废物”无丝毫利用价值了。

从上文综合论述可以看出，用神的广义包括两个层面：一者就是日主使用柱中支干字来充当某类“十神”角色，像这种论命语调在《三命通会》《渊海子评》中比比皆是。二者就是要求使用之物要有“活力”“生气”，可以派上用场发挥功效“有用”。至于具体“有用”，就是支干有气充当十神角色能够发挥十神的“本职功能”。如甲用丙为食神，丙火旺相有气，则丙火食神可制庚金七煞生助戊己财神。这里的“丙火”就是“有用”之物发挥其价值了。若丙火衰微无气，则丙火食神无力制煞无力生财，丝毫无用虽有若无。《三命通会·论伤官》云："伤官者我生彼之谓；乃甲见丁、乙见丙之类。甲用辛为官，丁火乘旺盗我之气克制辛金，得辛不辅甲为贵，故名伤官。"这段文字可以详明用神的"使用"和"功用"二个方面的基本含义。文中的"甲用辛为官"中的"用"字意义，显然是指"使用"一义，即甲使用辛金来充当官星角色。至于辛金受到丁火损伤，就不能辅助甲木日主显贵，显然是辛金正官的"辅甲为贵"的"功用"受到了限制。如果辛金正官不受丁火克制，则辛金自然要去行使"辅甲为贵"的基本功能，这就是辛金的"有用"。显然辛金能否辅甲为贵，是指辛金作为官星"有用""无用"的功用来言的。

对照"用神"的二层含义再去看待月令中的司令之物，我们就会理解古人之所以取用神专指月中所藏之神的定义了。月令中的当权人元最为旺相最富活力，自然在四柱全局中举足轻重影响最大功用最著。对于日主来讲，如此巨大的外在势力就必须作为一个核心来重视来展开研究。《三命通会》作者万民英先生就认识到了此一点，所以他在《三命通会·消息赋》释文中讲："徐子平言，以四柱中内外三元有最得力者为尊，即用神也。"很显然四柱中最得力者莫过于司令之物也。

综上所述，对用神原始理念的正确理解应该是：日主取用月令中最有势力的当权人元来充当日主的某类"十神"角色，要求此"十神"角色不受损伤克制去发挥本职功能去服役日主。对照原始用神观去看待俗说中的"病药"用神观，很明显所谓的"病药"用神，其实质不过是四柱中"印比"一党与"财官煞泄耗"一党之间的平衡之神，将"平衡之神"与原始用神比较显然是风马牛不相及。正是这种在"用神"概念上的根本分歧，导致了后世命学滑向歧路深渊的前奏。

总而言之，正统用神观就是指月令中的当权人元，也就是"天赋之命"的主要内容。论命论格就是主要围绕日主与此用神之间的轴心关系来展开的。《三命通会·玉井奥诀》中对原始用神的喜忌以及跟日主大运的关系有比较广泛的论述，从中可以详见万民英的真实用神观。现摘录其中重要赋文及释文，笔者略加注疏以发明之，力求做到全面贯通。

赋文一：**专执用神，切详喜忌。**

释：专执一位用神为尊长、为权神、为号令、为本领、为倚托，此非小可，执而推之，未肯以求其意外。取用神或财、或官，或刃，或禄、或贵、或印、或禄马等件；各类例取，原无定法。其用神最忌损犯，兼怕分窃，不宜太过与不及。如太过之物本不好了，或岁运又来生扶，即是倾覆坏了。如木则折、水则倾、土则崩、火则一发而灭，金则折损。如不及之物本不好了，或岁运又来克窃坏尽此物，岂独有祸！用神喜忌，至玄至妙。后篇中别评，务须得中和为贵。

徐伟刚注：此段赋文释文极为重要，它向我们传达了四个层次的信息。

一、用神性质：尊长、权神、号令、本领、倚托，日主全赖用神。得势力为尊长、权神，号令表示天时天命所在。本领、倚托表示日主与之的轴心关系，如车之双轮鸟之双翼，缺一不可。惟日主与用神“轻重较量”匹配相停，则车可奔驰万里鸟可搏击长空。

二、用神种类：财、官、煞、刃、印、禄马包括十神、神煞等件，皆从月令中求取。

三、用神取法：各为例取，原无定法。四柱用神固然专注于月令人元，但岁月日时其他支干十神皆各有功用，日主也须视之。大概而言，其他十神功用须围绕月令用神此一最大势力者来言，由月令用神统率共他六字的运用价值。换言之，四柱之中日主为核心，共他七字围绕日主；其他七字之中，月令为核心主角，其他六字围绕月令。

四、用神力量：用神要生旺中和，忌太过不及，也忌损犯分窃。大凡四柱之中，只要四吉神一位生旺中和，不受损伤，日主自旺，终身可以相托，自然富贵发福。《三命通会·明通赋》云：“四柱吉神乃官印财食奇贵福德等星皆是，但得一星临长生帝旺临官正库三合六合之地，无不富贵。诗曰：人命生时得一强，日时或临禄马乡；须看前后扶助合，必然衣锦入中堂。”若四柱中三奇四吉俱各归禄长生，月令用神与其他吉神相停相合，日主生旺全局均衡有序，皆是五福俱全的大富大贵之命。

例一：张居正阁老

乙酉　辛巳　辛酉　辛卯

辛金用丙火为正官，用戊土为正印，丙戊官印建禄月令，日主坐禄自旺，年干乙财引归时卯逢禄；是财官印日主俱各归禄，无太过不及之疵。又月令官印用神纯粹，无破无损，是以贵至极品。

例二：谭论尚书

庚辰　甲申　丁未　丙午

年干正财归禄月令作用神，纯粹中和生旺，正官壬水长生于月令中，申辰会局有气，甲木正印引归库旺于日支，财官印俱有力有情，日主身坐余气又旺禄时支午，身亦旺相。全局生旺无丝毫冲破损害，是以威制四省，官居一品。

赋文二：**休囚有用，发越仍迟；旺相无睛，为恶最速。**

释：用神虽贵有用、生我、助我、或又临天月二德、天乙之类；若不临天时旺相，纵有用发越仍迟。柱中虽带旺相之神与我无意，如半凶半吉，一至岁运扶其凶煞，为祸最为猛速。

徐伟刚注：此段释文又讲用神“可用”之义：贵恃天时之势而起用，则发越迅速。或其他支干不得天时仅自旺有力，则迟缓发越。

用神要生我助我，要有情意。用神又贵“锦上添花”，要天德、月德、天乙加临，福庆骈集。

赋文三：**用象契合，要防妬争；贵气交通，切忌分夺。**

释：用神本与日干作合有情，有气得侣；或其明暗中有比肩一争一妬，遇而不遇。用神自家之神争妬者，一体断法；岁运同。凡贵气专用则可，两处三处分用，便是众人之物，不惟平生多起分争之讼，自家财产亦为比肩所劈，彼重我轻更甚。

徐伟刚注：此段赋释文特别重要，提出了“专用”“分用”的概念。从中可以看出日主本家比劫之所以争财夺官分食的原理，也可以看出日主用情不专用神太多反而不祥的原因。要说明的是，这里的用神专指使用之十神类，非狭义之月令用神。

一、对日主来讲，柱中或无比劫，用神只有一位，则用神为我“专用”之物。若有比劫，则“用神”成为众人之物，平生多争。比如甲木日主，甲使用戊土为财神，若局中无其他甲乙透露，则戊土为我一家专用之物，由我独自享用支配，自然丰盛多作吉论。或柱中甲乙比劫出现，不仅甲木日主可取戊土为本家财物，其他甲乙字自然也可取戊土来作自家财物，则此甲木日主跟其他甲乙木“共用”“分用”此一戊土财物，必然平生为财多起争讼了。若用神为官，平生多争官；用神为印，平生则多争名争宠……男命局中多见比劫与日主争用财神，平生必多争夺家产或争夺妻妾之事。女命局中多见比劫与日主争用官煞之物，自然平生多争夫之事。理所当然，不庸置疑！

二、对用神来讲，日主无比劫争妒，可用神家自有比肩争宠，则日主自然用情不专反而不祥。比如甲木日主，局中仅有一位己土取作正财，不杂其他戊己土相妬，则甲木自然一心一意专注于己土正妻，是为“专用”聚精会神。若局中既有己土，又见戊土杂出与己土争妒，则甲木自然用情不专，即恋取己土又用情戊土，三心二意耗散精神元气，必然疲于对付反为不祥也。是以论命看财，局中不要财星杂乱多多，只要一位就可以了。

由此可见凡深于命理者，必观日主用神之情意耳。既忌自家兄弟来横刀夺爱，又怕用神多多，自家心神不宁反无主张，两者俱为败象矣。

赋文四：**用拙而运扶，枯鳞济水；用强而运拙，曲港行舟。**

释：用神力慳，或有气而被克窃，或隐藏而无冲合，纯而不利；运却引生扶之气，悠然畅意矣。用神或有力或得时或情合，若运中阴坏其气者，东碍西撞不能顺驾，纵有一时风便，其奈何也。

徐伟刚注：此段释文讲述了用神与大运的关系：原局用神衰微力疲，运却来抑制堵塞，用神怀才不遇，诚可叹矣。大凡术学中，古人用拟喻来言理者，最有深味，务须深入体会。像《渊海·定真论》中论述四柱之所以尊日为主以及年日月的关系之时，借用人臣行君之令故必有贵赋吉凶事来阐喻日主、岁君、月令之间的本质关系，形象贴切可谓极矣。

赋文五：**远驰行色，用分何弱何强；岁摄兵权，势持情急情重。**

释：如日为身贵为用，二者难以偏废。日主为体，贵气为用，俱欲中和。一说用神贵气如登程行李器物粮草等件，运即住脚公厅馆宇等所泊之所。五气贵煞，何者引地理之宜，或顺以参考。

徐伟刚注：《三命通会》称“用神”别名较多：或称秀气、贵气、倚托、相托、福星、福气等不一。日为主体，贵气为用，体用务须中和生旺纯粹，体赖用而发挥，用赖体而种根基，相互依倚，造化功成。

体用是中国传统哲学史中的一大重要范畴，命家借体用来阐释命理可见较费心思，日主为体和用神为用是命学中最干脆了当的体用一说。像《滴天髓》一书也有“体用”一章节，原注繁乱不堪，任铁樵江湖术士之议论更是枝叶蔓延，对体用臆说多端，不足为凭也。

赋文六：**运凌身弱而适扶用神；运变身强而卯其福气。**

释：当生身旺或比肩太繁，用神怯弱者，宜运凌废其身气适扶用神，反是则不祥矣。当生本体衰弱，用神太过，身不胜任，又或错乱不能归一，所喜如是，反是则乖。盖当生本末体用相称，运扶身太过，或困其用神，亦不中矣。

徐伟刚注：此段释是“玉井奥诀”的末尾之语，其中讲明了日主用神和大运的关系。日主与用神是对矛盾，而大运则是用神日主的损益之物。日主弱用神重，宜运损用扶主；日主重用神浅，宜运抑主助用。如日主轻而用神重重，大运又来困日主扶用神，日主身柔不当，纵财官得位合格也是“富室贫人”。如日主强旺用神浅薄孤寒，大运又来扶身欺凌用神，则是身旺无依若不为僧即道了。

关于月令、用神与日主的本质关系，必须要从二方面来看。一方面从四柱的形成过程来看，月令代表的是“天赋之命”。其当令的人元用神的确会对日主有着重大的影响力与制约力。另一方面日主作为禀命者来看，日主面对“天赋之命”，必然会有个“受令”“行令”的主观能动性和选择能力，两者之间是个互动的关系。用神代表天命所形成的客观环境，日主必须面对驾驭此一复杂的外在关系。四吉神司令，日主衰弱不能驾驭此一大好局面，天赋好命好运也会失之交臂；若日主强健四吉神所赐好局面完全被我日主驾驭拿住，则命主必然会乘时大发富贵功名。四凶神司令而日主衰弱不能驾驭，必然会随波逐流而历尽折磨了。若日主强大面对“狰狞”的四凶神，日主自可调整策略，役使柱中其他制化之神来化凶为吉，则会从贫贱中奋发。

通俗地讲，我们既要看到月令用神对日主的强大影响力，又要看到日主驾驭用神（局面）的主观能力。因为用神的本来是我日主来取用，取用的目标就是要求用神为我所用服役日主自身。四吉神为“君子”，日主强势驾驭四吉神，四吉神也同样有力，则日主赖此四吉神行事就可发福致贵。若日主衰微无控御之道，则四吉神自擅主张不肯效力尽忠我身，我又何所依靠呢？四凶神为“小人”，日主要借小人势力来服役日主，必须先要制伏“小人”，“小人”方肯尽心服侍日主，这就是四凶神须制化后方可取用的道理所在。比如月令七煞正势当天时为小人得志之时，要役使此一得势“小人”卫护日主以求富贵，日主务须身强，且有食神有力镇压收服此一“枭雄”，一旦其心悦诚服降于日主为日主卖命“做事”，日主自可坐享富贵手握大权了。此即《渊海子评·论偏官》中用“君子控制小人之道”来比类论述取用七煞必须制伏的命理原因所在；其他刃、劫、伤四凶神仿此类推。

从本质上看，日主生存于“四柱”这个小天地中，面对年柱、月柱、坐支、时柱七字组成的复杂局面，要有个“轻重较量、去留舒配”的全盘考虑过程：有利有用者趋之，无利无用者避之；凶神要安置之，吉神要提拔之；不及者要补益之，太过者要减损之；冲战处要和合之，妬争处要舒配之；千变万化无有穷尽。对于这些复杂的局面的关系如何处置，这就是传统四柱中的格局理论。

第八章　六格大纲

四柱是个“小天地”，它实质是在研究人和世界的关系。一个人出生于这个世界，这个世界必然会准备很多配套相应的“待遇”跟着这个人而来(此一论调源自朱熹)。一个人在这个世界上会拥有多少“待遇”，并不是无规律可循的。四柱之中日主代表自身，其全七字就是本人所要面对的外在世界，也就是“老天爷”为其出生所配套跟着他来的全部“待遇”。古人发明的格局理论，就是非常系统地具体地研究个人生存于世界之中可能的所有“待遇”情况。

令人困惑的是，四柱命学最初创造者、传承者、集大成者们极其重视万分的格局理论，竟然会被绝大多数的后人“研究者”们曲解肢解甚至以为格局可有可无一文不值，纯粹是古人先贤瞎忙乎，无中生有故弄玄虚；事实上真是如此吗？当然不是！正是由于后世术士们的不学无术，未能洞察用神的原始理念与确实含义，导致他们对古贤所传的格局迷惑不解；也正是他们依赖以为十分对头的“病药”用神观来指导研究命学，就不可避免地跟先贤书中所传的大量格局理论难于调和统一。笔者所读当今四柱书数百种，没有一本说得清用神跟格局理论能够完美统一的命书，以至今天传统格局理论竟然会成为四柱命学中的一大悬案与难题之一。

当今绝大多数的命书俗说中，对传统格局理论 不外乎有以下几种态度：一者彻底否定法；比如《八字精析》、《算命一百法》两书就称古人格局全无道理，可以“一命一理”去把握。虽然书中所举命例不少个别分析也较精彩，但两书对命术学理的整体把握显然是一盘散沙，东一锤子西一银头，尚未探得命学的真正底蕴。二者疑古派；这方面港台的四柱命书较为多见。像了无居士就以格局只是四柱整体的一个“姓名”而已，可有可无；这种浅薄“格局名号”说只有叫人摇头叹息。二者存而不论派；比如《四柱基因学》、《中国古代算命术》两书皆录古人取格举例而跟着古人来讲，只存其内容而不论其是非长短。四者“创新派”；比如《八字预测正宗》、《中华命理学》等书，不仅彻底否定古人取格从而认为古人分格局与预测无必然联系，古人的格局是可有可无的一道程序，只有他们发明的“扶抑”、“从格”、“化气”才是格局的真道理，一派臆想可是自视甚高。五者模糊继承派；比如《命理指要》、《命理解真》等书，对传统格局说基本肯定，但未谙用神本义，尚取“病药”用神观跟格局混合着讲，牵强附会未够圆融而似懂非懂。书中所举命例全无一个统一的标准往往相互乱窜，跟《神峰通考》一书所犯毛病一样。比如明明是月令正印格，却因为日主高强岁月有煞，取煞来抑制日主作平衡“用神”，就竟将此混入煞格中去看，而不把它归入月令正印格的范围去讨论；这种混乱在两书中比较普遍。要知道的是真正的格局理论中的统一标准，就是按月令来一刀切的。比如月令正印格既不管日主强弱如何，也不管岁时财官煞伤会如何出现组合，皆要把它归入正印格这个大框框中去研究。若岁时有官星，就接印格中的官印双全此一分类情况来推；又若岁时有七煞，就按印格中的印赖煞生此一分类情况来推；又若岁时官煞混杂，就指印格中官煞混杂的分类情况来推；又若岁时柱出现伤食，就按印格中伤食泄身此一分类情况来推；又若岁时柱出现财星，就按印格中财星破印此一分类情况来推；其他格局的情况也同样如此。

正是由于俗说“病药”用神观跟传统格局理论上的冲突，导致绝大多数术数学爱好者们在命学研究上一直裹足不前举步维艰，对四柱缺乏系统的认识与全盘把握，脑中一片混乱全无个定准，笔者作为过来人深知其中滋味。事实上，四柱命学正统恢复了用神的原始理论与确实含义，完善地将用神与格局统一起来，从中探得了格局的正旨与大纲。

大致而言，所有的四柱类型首先要看月令跟日干的关系来定格，划入六格十神的大框框中去（十神就是指月令跟日干生克所定出来的十神类型），换言之，任何一个四柱必定为是月令官、煞、印（枭）、财（偏财）、伤、食、禄、刃、劫等十类中的一种情况，然后在这个定格的大框框中，取岁时日其余六字来跟月令比较纵横，进入特定格局内的各类组合与变化样式中去套取议论，十分系统条理，可以做到纲举目张胸中有数。

将用神与格局统一起来是笔者研究四柱命学追寻古人命学正脉的一大发现。

传统论格大纲，专用专重官、印、财、煞、食、伤六格。歌云：

一官二印三财位，四煞五食六伤官；

六格局中分造化，高低贵贱几千般。

《星平会海·取格指诀》云："大凡取格要如神见，斟酌轻重之理，以日干为主配合月令，看六事财官印伤食煞，俱要清奇为福贵人也，最忌刑冲破害。须看月令浅深秉令，金木水火土五行之理取也。"其释文云："以日为主而取提纲为用，次年月日时为贵，逢官看财、逢财看煞、逢煞看印、逢印看官。"

实际上，六格的确定，主要是依据月令中的人元用神定出来的。换言之，月令人元一字可确定用神格局，用神所在即格局所在，格局一定即用神一定（此处格局专指正格）。细言之，月令正官司令作用神，全局就作正官格看；月令财星司令作用神，全局就作财格看；月令七煞司令作用神，全局就作偏官格看；月令印绶司令作用神，全局就作印格看；月令伤官司令作用神，全局就作伤官格看；月令食神司令作用神，全局就作食神格看。

对于恢复月令、用神、格局本来统一的历史面目，我们可以从《渊海·论大运》中看出："古人以甲子乙丑名支干，六十甲子花字，皆是以木喻之。若天干地支得时自然开花结子茂盛。月令者，运元也。命运就从月上起。譬如树苗，树之见苗，则知其（树）名；见月令用神则知其格。故谓交运，如同接木……"这段文字中"（见）月令用神则知其格"是个关键句子，表明从用神知格局跟见树苗而知树名一般仿佛，见树苗则知树名，见月令用神则知其格局所属也。显而易见，用神是格局之"树苗"，格局是用神之"树名"，两者是一回事。命运就从月上起；缘何？月令为命也。命无令而不行，令无命而不立。运必从月上起，月令运元是也。由此可见，月令即是

“天赋之命”的体现，又是大运的源头。那么所谓的人生“命运”显然跟此月令一字大有关系，是故学者精研人命，务须围绕在月令此一核心字上。

关于月令、用神、格局的三位一体，《子平真诠》讲得最为透彻。所谓“八字用神，专求月令，以日干配月令地支生克不同，格局分焉。财官印食，此用神之善而顺用之者也；煞伤劫刃，用神之不善而逆用之者也。当顺而顺，当逆而逆；配合得宜，皆为贵格。”

从上述《子平真诠·论用神》文字中可以看出一层意义：一者用神专在月令上讨求，决不是什么“病药”之用神。对于用月令确定用神的命学原始理念，绝大多数的后人根本不懂；比如徐乐吾、任铁樵、陈素庵、袁树珊、韦千里等人皆是。有人在其著作中对此实在是不理解，反而去讲沈孝瞻先生所谓的月令用神只是令神或格神的别名，要求读者注意不要混淆用神的概念。面对沈孝瞻先生白纸黑字明白无误的用神表述去如此附会曲解，实在令人啼笑皆非，以其昏昏欲令世人昭昭，不亦难乎？这种典型的误己及至误人的不良学术态度与研究风格，叫人不敢恭维。事实上，研究《子平真诠》的人不在少数，但在“四柱用神，专求月令”此一句上如果不能真正通彻理解，那么对《子平真诠》全书的把握就会犯方向性的大错误。徐乐吾当初如此，像李后启犯此同病者的今人不在少数。要说明的是，本书中对所涉及的古今一些研究四柱命学的人士及其学术观点进行批驳与辩正仅是在命理上进行的学术讨论，并不涉及到人格人身方面的任何攻击与非礼。

二者格局之定，主要是取月令地支与日干生克来确定的。换言之，就是取月令中所藏主气跟日干生克来定的。比如甲木生于巳月，巳月中藏人元有丙火、戊土、庚金三干，其中丙火为主气；甲木生丙火为食神，则甲本生于巳月就作食神格看。大概而言，十二月令中所藏天干不一用神选择也就不一，其中就有主气客气之分。主气即月令所应天干建禄之支，其余为余气或客气之物。

正月建寅，其中甲木为主气，丙戊为客气；

二月建卯，乙干为主气；

三月建辰，戊土为主气，癸乙为客气；

三四建巳，丙火为主气，庚戊为客气；

五月建午，丁火为主气；

六月建未，己土为主气，丁乙为客气；

七月建申，庚金为主气，壬水为客气；

八月建酉，辛金为主气；

九月建戌，戊土为主气，辛丁为客气；

十月建亥，壬水为主气，甲木为客气；

十一月建子，癸水为主气；

十二月建丑，己土为主气，辛癸为余气。

《渊海子评》一书对月令用神的取定强调“节气浅深”中的司令之物，而《三命通会》则发展了《渊海子评》的思想；认为“拘泥人元主事分定几日为限”而成岁功的观点不够全面辩证，提出了主气纳客气理论，认为一月之中“主有纳客之数，客无胜主之理”。因此，凡论格限局应一律以主气来衡量。《子平真诠》继承了《三命通会》此一观点，一切格局皆以日干跟月令地支主气来比较而出。笔者全面继承《三命通会》、《子平真诠》此一思想，也依月令主气作为划定格局的统一标准。

《神峰通考·定格局诀》根据日干跟月令主气来定格，颇为标准划一故可资实用，现录以下以供研究。

甲日定格

甲日寅月是建禄，卯月随刃可堪凭，
三月财官藏辰库，巳为食神财暗伏；
午月丁火伤官格，未月杂气取财官。
七月申提七煞论，酉为正气官星得；
九月戌中推杂气，十月偏印格局正；
十一月取正印格，丑中杂气仔细详。

乙日定格

乙日寅月号月劫，卯为建禄格中真；

三月财官俱杂气，巳中伤官财星端；
午提丁火食神格，未土杂气曰财官；
申月正气官星论，八月酉中偏官推；
戌月财官俱杂气，亥月正印便扶身；
子癸之中偏印是，杂气推来在丑中。

丙日定格

丙日逢寅偏印生，卯月正印喜官星；
辰初杂气戊食神，巳中定取建禄格。
午火阳刃又伤官，未取伤官宜伤尽；
申是偏财喜旺神，酉月财旺生官格。
戌上杂气为食神，亥月偏印七煞真；
子中正官宜旺宫，丑宫分明杂气生。

丁日定格

丁日寅提正印评，卯上偏印格局真；
辰初杂气戊伤官，巳上月劫便生财。
午日建禄分明取，未月食神独可嗔；
申内正财生官格，酉月偏财可追寻。
戌中杂气兼伤官，亥月正官及正印，
子带偏官七煞真，丑月杂气是财官。

戊日定格

戊藏寅月煞拘印，卯是正官寻贵气。
辰内杂气财官格，巳上取格号建禄。
午月刃取正印格，未土杂气作劫财；
七月食神生财旺，八月伤官喜遇财。
戌中杂气分明取，亥月财煞格中真；

子提正财生官格，丑土杂气号财官。

己日定格

己生寅月正官印，卯推七煞便是真；
辰是杂气取财官；巳中正印格最清。
午中建禄居此位，未土杂气借财官；
申月伤官真论此，酉中食神亦可寻。
戌月借取杂气格，亥上正财生官格；
子月偏财明怕劫，丑月杂气取财官。

庚日定格

庚到寅宫评财煞，卯月正财便生月；
辰初杂气兼偏印，巳火七煞号偏印。
午月炎天寻正官，未中杂气兼正印，
申中便取建禄格。酉月阳刃格中正。
戌中杂气有偏印，亥上食神喜身强，
子月伤官真可论，丑中只可作杂气。

辛日定格

辛日寅财旺生官，卯月偏财是福基；
辰是杂气末正印，巳上正官及正印。
午月偏官喜枭神，未取杂气兼偏印；
申月借取伤官格，酉是建禄怕逢冲。
戌中杂气末是印，亥月伤官喜见财；
子月之中求食神，丑上下旬论偏印。

壬日定格

壬逢寅地号食神，卯上见乙取伤官；

辰是杂气未七煞，巳取偏财并偏官。
午月财官正两全，未上杂气取财官；
申月偏印无别论，酉取正印怕逢财。
戌月杂气带七煞，亥月建禄有食神；
子月之中阳刃格，丑中杂气是财官。

癸日定格

癸日寅月取伤官，卯月食神定是真；
辰中杂气是财官，巳月正财官便是；
午月偏财又偏官，六月杂气是七煞。
申月正印怕逢寅，酉月偏印忌见比。
戌中杂气是财官，亥月是为月劫当；
子中建禄定其真，丑中杂气未七煞。

《子平真诠·论用神》一节的第三意义就是：用神因与日干生克不同，就有十神之不同，其中又分四吉四凶之别。财官印食作用神，当顺用之；煞伤劫刃作用神凶恶，当逆用之。何为顺用之？吉神占据月令，岁时柱有十神生之护之者，谓之顺用。凶神占据月令，岁时柱有十神制之化之者，谓之逆用。深入一步地讲，不仅仅是月令用神以其吉凶禀性要采取顺逆手段，就是年日时柱其他六字，也要根据其十神吉凶禀性来采取同样的顺逆手段。比如年柱有财官吉神，其他柱也须生之护之。凡柱中一切四吉神（非徒月令），原则上皆要生之护之；凡柱中一切四凶神，原则上皆要制之化之。如果月令吉神跟年时柱吉神相互依靠，最为大吉。比如官格岁时有财，财来生官，可谓成格至吉。至于岁时财星也为四吉神之一，却喜月令正官护之，也符合吉神要生要护的原则；是谓局中财官相互依倚，至吉之象。

六格配合成立大纲，不外是据于月令用神吉凶事采取顺逆手段：

月令正官，岁时喜透财以生之，喜透印以护之；此官格成也。

月令财星，岁时喜透食以生之，喜透官以护之；此财格成也。

月令正印，岁时喜官煞以生之，喜透比劫以护之；此印格成也。

月令食神，岁时喜身旺以生之，喜透财以护之；此食格成也。

月令七煞，岁时喜食神阳刃来制合之，喜印绶来化之，此煞格成也。

月令伤官，岁时喜透印绶来制之，喜财星来化之，此伤格成也。

另外月令禄、刃或劫占据月令，亦作凶神议论看取。

月令劫禄，岁时喜官煞以制伏，利用财而透食伤以转化之；此月劫也。

月令阳刃，岁时喜官煞以制伏，喜透食伤以化之；此月刃也。

实际上，按日干跟月支生克的不同可分十类即：官、煞、印、枭、正财、偏财、食、伤、禄（劫）、刃。古人谓之“六格”是指：官、煞、印（枭印依其性质与印相似故归为一类）、财（偏财以其性质与正财相似故也归为一类）、伤、食六大类。至于后人讲的八格，就是在六格基础上加上禄、刃二大类。《渊海子评》以为禄、刃跟日干同类，难以取用驭使，所以把它们排除在六格外议论，只在年时上采取官煞食伤印财六事另作研究。但不管如何讲，真正讨论月令与日干的关系，全面地讲，就是有十神即十类组合形式。简括地讲，就是用六格来统率。在实际运用中，对月令的整体范围还是依六格十神（即十神组合形式）来掌握较具纲领性又具全面性，比较合理辩证。

四柱命学中尚有“外格”一大块，其是较之月令六格外面向全局或年日时三柱上作的讨论。《子平真诠》云：“四柱用神既专主月令，何以又有外格？外格者，盖因月令无用，权而用之，故曰外格也。如春木冬水土生四季之类，日与月同难以作用。类象、属象、冲财、合禄、刑合、遥迎、井栏、朝阴诸格，皆可用也。若月令自有用神，岂可别寻外格？又或春木冬水，干头已有财官七煞而弃之以就外格，亦太谬矣。是故干头有财，何用冲财？干头有官，何用合禄？书云，提纲有用提纲重。又曰，有官莫寻格局，不易之论也。”

大约而言，外格主要弃月令专注于年日时柱和全局两个方面来展开的。前者可分为年格、日格、时格三大类。其中尤以日格和时格最多；至于全局类包括从格、化格、以及类属大象三大类。

年格类有：岁德扶煞、岁德正官、岁德扶财等。

日格类有：壬骑龙背、日刃、魁罡、日德、日贵、飞天禄马、天元暗禄、胎元财官、八专、财官双美、禄马同乡、福德等。

时格类有：时上一位贵格、时上一位偏财格、日禄归时、六甲趋乾、子遥巳禄、六乙鼠贵、六阴朝阳、丑遥巳禄、六壬趋艮、刑合格、合禄格、拱禄拱贵、金神、时墓等。

全局类有：弃命从财、弃命从煞、曲直、炎上、从革、润下、稼穑；化水、化金、化木、化火、化土等。

另外，《三命通会》还有不少外格名目：如破官、飞财、破财、虎马奔巳、卯未遥巳、冲禄等。至于一些如禄元三会、禄元互换、玄武当权、伏元贵煞、勾陈得位、三奇真贵、子午双包、水土败于酉、源清流浊、源浊流清、建禄不富、背禄不贫、闻喜不喜、当忧不忧、吉会凶会等名目不能仅单单视为外格，更多是一些具体命理与技法的阐述，十分重要，请务必掌握。

总而言之，要想成为一个命学上的大家，不仅要对正格烂熟于心，对所有的外格也必须清清楚楚明明白白，不可有一丝一毫的迷糊与混淆。当然，作为一般研究者来讲，首先要把握的是正格要旨。这是因为所有的四柱之中，以正格论述大约要有90%左右之多。至于标准的外格甚少，这是因为一旦月令有用神，年日时三格就要服从月令正格来研究，所以研命者的主要目光当集中在正格此一大块上。

第九章　格局精述

六格论是四柱论命中的根本大法，是最有效的断命“套路”。真正熟练此一“套路”，则论命格之大体自然毫无荆棘了。但是一般术者受俗说禁锢太深，就是直接去读看《正解》一书尚觉得困难，故我在此一章节中，来详细的讲述一下各个格局的要点与细务，以及大体人生对应命运现象。

第一节　正官格

《子平真诠》论正官篇：

官以克身，虽与七煞有别，终受彼制，何以切忌刑冲破害，尊之若是乎？岂知人生天地间，必无矫焉自尊之理，虽贵极天子，亦有天祖临之。正官者分所当尊，如在国有君，在家有亲，刑冲破害，以下犯上，乌乎可乎？

以刑冲破害为忌，则以生之护之为喜矣。存其喜而去其忌则贵，而贵之中又有高低者，何也？以财印并透者论之，两不相碍，其贵也大。如薛相公命：甲申　壬申　乙巳　戊寅，壬印戊财，以乙隔之，水与土不相碍，故为大贵。若壬戌　丁未　戊申　乙卯，杂气正官，透干会支，最为贵格，而壬财丁印，二者相合，仍以孤官无辅论，所以不上七品。

若财印不以两用，则单用印不若单用财，以印能护官，亦能泄官，而财生官也。若化官为印而透财，则又为甚秀，大贵之格也。如金状元命：乙卯　丁亥　丁未　庚戌，此并用财印，无伤官而不杂煞，所谓去其忌而存其喜者也。

然而遇伤在于佩印，混煞贵乎取清。如宣参国命：己卯　辛未　壬寅　辛亥，未中己官透干用清，支会木局，两辛解之，是遇伤而佩印也。李参政命：庚寅　乙酉　甲子　戊辰，甲用酉官，庚金混杂，乙以合之，合煞留官，是杂煞而取清也。

至于官格透伤用印者，又忌见财，以财能去印，未能生官，而适以护伤故也。然亦有逢财而反大贵者，如范太傅命：丁丑　壬寅　己巳　丙寅，支具巳丑，会金伤官，丙丁解之，透壬岂非破格？却不知丙丁并透，用一而足，以丁合壬而财去，以丙制伤而官清，无情而愈有情。此正造化之妙，变幻无穷，焉得不贵？

至若地支刑冲，会合可解，已见前篇，不必再述，而以后诸格，亦不谈及矣。

取运之道，一四柱则有一四柱这论，其理甚精，其法甚活，只可大略言之。变化在人，不可泥也。

如正官取运，即以正官所统之格分而配之。正官而用财印，身稍轻则取助身，官稍轻则助官。若官露而不可逢合，不可杂煞，不可重官。与地支刑冲，不问所就何局，皆不利也。

正官用财，运喜印受身旺之地，切忌食伤。若身旺而财轻官弱，即仍取财官运可也。

正官佩印，运喜财乡，伤食反吉。若官重身轻而佩印，则身旺为宜，不必财运也。

正官带伤食而用印制，运喜官旺印旺之乡，财运切忌。若印绶叠出，财运亦无害矣。

正官而带煞，伤食反为不碍。其命中用劫合煞，则财运可行，伤食可行，身旺，印绶亦可行，只不过复露七煞。若命用伤官合煞，则伤食与财俱可行，而不宜逢印矣。

此皆大略言之，其四柱各有议论。运中每遇一字，各有研究，随时取用，不可言形。凡格皆然，不独正官也。

正官格之喜忌成败：

一级层面：①正官格所成：逢财、佩印、身旺。

②正官格所败：重官、杂煞、逢伤、逢冲。

二级层面：①带忌：正官逢财又逢伤、透官而官又逢合、官煞混杂而有财印。

②救应：官逢伤透印以救之、杂煞而合煞制煞以清之，刑冲会合以解之。

乾造：**壬辰　壬寅　己未　戊辰**

7　17　27　37　47　57　67

大运：癸卯　甲辰　乙巳　丙午　丁未　戊申　己酉

释：己用寅中甲木为正官，喜逢年月干壬水财星生助，谓之官逢 财生，成格；又日主身健官旺，中青年必是公职干部之人。但时上比劫夺官，必主官场中争战败北；为何？以时干戊辰阳干比肩胜过己未日主矣，又喜年月壬水财星自库旺于年支辰引旺于时支辰，辰为水土之财库，官场败北之后必从事商业而发财致富。

要特别说明的是：甲乙日主或戊己日主见辰一字总作财库吉论。辰为水土之墓乡，甲乙见辰，戊己为甲乙之财星，辰为甲乙木日主之财库；戊己以壬癸亥子水为财星，辰又为水库，故戊己土依辰也为财库，故亦主发大财之象。辰为天罗网罗成物，故甲乙戊己日主见辰字是大发财富的特殊吉象；《三命通会》谓之钱龙守库，宜记住。

乾造：**戊申　甲寅　己酉　丙寅**

8　18　28　38　48　58　68

大运：乙卯　丙辰　丁巳　戊午　己未　庚申　辛酉

己丑日主以甲寅为正官，寅时又为时上正官，喜透丙印，谓之官星佩印；主有权柄又有资历学说，贵命之象。但这个四柱官星过重，日主虽旺，较之官星稍轻，主一身多职疲于奔命，多且子女拖累负担。喜大运走南方火乡，火为日主之印绶，泄太过之官星补不足之日主，主官场中有人扶助而出人头地。

这个四柱年上戊申，劫财戊土，申内庚金伤官，必主祖上贫困无疑。又甲寅木克破年上戊土，是兄弟姐妹中有人夭亡。又年干戊土也为父亲之象，受克也是克父之象。此命月令寅官和时支寅官作年家马星，必主升迁迅速或远方任职。又正官正印主极职明极现实之人，多有高学历或名牌大学出身而享誉于世。

官轻是指月令官星与日元比较之下，日主生旺得局而官星孤单仅一位，又无财星生助，或者局中印枭成众泄尽官星元气，或本身是杂气官星力量更是有限，导致全局形成了官旺身更旺的局面，谓之“官轻”。这儿讲的“官轻”并不是指官星休囚无气，而是指官星有气但和日主比较一下，似乎日主的力量更大一点。

乾造：乙卯　丁亥　丁卯　丁丑

3　13　23　33　43　53　63

大运：丙戌　乙酉　甲申　癸未　壬午　辛巳　庚辰

丁生亥月，亥中壬水作正气官星，不料三合印局泄尽官星元气，日主旺盛，反主贫贱。局中又无财星生官破印，大运走西方比劫夺尽财星，财官轻微名利俱无。《渊海子评·喜忌篇》云：“身旺无依，若不为僧即道”。这个四柱枭旺劫旺，岁运逢财，必比劫夺财而无福享受，就是标准之身旺无依，局中财官印食四吉一无是处，故而其人迷恋术数气功修行，但本身贫困不堪多灾多难，至今未有婚配，却到处去求师学艺修炼气功，可悲可叹。

四柱又纯阴无一丝毫阳气，如何振发精神致力于事业乎？男人一生打拼世界，重在于功名利禄，即四柱中财官如何。只有四柱中身旺财官俱旺，三者均衡者，方是富贵功名中人。

乾造：壬戌　丁未　戊申　乙卯

1　11　21　31　41　51　61

大运：戊申　己酉　庚戌　辛亥　壬子　癸丑　甲寅

这个四柱戊土日主生于未月，未为戊之官库即杂气官星，力量太轻。日主自坐长生又生于火土之月（类似建禄），戊土极旺，极喜强木来疏通，喜月令未会合时支卯形成杂气正官局来克日主，又丁印壬财透出三奇全逢，可作富贵命议论。但由于戊土为高亢之土，土势浑厚，最要阳木甲干来疏通方见大造化。乙卯之木虽为日主官星，但阴干力量毕竟有限，故此四柱之功名必小。虽贵亦不甚利提拔，仅是小贵之人而已，有小名小利小权力一点，常有怀才不遇之感，做事也缺乏能力，难于开创大事业，只利守成。

这里讲这个四柱戊土日主不甚喜乙木而喜甲木之观点，就是《穷通宝鉴》一书中的论命思想之一！

一般而言，月令正官以其为吉神，固喜财星助之使之兴旺发达，又喜佩印以护卫。正官格之大忌就是伤官一神，伤官可以使人为非作歹，破尽正官福慧，故在正官逢大忌神伤官之情况下，急须佩印以制服伤官，这个时候官星带财不如佩印；缘何？伤官见官必欲克破官星置于死地而甘心，财星也难于通关解救；只有印星强健有力制伏伤官，使伤官受制而不敢去克破官星。这里的关系模式就是如此一环套一环的：官星→逢伤→佩印；官格逢伤，破矣；有印制伤仍组成官星佩印之局，谓之先破后成；主官场中有风波官运蹉跎，但有人护卫而官场上不跌倒！官星逢伤佩印之情况下，大忌财神来破印，形成财破印，印就制不住伤官，伤官仍然克倒官星，则为贪财坏印灾祸必大！换言之，官印互为父子，子必卫父；伤财亦为父子，财必卫伤；官印大忌伤财同显，则官印局尽破了。

乾造：**甲午　乙亥　丁丑　戊申**

6　16　26　36　46　56　66

大运：丙子　丁丑　戊寅　己卯　庚辰　辛巳　壬午

这个四柱月令正官，干透甲乙印星和时干戊土伤官，喜甲乙生旺能够克制戊土伤官，伤官受制不能为非作歹。大运走戊寅己卯，印通运支，伤官无气受制无能为力，命运形成官印局主升职进官仕途得意。但大运走入庚辰，庚金财星乃是时支申中藏干透出，戊土伤官又库旺于运支辰，庚辰与时柱戊申形成土金伤财双旺之局，庚金财星极有力地去合乙偏印制甲正印，印星甲乙受制于庚金财星，则甲乙印难于制戊伤了，戊伤本来有气，只缘被原命局印星制服了不能作为，现庚金财星制合去了甲乙印，则戊伤若同笼子里放出的“老虎”，马上可以自由活动去克局中的月令壬水正官了，如此一来，财伤土金克尽官印水木。官印代表功名事业清誉，运走庚辰被土金伤尽，明表一生事业全部倒退走向反面，由仕途之高官沦为阶下囚，奈何奈何乎？

这里要特别说明的是，四柱中的忌神生旺者则为“活物”，它就会为害伤人，最喜有其对头吉神必须要强有力者去约束之制克之，使之不能活动自由而行使职事，这就是一物降一物。但由于原忌神本身就是“能人”有本事者，一旦降它之神被其他破坏克制，则此忌神必然会从束缚状态中“解放”出来就会“伤人”了。打个比方说，生旺忌神就像一个有大本事的“无赖”，关键要有一物降一物的人来约束之，使其不敢胡乱作为；但就怕降服之人本身遭伤害，则此“大本事”之无赖定然出来生事作乱，这样对应之命局就会出现伤灾了。

这个四柱中，时干戊土伤官本身有活力有能力，它之志向就是要去克制官星。戊土伤官固然厉害，但原局中有甲乙印星亦同样生旺，可以一物（甲乙）降一物（戊伤），戊受制没办法只好不能动弹；但甲乙印一旦受制，则戊土伤官必然会“解放”出来大展手脚肆意去破官伤官了。

大凡对四柱中干支之间的种种复杂关系，中国古人都是用人事关系来描述表达的，这种研究方法特点一定要掌握。

当然，四柱中四凶神休囚更遭克破，岁运就是制去其“天敌”，其四凶神缘本身衰微，则亦不能做出多大的乱子来。换言之，凶神或忌神休囚无力于局中，无克制者其也不会有大碍，惟一怕的是岁运引旺未制原休囚之凶神，则凶神得时就要为非作歹，若凶神忌神休囚，岁运又无引旺反而有克窃者，则小小凶神衰微者无妨于事。

凶神或忌神受制要分二种情形：一种生旺者受制，谓之被“制服”，一旦有时机，其仍会发作凶性；二者休囚者受制，谓之被“制死”，就是岁运引旺也不行，以其已被“制死”不能“死而复生了”。“去留舒配”中的“去”之一字含义，就要分这二个层面去理解：旺相者受制，则是被“制服”暂时无发言权，一旦被“解放”出来，仍然会兴风作浪；休囚者受制则是就会“制死”了，岁运亦不能使之“起死回生”。

这个四柱官格之所以晚年入于囹圄，关键原因是伤官破格神居于时柱，这就是讲的“生克先后次序”。若此伤官居于年月，时上有印护卫，则格局破而不破，纵官运中有风浪起伏但依然可以官场不倒，可见官格之最终成败关键在于时柱之上。

时柱上成格，晚运必享；时柱上败格，晚运必败。

乾造：**己未　癸酉　甲辰　乙亥**

8　18　28　38　48　58　68　78

大运：壬申　辛未　庚午　己巳　戊辰　丁卯　丙寅　乙丑

甲木日主生在酉月，干头透出癸印、己财，是为官格带财佩印；但此财印在年月两干上相临相克，所以导致格局美中不足。命中重财克印，是以父母必不和，母亲一生受罪不轻。

幸时上乙亥可制年上己未财，此一格局还是有成的；所以此命主虽出生甘肃农村，还是靠读书出来做了公务员，命运为之有了改观。

大凡甲木生在酉月逢辛金正气官星，是古命书中讲正官格喜忌时是要常举的例子。但我发现，甲木用酉中辛金正官，大多只是小官小贵，不能大显。这有可能与其这一格（甲木用辛官）所主的性情过于谨慎正派古板有关吧！甲木要出人头地，似乎确是要用庚金好像会发迹得更厉害一点。

乾造：**己酉　丙子　丙寅　庚寅**

4　14　24　34　44　54　64　74

大运：乙亥　甲戌　癸酉　壬申　辛未　庚午　己巳　戊辰

这个四柱是丙生在子月，也是正官一格。此格也是官格带财佩印，不过此命中的财官印三吉都是暗藏于支中，则本命官格就不会太显了。这一命中有所忌讳者，就是时日两寅有泄官星之气，喜时上财神生官破印助吉，此命还算全局均衡，可算是各方面都还说得过去的小吉之命了！

乾造：**庚申　丙戌　辛巳　壬辰**

1　11　21　31　41　51　61　71

大运：丁亥　戊子　己丑　庚寅　辛卯　壬辰　癸巳　甲午

辛金生在戌月透丙官，自是杂气正官格也。喜身健可任，是以高学历出身，在某大公司内任职，薪水近万，也算是年纪轻轻就出头了。

不过此命时上壬水伤官出现，就犯了官格之忌；中年之后必有官非、病症、破财之灾。尤其是到了51运见壬辰对应命局中之时柱伏吟，则老来克子、官非就铁定了。

大凡辛金日主见丙火官星，都是学业出众的才子、聪明人，都会有高学历，极富管理才能与负责之精神，就是做人不免太机械太认真，都是治国、治家的“能臣”，但就是创业之魄力不足，只利守成了。

辛金日主见壬水泄秀，是世间第一等的才子。不过这种才子就是清高骄傲非常，常以天下之人不如己，贵人小人皆惮之，故而这种人一辈子往往很难得志，只利在艺术方面成名。当然辛金日主用壬水伤官，这种人最适合做律师、批评家等工作，必是一流之人才啦！

辛金日主命中最忌丙官与壬伤相见于干头，年运一到必有官非、克子之事，百不失一。

乾造：**己丑　乙亥　丁卯　庚戌**

8　18　28　38　48　58　68　78

大运：甲戌　癸酉　壬申　辛未　庚午　己巳　戊辰　丁卯

丁生亥月，天乙贵作官格，尤胜于一般之正官格，是以聪明非常好学上进的很。惜乎月上乙木偏印制年上旺食又泄官星正气，是以此一乙木偏印之忌，就是命中之“重病”，对应的就是出身贫穷不堪了。

此命之救星，就是时上的庚财正妻星，妻星居在时上，所以晚婚之极，竟然是到了43岁壬申年才结婚。此男婚后就运气大大好转了，事业、工作、财运一帆风顺了。

正官格之成格主要在于财星和印星，所以月令正官当权的人，这种命的一生成败和母亲、妻子两个女人是大有关系的。官重之人要多听母亲教导，则大有利官场仕途之发展，但就是不可听妻子之言的。反之，官格中官星太轻者，则反喜多听纳妻子的“枕头风”，则必得妻助而升官发财；这种情况下就不能多听母亲的话了，否则会拖累做官后腿的。

像这个命就是婚后多听了妻子的金玉良言之后，做事才慢慢有了方寸发展。到如今天天侍候着宝贝儿子，财运也亨通，活得美滋滋的呀！

第二节 偏官格

《子平真诠》论偏官篇：

煞以攻身，似非美物，凡大贵之格，多存七煞。盖控制得宜，煞为我用，如大英雄大豪杰，似难驾驭，而处之有方，则惊天动地之功，忽焉而就，此王侯将相所以多存七煞也。

七煞之格局亦不一：煞用食制者，上也，煞旺食强而身健，极为贵格。如：乙亥 乙酉 乙卯 丁丑，极等之贵也。

煞用食制，不要露财透印，以财能转食生煞，而印能去食护煞也。然而财先食后，财生煞而食以制之；或印先食后，食太旺而印制，则格成大贵。如脱脱丞相命：壬辰 甲辰 丙戌 戊戌，辰中暗煞，壬以透之，戊坐四支，食太重而透甲印，以损太过，岂非贵格？若煞强食泄而印露，则破局矣。

有七煞用印者，印能护煞，本非所宜；而印有情，便为贵格。如何参政命：丙寅 戊戌 壬戌 辛丑，戊与辛同通月令，是煞印有情也。

亦有煞重身轻，用食则身不能当，不若转而就印，虽不通根月令，亦为无情而有情；格亦许贵，但不大耳。

有煞而用财者，财以党煞，本非所喜，而或食被制，不能伏煞，而财以去印存食，便为贵格。如周丞相命：戊戌　甲子　丁未　庚戌，戊被制不能伏煞，时透庚财，即以清食者，生不足之煞；生煞即以制煞，两得其用，尤为大贵。

又有身重煞轻，煞又化印，用神不清，而借财以清格，亦为贵格。如：甲申　乙亥　丙戌　庚寅，刘运使命是也。

更有杂气七煞，干头不透财以清用，亦可取贵。

有煞而杂官者，或去官，或去煞，取清则贵。如岳统制命：癸卯　丁巳　庚寅　庚辰，去官留煞也。夫官为贵气，去官何如去煞？岂知月令偏官，煞为用而官非用，各从其重。若官格杂煞而去官留煞，不能如是之清矣。如沈郎中命：丙子　甲午　辛亥　辛卯，子冲午而克煞，是去煞留官也。

有煞无食制而用印当者，如：戊辰　甲寅　戊寅　戊午，赵员外命是也。

至书有制煞不可太过之说，虽亦有理，然运行财印，亦能发福，不可执一也，乃若弃命从煞，则于外格详之。

偏官取运，即以偏官所成之局分而配之。煞用食制，煞重食轻则助食，煞轻食重则助煞，煞食均而日主根轻则助身；忌正官之混杂，畏印绶之夺食。

煞用印绶，不利财乡；伤官为美，印绶身旺，俱为福地。

七煞用财，其以财而去印存食者，不利劫财，伤食皆吉，喜财怕印，透煞亦顺。

其以财而助煞不及者，财已足，则喜食印与帮身；财未足，则喜财旺而露煞。

煞带正官，不论去官留煞，去煞留官，身轻则喜助身，食轻则喜助食；莫去取清之物，无伤制煞之神。

煞无食制而用刃当煞，煞轻刃重则喜助煞，刃轻煞重，则宜制伏，无食可夺，印运何伤？七煞既纯，杂官不利。

月令七煞格中，七煞一位透出，只要身健，便可用食神来制煞；特别要求食神、七煞、日主俱旺均衡，必为大权贵之命。

阳日七煞、阳日主、阳食神格局尤大，富贵必巨。如甲生申露庚煞，庚煞甲日丙食，三者俱阳干，一旦成格必是大贵之造。阴日七煞、阴日主、阴食神则次之，但只要三者极有力，也必是成功官贵之命。

乾造：乙亥　乙酉　乙卯　丁丑

大运：甲申　癸未　壬午　辛巳　庚辰

这个四柱就是《子平真诠》中的一个古例。

这个四柱中酉月辛煞未透暗藏，但依旧可作煞格来看。乙卯日主自旺身健，喜时干丁火食神透出可以制煞，丁坐丑自弱，好在日主身健，又年干乙劫可以自旺生助，身健自然食有气；全局煞旺身健食有气，自当作贵命议论。

大凡一个格局之中，用神、日主、相神或藏或透，种种情形不一。但大致可以划分为四种情形，就依乙木生于酉月用丁食来制讲：

1. 辛煞丁食俱透露于四柱局中；
2. 辛煞透丁食藏（午未）支中；
3. 辛煞藏丁食透干；
4. 辛煞丁食俱藏；

上述这个四柱就是第三种情形辛煞藏、丁食透之情况，这种煞食透露之情况就可以用来推算具体发迹升官之运年。

请注意这个四柱到第四步大运之时，辛煞透露于运干之上，又大运巳与原局酉丑合成煞局，煞旺得势，又丁食通根于巳，只要再木火流年生旺，身健煞旺，食神得流年旺气，必然是年运程中青云直上。

所以看一个四柱之运程变化，一种主要方法就是依原局中干支的藏露于岁运中定夺。

关于煞用食制所对应的人生现象应该如是理解：煞主困难事业局面，食主能力推动力，身主自我，煞旺主任务重事业大，重任在身，身健主身体棒好禁得起折腾，食旺主有能力有办法克服种种困难而完成重任，这种局面之人自然是官贵之命。又可以如是理解：煞主大敌当前，食主笑看风云；煞主紧张，食主乐观，身健有力，表示其人在重任之前乐观进取，有手段克服困难创下新局面。

因此，煞用食制之命皆是堪当重任大事之贵人，实为家国之栋梁。这种命完全可以转变时势，化大险为夷而立功名，煞用食制之命皆是军警、公检法、军人等武职高官，故而煞用食神身健都是大命！这种大命都是担当于危难之际多事之秋而平定风波创立不朽之功业者！

煞用食制之格局，要分身之轻重、煞之轻重、食之轻重来言之。煞太重身食太轻而岁运又走煞旺地，则主功名未成身先死，如诸葛亮之流；为何？缘煞重身食轻无救援，煞主大难克身，身不善终矣！若煞太轻而身食太重，则主空有一身才艺而不能担当大任，常有大材小用怀才不遇之感也不能立建业；若煞重食重而日无根则是夭命短寿之人；为何？煞重食重相战而日主衰弱，两强之间难为弱者，故多是短命人。只有煞食身俱有气有力而岁运补充使三者均衡者，方是名至实归才堪任重之人，只有这种人方可以出人头地作高官了。

袁树珊命：**辛巳　丁酉　乙巳　戊寅**

辛煞一位归禄月令，月干丁食通根引旺二巳，又得时支长生，明显煞旺食神更旺之象，又运走南方食神又得地，煞势所主威风俱藏，制煞太过，如何成就功名事业？惟局中木火通明又主文采名声过人。煞为子星制煞太甚，子必多克早夭矣！

乾造：**辛丑　庚寅　戊寅　庚申**

	4	14	24	34	44	54	64	74
大运：	辛丑	壬寅	癸卯	甲辰	乙巳	丙午	丁未	戊申

戊生在寅月，正是七煞当令之时，按成格要求和天时气候来看，都要干头透出丙火方作大命好。换言之，戊土日主生在寅月作煞格看，是以印来化

煞作第一义的。也就是讲，戊日主见甲木七煞作用神，则必要丙火印星作相神方是上命。

当然，若按煞格要食制的观点，对于戊土用甲煞，则就要用庚食来制；不过在这种情况下，庚与甲就不免有“硬碰硬”的味道，这种组合就不是优先方案了。

像本命造就是命中无丙火出现，反而是命中庚辛食伤作四金来伏制月日寅中甲煞，形成了制煞太过之局，煞格真用神制伏太过，则命就成磋跎了，一生用尽心机做事费力之至，也是名利难成。

这个人是做工程的，做了好多好多年头了，就是挣不了钱，有什么办法呢？虽有才能就是权威不足难于摄众，凝聚不了人心，以至老是不得志。

此命要运气稍为好转，定要在49岁的巳字运上开始，接下来54岁丙午、64岁丁未全是好运气了。到了74岁交了戊申运，前五年还可苟延残喘，一至申字上，必是缘于中风病发作暴亡。

乾造：**丁未　壬寅　戊申　甲寅**

	3	13	23	33	43	53	63
大运：	辛丑	庚子	己亥	戊戌	丁酉	丙申	乙未

戊生寅透出时煞甲木偏官，喜年上透丁印，形成煞格用印的成格，所以升至副厅级。但毕竟妻宫食神、月干壬财为忌，聚悍妻无可奈何矣！又喜年上丁印为天德，官场纵有风波也不畏惧，以年干管一生也。

这个四柱是我学生杨彬的二哥，在某大学作外事处长，是在甲申年升到副厅级待遇的。

乾造：**壬子　己酉　乙丑　辛巳**

	3	13	23	33	43	53	63	73
大运：	庚戌	辛亥	壬子	癸丑	甲寅	乙卯	丙辰	丁巳

乙生酉月逢三合煞局且辛煞透出，日主危极矣。惟一之生机在于年上壬子之天乙贵人作印星，但又恨月干己土财星破印浊壬，壬子印之功效大打折

扣。三十多岁的年龄，犯过死罪坐过七年牢房、失业、生病，人生百不如意一一尝遍，每次灾患全靠父母施以援手，勉强混到现在。

这个四柱是山东学员李文阳问我的，当他报出这个命时，我就马上作出如上结论，全部准确。

第三节 论财格

《子平真诠》论财篇：

财为我克，使用之物也，以能生官，所以为美。为财帛，为妻妾，为才能，为驿马，皆财类也。

财喜根深，不宜太露；然透一位以清用，格所最喜，不为之露。即非月令用神，若寅透乙、卯透甲之类，一亦不为过，太多则露矣。然而财旺生官，露亦不忌，盖露不忌，盖露以防劫，生官则劫退。譬如府库钱粮，有官守护，即使露白，谁敢劫之？如葛参政命：壬申　壬子　戊午　乙卯，岂非财露？唯其生官，所以不忌也。

财格之贵局不一，有财旺生官者，身强而不透伤官，不混七煞，贵格也。

有财用食生者，身强而不露官，略带一位比劫，益觉有情。如：壬寅　壬寅　庚辰　辛巳，杨待郎之命是也。透官身弱，则格坏矣。

有财格佩印者，盖孤财不贵，佩印帮身，即印取贵。如：乙未　甲申　丙申　庚寅，曾参政之命是也。然财印不宜相并，如：乙未　己卯　庚寅　辛巳，乙与己两不相能，即有好处，小富而已。

有用食而兼用印者，食与印两不相碍，或有暗官而去食护官，皆贵格也。如吴榜眼命：庚戌　戊子　戊子　丙辰，庚与丙隔两戊而不相克，是食与印不相碍也。如平江伯命：壬辰　乙巳　癸巳　辛酉，虽食印相克，而欲存巳戊官，是去食护官也。反是则减福矣。

有财用伤官者，财不甚旺而比强，略露一位伤官以化之。如：甲子　辛

未　辛酉　壬辰，甲透未库，逢辛为劫，壬以化劫生财，汪学士命是也。财旺无劫而透伤，反为不利；盖伤官本非美物，财轻透劫，不得已而用之；旺而露伤，何苦用彼？徒使财遇伤而死生官之具，安望富贵乎？

有财带七煞者，或合煞存财，或制煞生财，皆贵格也，如毛状元命：乙酉　庚辰　甲午　戊辰，合煞存财也；李御史命：庚辰　戊子　戊寅　甲寅，制煞生财也。

有财用煞印者，党煞为忌，印以化之，格成富局，若冬土逢之亦贵格。如赵待郎命：乙丑　丁亥　己亥　乙亥，化煞而即以解冻，又不露财以杂其印，所以贵也。若财用煞印而印独，财煞并透，非特不贵，亦不富也。

至于壬生午月，癸生巳月，单透财而亦贵，以月令有暗官也。如：丙寅　癸巳　癸未　壬戌，林尚书命是也。又壬生巳月，单透财而亦贵，以其透丙藏戊，弃煞就财，美者存而憎者弃也。如：丙辰　癸巳　壬戌　壬寅，王太仆命是也。

至于劫刃太重，弃财就煞。如一尚书命：丙辰　丙申　丙午　壬辰，此变之又变者也。

财格取运，即以财格所就之局，分而配之。其财旺生官者，运喜身旺印绶，不利七煞伤官；若生官而后透印，伤官之地，不甚有害。至于生官而带食破局，则运喜印绶，而逢煞反吉矣。

财用食生，财食重而身轻，则喜助身；财食轻而身重，则仍行财食。煞运不忌，官印反晦矣。

财格佩印，运喜官乡，身弱逢之，最喜印旺。

财用食印，财轻则喜财食，身轻则喜比印，官运有碍，煞反不忌也。

财带伤官，财运则亨，煞运不利，运行官印，未见其美矣。

财带七煞，不论合煞制煞，运喜食伤身旺之方。

财用煞印，印旺最宜，逢财必忌；伤食之方，亦任意矣。

财格论主要可以分为正财格和偏财格二大类，其论格之喜忌原则基本类似，可以一统而论的。但是，若讲性情、婚姻各方面人生事象，当以正偏财之不同属性去区别之。

财为养命之源，人人需要有用。既然月令有财星有益人生之物，则此宝物必须保卫或生养之，使其长久生存兴旺发达而不遭破坏败绝，故而财格之成立，有如下几条因素：一者喜官星之保卫；二者喜伤食之生财；三者喜佩印助身以担任之。财格之失败也同样有如下之因素：一者忌比劫之分夺；二者忌生煞以害命攻身；三者忌身弱不能负荷而破财成“富室贫人”。

总结上文之成格败格因素，大致可以把财格分为以下几种情况：

一、财格透正偏财；

二、财格透官煞；

三、财格透正偏印；

四、财格透伤食；

五、财格透比劫。

这五种基本情形就是财格所要讨论的对象。

乾造：**丙午　庚寅　辛酉　壬辰**

	1	11	21	31	41	51	61	71
大运：	辛卯	壬辰	癸巳	甲午	乙未	丙申	丁酉	戊戌

这个男命是典型的财格生官又逢伤破的局面，月令寅财生年干丙官，年上丙官又逢时上壬伤，形成格局先成后败之象。

这个四柱从神煞角度上来看，丙官为月德贵人，辛日主又逢寅午两支夫乙贵人，年干丙官逢日支酉贵，局中一德又三天乙贵，可知此命之层次肯定较常人高一筹。

他的人生事象就是如此过程：年上正官坐旺又坐午，主少年职明好学，身健可任，考入北京大学。月令寅财，毕业后从事电脑软件开发，又属获因家技术开发奖，以寅财生起丙官矣。但壬午年壬水伤官与丙官相见，是年开始有官讼是非，至甲申年一败涂地生活艰苦。这个四柱今后走西方运程为逐马之乡，会同原局伤官背禄，欲想再次创业东山再起不亦难乎？

这位先生在 2003 春节年特地到广州请人看过，2004 年春节又特地飞到了重庆请一位大师看过，结果是不理想，回来后不能释然。在北京认识后，就请我断了，结果主要大体、重要流年都对了，他很激动的在席间和我多次握手，以示感谢。

事实上，自从我的《正解》出版之后，找我预测的人真是很多的。其中真有不少人都让国内算四柱的“名师”、“大师”们预测过，结果算来算去就是算不对，才找到我来给他们下结论。

乾造：**乙卯　乙酉　丁丑　庚子**

4　14　24　34　44　54　64　74

大运：甲申　癸未　壬午　辛巳　庚辰　己卯　戊寅　丁丑

财星佩印，但日主极弱。年上印星远离，如何生的了日主？故一无学历文凭；二无工作单位；三主身体多病；但年印毕竟为父母之位之象，靠父母一点“施舍”而生活着，身太弱不任旺财，至今未婚。

乾造：**己酉　庚午　壬午　甲辰**

10　20　30　40　50　60　70

大运：己巳　戊辰　丁卯　丙寅　乙丑　甲子　癸亥

壬水生于午月透己官庚印，局中双午为重财，壬水极弱，最要有印星得力助身，不料年支酉印空亡，月上庚印坐午自败难于助身，如何作得好命看乎？仅是一常人命。财官太重日主身柔，多是劳碌命也，一生为妻子儿子作“牛马”。但毕竟有点庚印生人，又主好学上进，但难有大成就，缘庚败于午，用神无力衰微也。

这个四柱是为广东一易友，做木工装璜生意很辛苦，但喜学习好术数。这种四柱只能是常人求温饱乃至小康已是很理想的了，一辈子是很难发达的。

一个人想成功创业，若无好四柱凭借，无有其事！

乾造：**壬子　丙午　癸未　壬子**

5　15　25　35　45　55　65　75

大运：丁未　戊申　己酉　庚戌　辛亥　壬子　癸丑　甲寅

此一男命癸未日主身极弱，生于午月透出丙火正财，丙财为阳干，癸日主阴干极弱难制，喜年时两壬透出制丙助日，以极旺之壬水制住极旺之丙午财神，力量相当，则癸水日主赖壬水可以克制住旺盛之财星，故以富命看。

事实上，此一男命也有几十万之家财，惟利是图。

乾造：**甲寅　庚午　癸巳　甲寅**

5　15　25　35　45　55　65　75

大运：辛未　壬申　癸酉　甲戌　乙亥　丙子　丁丑　壬寅

癸日主极弱生于午月财当权，喜庚金引长生于日支；又大运走辛未、壬申、癸酉金水旺地可以制伤制财，此命故也不错。在一部委工作，也有研究生学历。但为人心高气傲好钻名利也，为何？以局中木火太旺气焰嚣张之象。

这个命是不能按从格断的，为何？以癸水日主有庚金依靠，此一庚金虽弱，但它通根于巳支中作长生成“真金不怕火炼”，且运走壬申、癸酉两步大得力，所以命也还说的过去。如果此命中有一壬癸字，则此四柱就定是富贵双全的上命了。

乾造：**壬寅　壬寅　辛巳　戊子**

7　17　27　37　47　57　67

大运：癸卯　甲辰　乙巳　丙午　丁未　己酉　庚戌

辛生寅月透戊印，形成典型的财格佩印制伤之格局，自创公司，家财万贯。惜乎年月伤财伏吟，又阴干辛金毕竟难制（若无戊印助）寅中甲木阳干之正财，导致相亲无数，但是至今未婚。

在我的经验中，男命辛金日主用寅中甲木为正财作妻星，辛是温柔之金，甲木是参天之大树，一点点柔金如何可砍伐此坚固之木，所以辛金日主的男命见甲木妻星，大多婚缘不好。就是这种男人没男子气，服不了妻子，会让妻子看不起，自己也看不上女人，往往导致没有婚姻或离异。所以，在一定程度上对男人而言，辛金日主见甲木财星是很难有好姻缘的。

乾造：**壬子　丙午　癸未　癸亥**

	5	15	25	35	45	55	65	75
大运：	丁未	戊申	己酉	庚戌	辛亥	壬子	癸丑	甲寅

癸水生于丙午旺财之月，喜年上壬子比劫分担重财，是以戊申大运年纪轻轻就发迹，数年创造几千万的大企业。又年月中暗藏煞星，发财之后，马上被评为九十年代中期山西省最年轻的企业家。

第四节　论印格

《子平真诠》论印篇：

印绶喜其生身，正偏同为美格，故财与印不分偏正，同为一格而论之。印绶之格局亦不一，有印而透官者，正官不独取其生印，而即可以为用，与用煞者不同；故身旺印强，不愁太过，只要官星清纯。如：丙寅　戊戌　辛酉　戊子，张参政之命是也。

然亦有带伤食而贵者，如朱尚书命：丙戌　戊戌　辛未　壬辰，壬为戊制，不伤官也。又如临淮侯命：乙亥　己卯　丁酉　壬寅，己为乙制，己不碍官也。

有印而用伤食者，身强印旺，恐其太过，泄身以为秀气。如：戊戌　乙卯　丙午　乙亥，李状元命也。若印浅身轻，而用层层伤食，则寒贫之局矣。

有用偏官者，偏官本非美物，藉其生印，不得已而用之；故必身重印轻，或身轻印重，有所不足，始为有情。如茅状元命：己巳　癸酉　癸未　庚申，此身轻印重也。马参政命：壬寅　戊申　壬辰　壬寅，此身重印轻也。若身印并重而用七煞，非孤则贫矣。

有用煞而兼带伤食者，则用煞而有制，生身而有泄，不论身旺印重，皆为贵格。

有印多而用财者，印重身强，透财以抑太过，权而用之，只要根深，无妨财破。如：辛酉　丙申　壬申　辛亥，汪侍郎命是也。若印轻财重，又无劫财以救，则为贪财破印，贫贱之局也。

即或印重财轻而兼露伤食，财与食相生，轻而不轻，即可就富，亦不贵矣。然亦有带食而贵者，何也？如：庚寅　乙酉　癸亥　丙辰，此牛监薄命，乙合庚而不生癸，所以为贵。若合财存食，又可类推矣。如：己未　甲戌　辛未　癸巳，此合财存食之贵也。

又有印而兼透官煞者，或合煞，或有制，皆为贵格。如：辛亥　庚子　甲辰　乙亥，此合煞留官也；壬子　癸卯　丙子　己亥，此官煞有制也。

至于化印为劫，弃之以就财官。如赵知府命：丙午　庚寅　丙午　癸巳，则变之又变者矣。

更有印透七煞，而劫财以存煞印，亦有贵格。如：庚戌　戊子　甲戌　乙亥是也。然此格毕竟难看，宜细详之。

印格取运，即以印格所成之局，分而配之。其印绶用官者，官露印重，财运反吉，伤食之方，亦为最利。

若用官而带伤食，运喜官旺印绶之乡；伤食为害，逢煞不忌矣。

印绶而用伤食，财运反吉，伤食亦利；若行官运，反见其灾，煞运则反能为福矣。

印用七煞，运喜伤食；身旺之方，亦为美地。一见财乡，其凶立至。

若用煞而兼带伤食，运喜身旺印绶之方，伤食亦美；逢官遇财，皆不吉也。

印绶遇财，运喜劫地；官印亦亨，财乡则忌。

印格而官煞竞透，运喜食神伤官；印旺身旺，行之亦利。若再透官煞，行财运，立见其灾矣。

印用食伤，印轻者亦不利见财也。

印格包括正印格与偏印格两大类，其喜忌大都类似。正印偏印之区别是有的：正印为善神，偏印为恶神；但偏印之凶性较之刃煞伤少厉害一点。在某些情况下，偏印尚可作吉神看待。年月上之偏印可与年月之正印一般论，不宜受制克伤，则日主有生气来源矣！

印格之变化纲目有如下五大类：

1. 印格透官：分为带财和带伤食二类；

2. 印格透煞：分为带财和带伤食二类；

3. 印格透官煞：亦分为带财和带伤食二小类；

4. 印格透财：分为带伤食和带比劫二小类；

5. 印格透伤食：分为带比劫一小类。

学习格局理论，关键要有严密的逻辑推理能力，这种理解与掌握主要是比较抽象的。只有《穷通宝鉴》一书提出的“形象”思维才会加强对支干的直觉认识，这部分在下文有详细解说。

乾造：**丙申　庚子　甲戌　丁卯**

1　11　21　31　41　51　61

大运：辛丑　壬寅　癸卯　甲辰　乙巳　丙午　丁未

这个目前拥有数百万家产的钢铁老板，正在向千万级努力进取。他看了我的《袖里乾坤》一书后非常有兴趣，欲投到我门下学习六壬等其他高级术数。

这个四柱是典型的印格透煞、煞用食伤制煞的成格之局；一个成格之四柱，就是一种人生发达之模式。

年上申月上庚煞，故出身贫寒；煞生印有大魄力创造企业（印之象），又伤食制煞，能吃苦足智多谋闯种种难关做大事业；又印生身身生伤官，伤食主技艺，故而其人也好学迷术数等神秘主义文化。这个四柱固然可以发家创业，拥有万贯家财，但不能跻身于社会高层者；为何？以局中无一天乙贵或天月德之类吉星来提高品格也。

格局之高低是由品级来决定的，品格主要看支干之阴阳和吉凶神煞二大类来定的。品格乃是四柱中决定格局大小高低的一种主要方法。

乾造：**壬子　癸卯　丙申　壬辰**

10　20　30　40　50　60　70　80

大运：甲辰　乙巳　丙午　丁未　戊申　己酉　庚戌　辛亥

这个四柱是一易友让看的，其格局乃是典型的印格逢官煞混杂的局面。喜走乙巳、丙午、丁未数步大运，小小年纪创下大事业成大老板，在某地成为首富。这个四柱之大富全在于日主赖官煞制旺运丙午的缘故；丙午运两字对于原局来讲，就是壬子官煞的旺财，日主赖之而发巨财。但话退回来讲，此一四柱寿元不高，必难于过己酉运；气数所在，难逃！

坤造：**辛亥　庚子　乙酉　丁丑**

3　13　23　33　43　53　63　73

大运：辛丑　壬寅　癸卯　甲辰　乙巳　丙午　丁未　戊申

女命固然以夫星，子星为主，但同时也是可看论格局的。

这个四柱乙木生于子贵印月，透出庚官辛煞，正是印格透官煞混杂象。喜时上个食透出取清，但毕竟丁食力量寒微太轻，不能去尽官煞之混，故此女命定有外遇之事了。也是只有到了乙巳运，丁火有力去清官煞之混杂，方会在婚姻中守一忠诚于老公了。

子月令为乙日主天乙贵人，又煞印官印相生，故有本科以上学历。东方运木旺生火，火制官煞，故在检察院工作。

这个命在走甲辰运甲申年，就在工作中升职了。道理很明显，就是命中的丁火得到年运两甲木的生助，而且从此人的后运看，将来其人的仕途还是有一定的发展余地的。

乾造：**丙午　戊戌　辛丑　己亥**

1　11　21　31　41　51　61　71

大运：己亥　庚子　辛丑　壬寅　癸卯　甲辰　乙巳　丙午

辛生戌戌月，逢年上丙午自旺之官星，显然是官印双全贵格，是以为当官之人。依戊戌土印，是以现今任河北某县建设局局长一职。

本命官印双全，一生官场平稳，惟嫌印星略重官星稍弱，导致升官迟缓。

要说明的是，官格佩印在日主身健的情况下，确实升官是很慢的，但这种格局的优点就是坐的位子稳当，不会出大乱子的。相对而言，官格见财，只要日主可担，则这种人的提升速度是较快的，这又是一定之理了。

我实践中看了这样的例子不少，方才真正明白理解古人为什么要说：官星佩印不如带财的命理原因所在了。

乾造：**壬寅　丙午　戊戌　丙辰**

3　13　23　33　43　53　63　73

大运：丁未　戊申　己酉　庚戌　辛亥　壬子　癸丑　甲寅

戊生午月成火局透丙印，作印格议论。印星当气又成局太过化枭有火炎土燥之势，极喜壬癸水财来破印“抗旱”，妙年上壬水汪洋通根时上水库辰土，大运又走西北金水之乡，助起壬水阳偏财，是以大发横财，产业过亿。又以壬水作偏财之星，所以因做国际石油贸易而发达。

坤造：**庚申　甲申　癸丑　乙卯**

1　11　21　31　41　51　61　71

大运：癸未　壬午　辛巳　庚辰　己卯　戊寅　丁丑　丙子

癸水生申是正印格，局中三印太重，又癸水日主坐丑自旺更为印库，喜时上乙卯自旺食神透出，作印格身强印太过用伤食泄秀议论，是以小小年纪学业出众，现在就读硕士研究生学位。

当然，此命之所以走运，和其行运是分不开的呀：壬午、辛巳运皆是火来烁金，这运自然就好了。

第五节　论伤官格

《子平真诠》论伤官篇：

伤官虽非吉神，实为秀气，故文人学士，多于伤官格内得之。而夏木见水，冬金见火，则又为秀之尤秀者也。其中格局比他格多，变化尤多，在查其气候，量其强弱，审其喜忌，观其纯杂，微之又微，不可执也。

故有伤官用财者，盖伤不利于官，所以为凶，伤官生财，则以伤官为生官之具，转凶为吉，故最利；只要身强而有根，便为贵格。如：壬午　己酉　戊午　庚申，史春芳命也。

至于化伤为财，大为秀气。如罗状元命：甲子　乙亥　辛未　戊子，干头之甲，通根于亥，然又会未成局，化水为木，化之生财，尤为有情。所以伤官生财，冬金不贵，以冻水不能生木；若乃化木，不待于生，安得不为殿元乎？

至于财伤有情，与化伤为财者，其秀气不相上下。如秦龙图命：己卯　丁丑　丙寅　庚寅，己与庚同根月令是也。

有伤官佩印者，印能制伤，所以为贵，反要伤官旺，身稍弱，始为秀气。如李罗平章命：壬申　丙午　甲午　壬申，伤官旺，印根深，身又弱；又是夏木逢润，其秀百倍，所以一品之贵。然印旺极深，不必多见；偏正叠出，反为不秀，故伤轻身重而印绶多见，贫穷之格也。

有伤官兼用财印者，财印相克，本不并用，只要干头两清而不相碍；又必生财者，财太旺而带印，佩印者印太重而带财，调停中和，遂为贵格。如：丁酉　己酉　戊子　壬子，财太重而带印，而丁与壬隔以戊己两不碍，且金水多而觉寒，得火融和，都统制命也。又如：壬戌　己酉　戊午　丁巳，印太重而隔戊己，而丁与壬不相碍，一丞相命也。反是则财印不并用而不秀矣。

有伤官用煞印者，伤多身弱，赖煞生印以帮身而制伤。如：己未　丙子

庚子　丙子，蔡贵妃也。煞因伤而有制，两得其宜，只要无财，便为贵格。如：壬寅　丁未　丙寅　壬辰，夏阁老命是也。

有伤官用官者，他格不用，金水独宜；然要财印为辅，不可伤官并透。如：戊申　甲子　庚午　丁丑，藏癸露丁，戊甲为辅，官又得禄，所以为丞相之格。若孤官无辅，或官伤并透，则发福不大矣。

若冬金用官，而又化伤为财，则尤为极秀极贵。如：丙申　己亥　辛未　己亥，郑丞相命是也。

然亦有非金水而见官，何也？化伤为财，伤非其伤，作财旺生官而不作伤官见官。如：甲子　壬申　己亥　辛未，章丞相命也。

至于伤官而官煞并透，只要干头取清，金水得之亦清，不然则空结构而已。

伤官取运，即以伤官所成之局，分而配之。伤官用财，财旺身轻，则利印比；身强财浅，则喜财运，伤官亦宜。

伤官佩印，运行官煞为宜，印运亦吉，伤食不碍，财地则凶。

伤官而兼用财印，其财多而带印者，运喜助印；印多而带财者，运喜助财。

伤官而用煞印，印运最利，伤食亦亨；杂官非吉，逢财即危。

伤官带煞，喜印忌财，然伤重煞轻，运喜印而财亦吉。惟七根重，则运喜伤食，印绶身旺亦吉，而逢财为凶矣。

伤官用官，运喜财印，不利食伤。若局中官露而财印两旺，则比劫伤官，未始非吉矣。

伤官格是各种格局中较复杂的，要特别弄明白个中的所有变化样式。伤官泄日主，故为凶神，要制之化之。伤官固为凶神，但它可以生财作财之源头。伤官泄日主使日主衰弱，故而又喜印星来制之，使其不能泄身元气补日主精神，这就是论伤格的两条基本线索。

乾造：**壬寅　丙午　乙巳　辛巳**

1　11　21　31　41　51　61　71

大运：丁未　戊申　己酉　庚戌　辛亥　壬子　癸丑　甲寅

乙木生于午月，丁食未透，但丙伤通根于时日两巳支出来焚木，全局作暗食明伤格论。伤官丙火极旺，喜时上辛可以怯灭丙火之炎威，又喜年干壬水制丙当头，形成伤格用煞印；伤官格佩印为何喜带煞，以印弱赖煞来扶助印星制伤也。

伤官格兼用煞印，主要忌财官运，其他运皆为好运；为什么呢？官运则官煞混杂，伤官见官大凶，见财星则是破印生煞攻日，必有大灾。

这个四柱中戊己天干财未露，藏于巳午地支中为暗财，前程也不利作经商发财想，若求财必有灾厄的。这种命只利学术或官场进取，但也只利作技术型官僚，若想发财必无是理！人若知命当循此而行，违命妄行定有大咎！

这个四柱中煞印为善，印主父居年柱，煞主子孙在时柱，煞印有功于日主，则必主上得父母助，下得子女出息。

大凡月令伤官之位，古人谓之“背禄”；若再局中见比劫重叠出干，谓之“逐马”；背禄逐马必是贫贱之局。

坤造：**甲午　丁丑　丙戌　丙申**

6　16　26　36　46　56　66　76

大运：丙子　乙亥　甲戌　癸酉　壬申　辛未　庚午　己巳

丙生丑月伤官月令主背禄，月时天干透出丙丁比劫，谓之逐马；背禄逐马之人一辈子六亲缘份浅薄，夫妇无缘，不聚财，好学气功中医术数之类，多技艺而难发功名。这个女命都有如此人生经历与命运事象，喜时支申内藏一点偏财，晚年也可蓄有一点小财。但每逢庚辛之流年，丙丁比劫争财，婚变破产受骗官非种种不如意事屡屡发生，奈何乎？

此女精通中医，以伤官之象乎？此女又修炼气功，以比劫之象当此乎？又丙生丑月为“冬日可爱”，主性情温厚谦和处世。丙为太阳，生冬令为“冬日可爱”格，冬日暖洋洋大有利世间众生，故“冬日可爱”多有贵格。

坤造：**癸卯　戊午　甲申　辛未**

9　19　29　39　49　59　69　79

大运：己未　庚申　辛酉　壬戌　癸亥　甲子　乙丑　丙寅

甲生午月，喜身弱透辛官癸印，典型的“夏木逢润，其秀百倍”之清高格局，是以出身高干家庭，高学历，多才艺，有姿色，做过电台主持人，红遍京城。但本命四柱中毕竟官煞混杂，是以离婚后外嫁，移民国外。

乾造：**丙申　乙未　丙申　己亥**

4　14　24　34　44　54　64　74

大运：丙申　丁酉　戊戌　己亥　庚子　辛丑　壬寅　癸卯

丙生未月透己伤，可作杂气伤格推。但毕竟丙生未月火气依然炎炽，喜年日两申藏重庚偏财，又未月庚财进气，形成《神峰通考》书所谓的“火长夏天金叠叠”的典型大富格，是以担任集团老总，财产身价好几个亿。

乾造：**丁酉　戊申　己巳　戊辰**

3　13　23　33　43　53　63　73

大运：丁未　丙午　乙巳　甲辰　癸卯　壬寅　辛丑　庚子

己生申月，土金伤官极秀极职明，但忌申酉重逢不见丝毫壬癸财星，反见戊己比劫重重，形成伤官背禄之局。其人虽在中关村做电脑生意，技术虽精，但同样做生意，人家都发财就他发不了，苦苦挣扎，奈何乎？命也！

第六节　论食神格

《子平真诠》论食神篇：

食神本属泄气，以其能生正财，所以喜之。故食神生财，美格也。财要有根，不必偏正叠出，如身强食旺而财透，大贵之格。若：丁未　癸卯　癸亥　癸丑，梁丞相之命是也；己未　壬申　戊子　庚申，谢阁老之命是也。

藏食露伤，主人性刚。如：丁亥　癸卯　癸卯　甲寅，沈路分命是也。偏正叠出，富贵不巨。如：甲午　丁卯　癸丑　丙辰，龚知县命是也。

夏木用财，火炎土燥，贵多就武。如：己未　己巳　甲寅　丙寅，黄都督之命是也。

若不用财而就煞印，最为威权显赫。如：辛卯　辛卯　癸酉　己未，常国公命是也。若无印绶而单露偏官，只要无财，亦为贵格。如：戊戌　壬戌　丙子　戊戌，胡会元命是也。

若金水食神而用煞，贵而且秀。如：丁亥　壬子　辛巳　丁酉，舒尚书命是也。至于食神忌印，夏火太炎而木焦，透印不碍。如：丙午　癸巳　甲子　丙寅，钱参政命是也。食神忌官，金水不忌，即金水伤官可见官之谓。

至若单用食神，作食神有气，有财运则富，无财运则贫。

更有印来夺食，透财以解，亦有富贵，须就其全局之势而断之。至于食神而官煞竞出，亦可成局，但不甚贵耳。

更有食神合煞存财，最为贵格。

至若食神透煞，本忌见财，而财先煞后，食以间之，而财不能党煞，亦可就贵。如刘提台命：癸酉　辛酉　己卯　乙亥是也。其余变化，不能尽述，类而推之可也。

食神取运，即以食神所成之局，分而配之。食神生财，财重食轻，则行财食，财食重则喜帮身。官煞之方，俱为不美。

食用煞印，运喜印旺，切忌财乡。身旺，食伤亦为福运，行官行煞，亦为吉也。

食伤带煞，喜行印绶；身旺，食伤亦为美运，财则最忌。若食太重而煞轻，印运最利，逢财反吉矣。

食神太旺而带印，运最利财，食伤亦吉，印则最忌，官煞皆不吉也。

若食神带印，透财以解，运喜财旺，食伤亦吉，印与官煞皆忌也。

食神格与伤官格大致相似，其变化也不甚复杂的。

乾造：**己未　壬申　戊子　庚申**

6　16　26　36　46　56　66　76

大运：辛未　庚午　己巳　戊辰　丁卯　丙寅　乙丑　甲子

食财两重，戊土身弱无气，喜年上己未比劫强旺制水，又喜走南方火地补足土神元气，土得支援力量激增，自然可以克住旺水为我财星不外溢而发富贵了！这个四柱中戊己土战克三合壬水财局，得南方火气相托，可以“反败为胜”发富贵！

为什么这里讲“反败为胜”呢？这是因为四柱这个“世界”中，就存在着日主戊土与财食庚壬之间的战争，原局中财旺身弱戊土成为“败军之将”，得大运火地补足日主精神元气，则戊土生旺克制战胜原局财食，则原局财食自然为我（戊土）所掌控所拥有，日主拥有旺财，岂不是坐拥万千家财了！

乾造：**戊午　壬戌　丙寅　丁酉**

3　13　23　33　43　53　63　73

大运：癸亥　甲子　乙丑　丙寅　丁卯　戊辰　己巳　庚午

丙火生于戌月透出戊食为杂气食神格，戊食坐午自旺通根月令，戊土极旺晦丙火之光，丙会三合火局日主也极旺极，身健食旺盈，月干透壬煞形成食神制煞，全局食重重煞轻微，喜时支酉金发水源，但又忌丁火盖头。这个四柱行运就喜制食生煞之岁运，故凡甲戌年、甲申年等金水流年皆是好运气。

这个四柱命主在云南曾打个电话咨询过我，但笔者并未全面透露此一命之全部机窍，这个四柱今后丁卯戊辰两大运还有重灾。

这个命主也研命了好多年，对自己的命也吃不透。当然这种情况在全国范围内的研命者上身上是真的很普遍，研命者就是看不明白自己的命，这说明命理研究真是不易啊！

相信我的这本书出版后，此一命主还是会读我的这本新书。我在这儿就点一下：本命用格局看的确是较复杂的，但还可用“壬水辅丙”说来断本命，则就会一清二楚了！

第七节　论禄刃劫诸格

《子平真诠》论刃、禄劫篇：

阳刃者，劫我正财之神，乃正财之七煞也。禄前一位，惟五阳有之，故为阳刃。不曰劫而曰刃，劫之甚也。刃宜伏制，官煞皆宜，财印相随，尤为贵显。夫正官而财印相随美矣，七煞得之，夫乃甚乎？岂知他格以煞能伤身，故喜制伏，忌财印；阳刃用之，则赖以制刃，不怕伤身；故反喜财印，忌制伏也。

阳刃用官，透刃不虑；阳刃露煞，透刃无成。盖官能制刃，透而不为害；刃能合煞，则有何功？如丙生午月，透壬制刃，而又露丁，丁与壬合，则七煞有贪合忘克之意，如何制刃？故无功也。

然同是官煞制刃，而格亦有高低。如官煞露而根深，其贵也大；官煞藏而不露，或露而根浅，其贵也小。若：己酉　丙子　壬寅　丙午，官透有力，旺财生之，丞相命也。又：辛酉　甲午　丙申　壬辰，透煞根浅，财印助之，亦丞相命也。

然亦有官煞制刃带伤食而贵者，何也？或是印护，或是煞太重而裁损之，官煞轻而取清之。如穆同知命：甲午　癸酉　庚寅　戊寅，癸水伤寅午之官，而戊以合之，所谓印护也。如贾平章命：甲寅　庚午　戊申　甲寅，煞两透而根太重，食以制之，所谓裁损也。如：丙戌　丁酉　庚申　壬午，官煞竞出，而壬合丁官，煞纯而不杂。况阳刃之格，利于留煞，所谓取清也。

其于丙生午月，内藏己土，可以克水，尤宜带财佩印。若戊生午月，干透丙火，支会火局，则化刃为印，或官或煞，透则去刃存印，其格愈清。倘或财煞并透露，则犯去印存煞之忌，不作生煞制煞之例，富贵两空矣。

更若阳刃用财，格所不喜；然财根深而用伤食，以转刃生财，虽不比建禄月劫，可以取贵，亦可就富。不然，则刃与财相搏，不成局矣。

阳刃用官，则运喜助官；然命中官星根深，则印绶比劫之方，反为美运，但不喜伤食合官耳。

阳刃用煞，煞不甚旺，则运喜助煞；煞若太重，则运喜身旺印绶，伤食亦不为忌。

阳刃而官煞并出，不论去官去煞，运喜制伏，身旺亦利，财地官乡反为不吉也。

建禄者，月建逢禄堂也，禄即是劫，或以禄堂透出，即可依以用者，非也。故建禄与月劫，可同一格，不必加分，皆以透干支，别取财官煞食为用。

禄格用官，干头透出为奇，又要财印相随，不可孤官无辅，有用官而印护者。如：庚戌　戊子　癸酉　癸亥，金丞相命是也。有用官而财助者。如：丁酉　丙午　丁巳　壬寅，李知府命是也。

有官而兼带财印者，所谓身强值三奇，尤为贵气。三奇者，财官印也，只要以官隔之，使财印两不相伤，其格便大。如：庚午　戊子　癸卯　丁巳，王少师命是也。

禄劫用财，须带食伤，盖月令为劫而以财作用，二财相克，必以伤食化之，始可转劫生财。如：甲子　丙子　癸丑　壬辰，张都统命是也。

至于化劫为财，与化劫为生，尤为秀气。如：己未　己巳　丁未　辛丑，丑与巳会，即以劫财之火为金局之财，安得不为大贵？所谓化劫为财也。如高尚书命：庚子　甲申　庚子　甲申，即以劫财之金，化为生财之水，所谓化劫为生也。

禄劫用煞，必须制伏，如娄参政命：丁巳　壬子　癸卯　己未，壬合丁财以去其党煞，卯未会局以制伏是也。

至用煞而又财，本为不美；然能去煞存财，又成贵格。如：戊辰　癸亥　壬午　丙午，合煞存财，袁内阁命是也。

其禄劫之格，无财官而用伤食；泄其太过，亦为秀气。唯春木秋金，用之则贵，盖木逢火则明，金生水则灵。如张状元命：甲子　丙寅　甲子　丙寅，木火通明也；又如：癸卯　庚申　庚子　庚辰，金水相涵也。

更有禄劫而官煞竞出，必取清方为贵格。如一平章命：辛丑　庚寅　甲辰　乙亥，合煞留这也；如：辛亥　庚寅　甲申　丙寅，制煞留官也。

倘或两官竞出，亦须制伏，所谓争正官不可无伤也。

若夫用官而孤官无辅，格局更小，难于取贵；若透伤食便不破格。然亦有官伤并透而贵者，何也？如：己酉　乙亥　壬戌　庚子，庚合乙而去伤存官，王总兵命也。

用财而不透伤食，便难于发端；然干头透一位而不杂，地支根多，亦可取富，但不贵耳。

用官煞重而无制伏，运行制伏，亦可发财，但不可官煞太重，致令身危也。

禄劫取运，即以禄劫所成之局，分而配之。禄劫用官，印护者喜财，怕官星之逢合，畏七煞之相乘。伤食不能为害，劫比未即为凶。

财生喜印，宜官星之植根，畏伤食之相侮；逢财愈见其功，杂煞岂能无碍？

禄劫用财而带伤食，财食重则喜印绶，而不书法比肩；财食轻则宜助财，而不喜印比。逢煞无伤，遇官非福。

禄劫用煞食制，食重煞轻，则运宜助煞；食轻煞重，则运喜助食。

若用煞而带财，命中合煞存财，则伤食为宜，财运不忌，透官无虑，身旺亦亨。若命中合财存煞，而用食制，煞轻则助煞，食轻则助食则已。

禄劫而用伤食，财运最宜；煞亦不忌，行印非吉，透官不美。若命中伤食太重，则财运固利，而印亦不忌矣。

禄劫而官煞并出，不论合煞留官，存官制煞，运喜伤食，比肩亦宜，印绶未为良图，财官亦非福运。

月令为四柱中最重要的一个地方，若刃禄劫当权司令则此三者必然会与日主争夺名利（财官）等益人之物，所以自然而然这种劫夺日主名利利益的害人物必须要制之化之。

乾造：**戊申 甲寅 乙卯 庚辰**

4 14 24 34 44 54 64 74

大运：乙卯 丙辰 丁巳 戊午 己未 庚申 辛酉 壬戌

这个四柱乙卯日主自旺，又生于甲寅比劫当权，透出庚戊财官，形成身旺劫旺财官俱旺的局面，所以在名利上当作一个好命看。但毕竟月上比劫甲寅直接克制年上戊土财星，主克父克妻婚变之象；后逢 时干庚官制劫，婚变之后的财运也可以更上一层楼；特别是辰为乙卯日主财库，晚年名利可以大发。

乾造：**丙子 庚子 癸酉 甲寅**

7 17 27 37 47 57 67 77

大运：辛丑 壬寅 癸卯 甲辰 乙巳 丙午 丁未 戊申

这个四柱是易界一位大名人的四柱，我们来分析一下这个四柱的特点：癸日主生于子年子月，日主元气足矣！年上丙财喜时上甲寅强旺伤官泄当旺之水来助生，甲寅为时柱晚运，故晚年时段大发财禄。这个四柱可以用年月日时四序来言之：日主气足无须担心身不胜财之事，丙火财坐子年休囚，少年困苦；丙引至子月休囚引至酉支死地，中青年还是贫困不堪；喜丙火引至甲寅时柱旺伤转子水气生旺丙财，晚年就大发财禄名声大燥了！

再看其大运：辛丑、壬寅、癸卯、甲辰、乙巳、丙午、丁未、戊申……

走乙巳运开始发迹，丙午运寅午会火，所以一发如雷闻名海内外。现走丁未大运依然风光，但其必死于戊申运了；为何？申字冲寅又会水局，故将来子辰流年水旺多是生命关口。

这位大名人为什么信佛呀？以建禄格之因；为什么钻术数呀？以日主坐酉辛偏印也，又甲寅伤官主艺术矣！其之所以离异者，缘是建禄克妻矣；其之所以二婚为老少配者，乃因癸日主合戊会暗火者，少配老也；其子女六亲缘薄者为何？以时柱甲寅伤官制克官星也！

一切皆是命注定，任何人都难逃造化主宰！

乾造：**庚寅　戊子　壬辰　甲辰**

5　15　25　35　45　55　65　75

大运：己丑　庚寅　辛卯　壬辰　癸巳　甲午　乙未　丙申

壬生子月为刃格，刃格喜逢官煞，今戊煞重重透出制日，日主再旺也不堪三重戊煞攻身，喜时干甲食通根年支形成刃格逢重煞用食制的成局，是以在部队当官升到副军级。惜乎壬辰运又逢七煞，庚辰流年呼应原局年干庚枭来夺食，导致重重戊煞攻身，从军队转业到地方做生意，被骗七十万美金，精神几乎崩溃，至今一蹶不振。

乾造：**丁巳　甲辰　己亥　癸酉**

3　13　23　33　43　53　63　73

大运：癸卯　壬寅　辛丑　庚子　己亥　戊戌　丁酉　丙申

己生辰月作杂气比劫议论，喜年月时透甲官、丁印、癸财，形成月令比劫用官星，财印相随之成格四柱，可谓好命、上命无疑。其协助父亲做军火生意，财产过亿 。

乾造：**壬辰　庚戌　戊申　壬子**

3　13　23　33　43　53　63　73

大运：辛亥　壬子　癸丑　甲寅　乙卯　丙辰　丁巳　戊午

戊生戌月作月令比劫看，喜月干庚食转化月劫之气，生助年时壬财，形成比劫用财凭借食伤转生之成局，亦作好命推。其人在总参工作，全凭本事吃饭。

乾造：**己亥　癸酉　辛丑　辛卯**

2　12　22　32　42　52　62　72

大运：壬申　辛未　庚午　己巳　戊辰　丁卯　丙寅　乙丑

辛金生于酉月建禄，又见年干己土偏印相助，月日酉丑又成金局，身旺无依，喜金白水清辛金虚灵，是以出家之后迅速发达，现为京城广化寺方丈，在国内外有广泛影响。

我的实践表明，大凡从事道教的出家人或爱好道家的修行者，命中大都是火炎土燥之象，至于喜爱佛学、佛教者，一般都是命中都是金水生旺的。

乾造：**壬寅　癸卯　乙亥　庚辰**

1　11　21　31　41　51　61

大运：甲辰　乙巳　丙午　丁未　戊申　己酉　庚戌

乙生卯月禄成木局，日主之气足矣，喜用时干庚官佩壬癸之印，大运走戊申财官旺地，升至厅级高官。命之神验，不可忽视矣！

第十章　格局品质评价研究

论四柱之格局成败，乃是围绕格局本身内部各因素之间关系作的判断，但是一个格局或成或败一定之后，就必要对或成格者、或败格者作出“量”与“质”上的断定：即一个四柱它的成败程度是处于何种层次，这就是一个格局的品质研究。换言之，一个四柱的格局成败、大小、优劣到底是该如何去作判定的。

对于格局品质的研究，《子平真诠》的看法是这样讲的：

八字既有用神，必有格局，有格局必有高低，财官印食煞伤劫刃，何格无贵？何格无贱？由极贵而至极贱，万有不齐，其变千状，岂可言传？然其理之大纲，亦在有情无情、有力无力之间而已。

如正官佩印，不如透财；而四柱带伤，反推佩印。故甲透酉官，透丁合壬，是谓合伤存官，遂成贵格，以其有情也。财忌比劫，而与煞作合，劫反为用。故甲生辰月，透戊成格，遇乙为劫，逢庚为煞，二者相合，皆得其用，遂成贵格，亦以其有情也。

身强煞露而食神又旺，如乙生酉月，辛金透，丁火刚，秋木盛，三者皆备，极等之贵，以其有力也。官强财透，身逢禄刃，如丙生子月，癸水透，庚金露，而坐寅午，三者皆均，遂成大贵，亦以其有力也。

又有有情而兼有力，有力而兼有情者。如甲用酉官，壬合丁以清官，而壬水根深，是有情而兼有力者也。乙用酉煞，辛逢丁制，而辛之禄即丁之长生，同根月令，是有力而兼有情者也。是皆格之最高者也。

如甲用酉官，透丁逢癸，癸克不如壬合，是有情而非情之至。乙逢酉逢煞，透丁以制，而或煞强而丁稍弱，丁旺而煞不昂，又或辛丁并旺而乙根不甚深，是有力而非力之全，格之高而次者也。如甲用酉官，透丁逢癸，癸克不如壬合，是有情而非情之至。乙逢酉逢煞，透丁以制，而或煞强而丁稍弱，丁旺而煞不昂，又或辛丁并旺而乙根不甚深，是有力而非力之全，格之高而次者也。

至如印用七煞，本为贵格，而身强印旺，透煞孤贫，盖身旺不劳印生，印旺何劳煞助？偏之又偏，以其无情也。伤官佩印，本秀而贵，而身主甚旺，伤官甚浅，印又太重，不贵不秀，盖欲助身则身强，制伤则伤浅，要此重印何用？是亦无情也。又如煞强食旺而身无根，身强比重而财无气，或夭或贫，以其无力也。是皆格之低而无用者也。

然其中高低之故，变化甚微，或一字而有千钧之力，或半字而败全局之美，随时观理，难以拟议，此特大略而已。

由上论述可看出，《子平真诠》所以为评价格局高低、大小、优劣的关键是在于四柱中各要素之间配合上的“有情无情”与“有力无力”之间！

《滴天髓》一书中对格局的评价则是归于“清气”、“浊气”、“真神”、“假神”等四个层面来展开研究的。

民国徐乐吾的《子平粹言》中也对格局大小、高低的评价作了一些研究，但徐乐吾的水准本仅是“爱好者”层次，所以他讲的东西基本不值一提。要特别警惕的是，当代中国还有好多人还是极力推崇徐乐吾的一套，这是很危险的。学命跟着徐乐吾走，是铁定学不好的。徐乐吾只是学命者中的“书呆子”而已，什么命学理论都知道，什么东西都不精通，这就是徐乐吾命理的最大特征！学徐乐吾的东西，注定是学不会的，当然想成个“命学知识家”倒是没有问题的了！

下面我结合多年研究心得来谈谈我的格局评价法。

一者：是对真神、假神的定义要清楚

何谓“真”？就是指事物有其名、有其力、有其实、有其果，是指事物“名副其实”者就是“真”；对照四柱中的十神，所谓的“真神”就是必要有十神之名、且要有力、可在柱中确起作用、其在命中的有效果产生者，始可谓之“真神”。

何谓“假”？就是指事物有其名、无其力、无其实、无其果。是指事物“徒有虚名”、“名不副实”者就是“假”；对照四柱中的十神，所谓的“假神”就是只有十神之名、却无力者、在柱中不起作用、其在命中无效果者，全可谓是“假神”。

如果结合四吉神、四凶神则“真神”、“假神”就有如下数者：真吉神、真凶神、假吉神、假凶神；是知吉神若为真神必有其吉，吉神若为假神则无用；凶神若是真神必见其凶，凶神若是假神则不忌了。

当然按《滴天髓》书的流行观念来讲，所谓的“真神”就是命中真有力能使命局成格成上命起根本作用的十神，这种就“真神得用平生贵”了。所谓的“假神”就是命中无力起不了作用只会让命局趋下品的十神，这种“假神”就会让人百般愁苦了。

二者：清气浊气的分别

从“清”“浊”两字的原始含义上看，就是指水质的含杂质（泥土）的程度；当然后世命家、相家、风水家都引用此来作为学术体系中的评价指标，都是在此字面意义上作的引申。

命家（子平家）用“清”“浊”来看格局，当然是指格局大体成败上的简易与复杂程度如何。

我的以为是：凡是四柱符合成格诸种条件越简单越清晰者，就是命中“清气”存也；反之一个四柱左看右看不明显、似是成格又似是败格者就是命中有“浊气”存也。换言之，一个四柱结构简单一看就是成格者就是有“清气”了，一个四柱结构复杂格局左右不成、败格者就必有“浊气”了。

当然，从五行的体象上也可区分“清气”“浊气”。

三者：有力无力的区别

四柱中日主、用神、相神、喜神、忌神、病神、药神等所有命中的十神，都是有其力量上的先天禀赋。在我的命学体系中，只要按我断旺衰的四法去看，就可轻易断出某神的有力无力程度。

凡上述诸神得天时者、自旺者、引旺者、得局者都可视为四柱中的有力者。

凡上述诸神失天时者、自衰者、引无气者、失局者都可视为四柱中的无力者。

上述诸神或得天时者、或自衰者、或引旺者宜视十神进行“轻重较量”之，定出命中各种用神的先天之力各有多少程度。

四者：有情无情的分别

“情”之一字，本是专指人与人之间的各种复杂之心理感觉与状态。就人间而言，人之“情”不外乎以下数种了：父子之情（母子之情）、夫妇之情、兄弟之情、朋友之情、君臣之情、同学之情等种种；命学中引此一个“情”字，就是要用此“情”字来分别命中各个“字”与“字”之间的复杂关系了。

大概而言，四柱中主要运用的是“父子之情”，这可包括生我者、我生者两大类；还有就是“夫妇之情”，这包括克我者、我克者两大类。

在命中起正面作用者、三合者、六合者、带吉神者、近就日主者就是“有情”者；于命中起负面作用者、六冲者、空亡者、带凶煞者、远离日主者就是“无情”者。

五者：吉神凶煞的考量

在四柱格局中可直接影响格局大小、高低、优劣的就是神煞了。

大凡命中有吉神吉煞者则格局就大，吉神吉煞居于年月者就更大了。

大凡命中有凶神恶煞者则格局就劣多了，凶神恶煞占据年月要地则就更凶了。

吉神凶煞本身就有大小、缓紧之区别，宜细辨之。

六者：干支性情的分别

凡四柱中阳干阳支多者，就是格局大一点，四柱中阴干阴支多者，就会格局小一点了。

四柱中木火成格者则局会大一点，金水成格者则局面就会小一点。

成格字居年月柱者格局极大，居于时日者就格局小多了。

成格字透干者格局就大，用藏支中的天干格局就会小多了。

符合《穷通宝鉴》各种日主专用辅助用神组合者，尤胜于一般用神佐日主者。

上述六条如果综合起来看一个四柱局面的大小，就会大致衡量出命格的层次了。当然如何应用这六条来看具体命局，还要有个精通熟练的过程。如果看了很多的命造之后，就会有一定的经验了，再结合各地的生活水平和国情，对命的格局就会有把握了。

不过要指出的是，当代中国的命学研究还未上正轨之路线，大多数的习命者的基本专业修养仅还是业余水平，就连一些出道的所谓“命学大师”也是水平之低劣真的不行，所以命学的发展还是任重道远。学命者不学古法，是不可能找到四柱的正确入门途径；学古法者不学格局，就不可能找到断命的正确之方向；学格局者不学干支性情，就不会进入习命断命的最高境界。

想当初徐子平发明的“四柱”命学，其本是中国传统术数中“至精至微”的宗法、大法，这种“至精至微”的术数体系本身就是复杂精妙异常，非一般人所能研究了解。换言之，像四柱这种术数中的大宗之法，本身是需要学识修养极高的人来研究方有可能识其个中真谛。不料到了今天，却偏偏是一些学历极低、眼界极窄、根器极劣的江湖术士来“钻研”，这种所谓的“钻研”就导致四柱这种大宗之法的庸俗化、无聊化与弱智化。看看今天中国易坛，多少学易者本身素质之差令人难以想象，真是可悲可叹！一种最需要有知识的人来研究的术数体系，偏偏让一大批最无知识的江湖人士来作所谓的“研究”，这种结果是可想而知了。今天中国命界的现况就是这种结果产生的局面啊！不过，四柱这绝世术学没让这帮“研究者”搞失传，已是四柱命学本身之大幸了。

第十一章
《穷通宝鉴》论命体系概论

《穷通宝鉴》一书是自清末至民国开始流行的一本“秘诀式”的“另类”命书，此书在余春台、徐乐吾等人的推崇提倡之下，开始在民国后期始重见天日，日益被论命者所重视。

《正解》一书固然对《穷通宝鉴》一书作了些批驳与提醒，但《正解》一书还是基本肯定是书的重要参考价值，但《正解》一书中并没有展开对《穷通宝鉴》的全部研究，因此决定在此一章节来谈谈我对《穷通宝鉴》的一些主要看法及应用技巧，在开展讨论之前先把我对《穷通宝鉴》全书内容按十干逐月作的系统编辑本整理出来，以方便读者了解本书的基本面目。

第一节　《穷通宝鉴》五行喜忌与十干诸月选用

一、论　木

木性腾上而无所止，气重则欲金任使。木有金则有为高为敛之德。仍爱土重，则根蟠深固，土少则有枝茂根危之患。木赖水生，少则滋润，多则漂流。甲戌、乙亥，木之源；甲寅、乙卯，木之乡；甲辰、乙巳，木之生；皆活木也。甲申、乙酉，木受克；甲午、乙未，木自死；甲子、乙丑，金克木；皆死木也。生木得火而秀，丙丁相同；死木得金而造，庚辛必利。生木见金自伤，死木得火自焚。无风自止，其势乱也。遇水返化其源，其势尽也。金木相等，格谓断轮。若向秋生，反为伤斧，是秋生忌金重也。阴木重火，舌辩能言。

生于春月之木，余寒犹有。喜火温燠，始无盘屈之拘；藉水资扶，而有舒畅之美。春初不宜水盛，阴浓则根损枝枯；春末阳气烦燥，无水则叶竭根干；是以水火二物既济方佳。土多而损力，土薄则财丰。忌逢金重，伤残克伐，一生不闲。设使木旺，得金为良，终身获福。

生于夏月之木，根干叶燥，盘而且直，曲而已伸，欲其水盛，而成滋润之力，诚不可少；忌其火旺，而招焚化之忧，故独为凶。喜土在薄，不宜重厚，厚则反为灾咎。恶金在多，不可欠缺，缺则不能琢削。重重见木，徒以成林；叠叠逢华，终无结果。

生于秋月之木，气渐凄凉，形渐凋败。初秋之时，火气未除，犹喜水土以相滋。中秋之令，果已成实，欲得刚金而修削。霜降后不宜水盛，水盛则木漂。寒露节又喜火炎，火炎则木实。木多有多材之美，土厚无已任之才。

生于冬月之木，盘曲在地。欲土金而培养，恶水盛而亡形。金纵多不能克伐，火重见温燠成功。归根复命之时，木病安能辅助。惟忌死绝，只宜生旺。

甲木喜用提要

寅月：调合气候为要，丙火为主，癸水为佐。

卯月：阳刃驾煞，专用庚金，以戊己滋煞为佐。无庚，用丙丁泄秀，不取制煞。

辰月：用金必须丁火制之，为伤官制煞。无庚用壬。

巳月：调合气候，癸水为主。原局气润，庚丁为用。

午月：木性虚焦，癸为主要。无癸用丁，亦宜运行北地。

未月：上半月同五月用癸，下半月用庚丁。

申月：先用庚，再取丁，为伤官制煞，无丁用壬，富而不贵。

酉月：用丁制煞，用丙调候，丁丙并用为佐。

戌月：土旺者用甲木，木旺者用庚金，丁壬癸为佐。

亥月：用庚金，取丁火制之，丙火调候。水旺用戊。

子月：木性生寒，丁先庚后，丙火为佐，必须支见巳寅，方为贵格。

丑月：丁火必不可少，通根巳寅，甲木为助，用庚劈甲引丁。

乙木喜用提要

寅月：取丙火解寒，略取癸水为滋润，不宜困丙。

卯月：以癸滋木，用丙泄秀，不宜见金。

辰月：若支成水局，取戊为佐。

巳月：月令丙火得禄，专用癸水，调候为急。

午月：上半月专用癸水，下半月丙癸并用。

未月：润土滋木，喜用癸水，柱多金水，先用丙火。夏月壬癸，切忌戊己杂乱。

申月：月垣庚金司令，取丙火制之，或癸水化之。不论用丙用癸，皆己土为佐。

酉月：上半月癸先丙后，下半月用丙先癸后，无癸用壬。

戌月：以金发水之源。见甲，名藤萝系甲。

亥月：乙木向阳，专用丙火，水多以戊为佐。

子月：寒木向阳，专用丙火，忌见癸水。

丑月：寒谷回春，专用丙火。

二、论　火

炎炎真火，位镇南方，故火无不明之理。辉光不久，全要伏藏，故明无不灭之象。火以木为体，无木则火不长焰；火以水为用，无水则火太酷烈。故火多则不实，太烈则伤物。木能藏火，到寅卯而方生；火不利西，遇申酉而必死。生居离位，果断有为；若居坎宫，谨畏守礼。金得火和，则能熔铸；水得火和，则成既济。遇土不明，多主蹇塞；逢水旺处，决定为荣。木死火虚，难得永久；纵早功名，必不久长。春忌见木，恶其焚也。夏忌见土，恶其暗也。秋忌见金，金旺难制。冬忌见水，水旺则灭形。故春火欲明不欲炎，炎则不实；秋火欲藏不欲明，明则燥；冬火欲生不欲杀，杀则暗。

生于春月之火，母旺子相，势力并行。喜木生扶，不宜过旺，旺则火炎。欲水既济，不愁兴盛，盛则沾恩。土多则蹇塞埋光，火盛则伤多爆燥。金见多可以施功，纵重叠妻财犹遂。

生于夏月之火，势力行权。逢水制，则免自焚之咎；见木助，必招夭折之患。遇金必作良工，得土遂成稼穑。金土虽为美丽，无水则金燥土焦。再加火助，太过倾危。

生于秋月之火，性息体休。得木生，则有复明之庆；遇水克，难逃陨灭之灾。土重而掩息其光，金多而损伤其势。火见火以光辉，纵叠见而转利。

生于冬月之火，体绝形亡。喜木生而有救，遇水克以为殃，欲土制为荣，爱火比为利。见金而难任为财，无金而不遭克害。天地虽倾，水火难灭。

丙火喜用提要

寅月：壬水为用，庚金发水之源为佐。

卯月：专用壬水，水多用戊制之，身弱用印化之。

辰月：专用壬水，土重以甲为佐。

巳月：以庚为佐，忌戊制壬。

午月：壬庚以通根申宫为妙。

未月：以庚为佐。

申月：壬水通根申宫，壬多必取戊制。

酉月：四柱多丙，一壬高透为奇。无壬为癸。

戌月：忌土晦光，先取甲疏土，次用壬水。

亥月：月垣壬水秉令，水旺用甲木化之。身煞两旺，用戊制之。火旺用壬，木旺宜庚。

子月：气近二阳，丙火弱中复强，故用壬水，取戊制之，无戊用己。

丑月：喜壬为用，土多不可少甲。

丁火喜用提要

寅月：用庚金劈甲引丁。

卯月：以庚去乙，以甲引丁。

辰月：以甲木引丁制土，次看庚金。木盛用庚，水盛用戊。

巳月：取甲引丁，甲多又取庚为先。

午月：火多以庚壬两透为贵。无壬用癸，为独煞当权。

未月：以甲木化壬引丁为用，用甲不能无庚，取庚为佐。

申月：庚取劈甲，无甲用乙。用丙暖金晒甲，无庚甲而用乙者，见丙为枯草引灯。水旺用戊。

酉月：庚取劈甲，无甲用乙。用丙暖金晒甲，无庚甲而用乙者，见丙为枯草引灯。水旺用戊。

戌月：一派戊土无甲，为伤官伤尽。

亥月：庚金劈甲引丁，甲木为尊，庚金为佐。戊癸权宜取用。

子月：庚金劈甲引丁，甲木为尊，庚金为佐。戊癸权宜取用。

丑月：庚金劈甲引丁，甲木为尊，庚金为佐。戊癸权宜取用。

三、论 土

五行之土，散在四维。故金木水火依而成象，是四时皆有用。所忌者，火死酉也，水旺子也。盖土赖火印，火死则土囚；土喜水财，水旺土虚。土得金火方成大器。土高无贵，空惹灰尘。土聚则滞，土散则轻。辰戌丑未，土之正位，分阴分阳，土则不同。辰有伏水，未有匿木，滋养万物，春夏为功。戌有藏火，丑有隐金，秋火冬金，肃杀万物。故土聚辰未为贵，聚戌丑不为贵，是土爱辰未而不爱丑戌是也，明矣。若更五行有气，人命逢之，田产无比，晚年富贵悠悠。若土太实无水，则不和柔，无木则不疏通。土见火则焦，女命多不生长。土旺四季，惟戊土困弱，戌多为人好斗，多瞌睡。辰未人好食。丑人清省，丑有艮土，有癸水，能润而膏，人命遇此，主能卓立。

生于春月之土，其势虚弱。喜火生扶，恶木太过；忌水泛滥，欲喜比

助。得金而制木为祥，金若多仍盗土气，

生于夏月之土，其势燥烈。得盛水滋润成功，忌旺火煅炼焦赤。木助火炎，生克无良；金生水泛，妻财有益。见比肩蹇滞不通，如太过又喜木袭。

生于秋月之土，子旺母衰。金多而耗盗其气，木盛而制伏纯良。火重重而不厌，水泛泛而非祥。得比肩则能助力，至霜降不比无妨。

生于冬月之土，外寒内温。水旺财丰，金多子秀；火盛有荣，木多无咎。再加土助犹佳，惟喜身强足寿。

辰戌丑未，四土之神，惟未土极旺。何也？辰土带木气克之，丑戌之土，带金气泄之。此三土虽旺，故土临比三位，金多作稼穑格，不失中和。

若未月土，则带火气也，带火以生之，所以为极旺也。若土临此旺未月，见四柱土重，多作火炎土燥，不作稼穑格看，但临此月之土，见金结局，不贵即富也。书曰：土逢季月见金多，终为贵论，而在未月尤甚。

戊土喜用提要

寅月：无丙照暖，戊土不生；无甲疏劈，戊土不灵；无癸兹润，戊土不长。先丙、次甲、次癸。

卯月：无丙照暖，戊土不生；无甲疏劈，戊土不灵；无癸兹润，戊土不长。先丙、次甲、次癸。

辰月：戊土司令，先用甲疏，次丙、次癸。

巳月：戊土建禄，先用甲疏劈，次取丙癸。

午月：调候为急，先用壬水，次取甲木，丙火酌用。

未月：调候为急，癸不可缺；次用丙火，土重不能无甲。

申月：寒气渐增，先用丙火，后用癸水。水多，用甲泄之。

酉月：赖丙照暖，喜水滋润。

戌月：戊土当权，先用甲木，次取丙火。见金，先用癸水，后取丙火。

亥月：非甲不灵，非丙不暖。

子月：丙火为尚，甲木为佐。

丑月：丙火为尚，甲木为佐。

己土喜用提要

寅月：取丙解寒，忌见壬水，如水多，须以土为佐。土多用甲，甲多用庚。

卯月：用甲忌与己土合化，次用癸水润之。

辰月：先丙后癸，土暖而润，随用甲疏。

巳月：调候不能无癸，土润不能无丙。

午月：调候不能无癸，土润不能无丙。

未月：调候不能无癸，土润不能无丙。

申月：丙火温土，癸水润土。七月庚金司令，丙能制金，癸能泄金。

酉月：取辛辅癸。

戌月：九月土盛，宜甲木疏之，次用丙癸。

亥月：三冬己土，非丙暖不生。初冬壬旺，取戊土制之，土多，取甲木疏之。

子月：三冬己土，非丙暖不生。壬水太旺，取戊土制之，土多，取甲木疏之。

丑月：三冬己土，非丙暖不生。壬水太旺，取戊土制之，土多，取甲木疏之。

四、论 金

金以至阴为体，中含至阳之精；乃能坚刚，独异众物。若独阴而不坚，冰雪是也，遇阳则消矣。故金不炼不成器，聚金无火，难成脱朴之名。金重火轻，执事繁难；金轻火重，煅炼消亡。金极火盛，为格最精。金火全名铸印，犯丑字即为损模。金火多名乘轩，遇死衰反为不利。大火炼金，幸功名而退速。纯金凑水，遇富显以赢余。

金能生水，水旺则金沉；土能生金，金贵则土贱。金无水干枯，水重则沉沦无用。金无土死绝，土重则埋没不显。两金两火最上，两金两木财足。一金生三水，虚弱难胜；一金得三土，顽钝自损。金成则火灭，故金未成器欲得见火，金已成器，不欲见火。金到申酉巳丑，亦可谓之成也，运喜西北不利南方。

生于春月之金，余寒未尽；贵乎火气为荣，性柔体弱，欲得厚土辅助。水盛增寒，难施锋锐之势；木旺损力，反招锉钝之危。金来比助扶持最喜，比而无火，失类非良。

生于夏月之金，性尚在柔，形未执方，尤嫌死绝。火多而却为不厌，水盛而滋体呈祥；见木而助鬼伤身，遇金而扶持精壮。土薄而最为有用，土厚而埋没无光。

生于秋月之金，当权得令，火来煅炼，遂成钟鼎之材；土多培养，反为顽浊之气。见水则精神越秀，逢木则琢削施威。金助愈刚，刚过必缺。气重愈旺，旺极则害。

生于冬月之金，形寒性冷，木多则难旋琢削之功，水盛而未免沉潜之患。土能制水，金体不寒；火来生土，子母成功。喜比肩聚气相扶，欲官印温养为利。

庚金喜用提要

寅月：用丙暖庚性，患土厚埋金，须甲疏泄。火多用土，支成火局用壬。

卯月：庚金暗强，专用丁火，借甲引丁，用庚劈甲。无丁用丙。

辰月：顽金宜丁，旺土用甲，不用庚劈。支火宜癸，干火宜壬。

巳月：丙不熔金，惟喜壬制。次取戊土，丙火为佐。支成金局，变弱为强，须用丁火。

午月：专用壬水，癸次之，须支见庚辛为助。无壬癸，用戊己泄火之气。

未月：若支成土局，甲先丁后。

申月：专用丁火，以甲引丁。

酉月：用丁火煅金，兼用丙火调候。

戌月：土厚先用甲疏，次用壬洗。

亥月：水冷金寒爱丙丁，甲木辅丁。

子月：仍取丁甲，次取丙火照暖，丙丁须临寅巳午未戌支，方为有力。一派金水，不入和暖之乡，孤贫。

丑月：仍须丁甲，次取丙火照暖，丙丁须临寅巳午未戌支，方为有力。一派金水，不入和暖之乡，孤贫。

辛金喜用提要

寅月：辛金失令，取己土为生身之本，欲得辛金发用，全赖壬水之功。壬己并用，以庚为助。

卯月：壬水为尊，见戊己为病，须甲制伏。

辰月：若见丙火合辛，须有癸制丙。支见亥子申，为贵。

巳月：壬水淘洗，兼有调候之用，更有甲木制戊，一清彻底。

午月：己无壬不湿，辛无己不生，故壬己并用，无壬用癸。

未月：先用壬水，取庚为佐，忌戊出，得甲制之，方吉。

申月：壬水为尊，甲戊酌用。不可用癸水。

酉月：壬水淘洗，如见戊己，须甲制土。支成金局，无壬，须用丁火。

戌月：九月辛金，火土为病，水木为用。

亥月：先壬后丙，名金白水清，余皆酌用。

子月：冬月辛金，不能缺丙火温暖，余皆酌用。

丑月：同上。丙先壬后，戊己次之，总之丙火不可少也。

五、论　水

天倾西北，亥为出水之方；地陷东南，辰为纳水之府。逆流到申而作声，故水不西流。水之性润下，顺则有容。顺行十二辰，顺也，主有度量，有吉神扶助，乃贵格。逆则有声，逆行十二辰，逆也，入格者主清贵有声誉，忌刑冲则横流，爱自死自绝则吉。水不绝源，仗金生而流远；水流泛滥，赖土克以堤防。水火均则合既济之美，水土混则有浊源之凶，四时皆忌。火多则水受渴，忌见土重，则水不流。忌见金死，金死则水囚。忌见木旺，木旺则水死沉芝。云：水命动摇，多主浊滥，阴人尤忌之。口诀云：阳水身弱穷，阴水身弱贵。

生于春月之水，性滥滔淫。再逢水助，必有崩堤之势；若加土盛，则无泛涨之忧。喜金生扶，不宜金盛，欲火既济，不要火多。见木而可以施功，无土而仍愁散漫。

生于夏月之水，执性归源，时当涸际，欲得比肩。喜金生而助体，忌火旺而太炎。木盛则耗盗其气，土旺则克制其流。

生于秋月之水，母旺水相，里莹表光。得金助则能清澄，逢土旺则嫌混浊。火多而财盛，太过不宜；木重而妻荣，中和为利。重重见水，增其泛滥之忧；叠叠逢土，始得清平之意。

生于冬月之水，司令专权。遇火则增暖除寒，见土则形藏归化。金多反曰无义，木盛是谓有情。土太过克制水死，水泛涨喜土为堤。

壬水喜用提要

寅月：无比劫，不必用戊，专用庚金，丙火为佐。

卯月：三春壬水绝地，取庚辛发水之源，水多用戊。

辰月：甲疏季土，次取庚金以发水源，金多须丙制之为妙。

巳月：壬水弱极，取庚辛为源，壬癸比助。

午月：取庚为源，取癸为佐，无庚用辛。

未月：以辛金发水源，甲木疏土。

申月：取丁火佐戊制庚，戊土通根辰戌，丁火通根午戌，方可为用。

酉月：无甲，用金发水之源，名独水犯庚辛，体全之义。

戌月：以甲制戌中戊土，丙火为佐。

亥月：若甲出制戊，须以庚金为救。

子月：水旺宜戊，调候宜丙，丙戊必须兼用。

丑月：上半月专用丙火，下半月用丙，甲木为佐。

癸水喜用提要

寅月：用辛生癸水为源，无辛用庚。丙不可少。

卯月：乙木司令，专用庚金，辛金为次。

辰月：上半月专用丙火，下半月虽用丙火，辛甲为佐。

巳月：无辛用庚。忌丁破格，有壬可免。

午月：庚辛为生身之本，但丁火司权，金难敌火，宜兼有比劫，方得庚辛之用。

未月：上半月金神衰弱，火气炎热，宜比劫帮身，同五月。下半月无比劫亦可。

申月：庚金得禄，必丁火制金为用，丁火以通根午戌未为妙。

酉月：辛金为用，丙火佐之，名水暖金温，须隔位同透为妙。

戌月：专用辛金，忌戊土，要比劫兹甲制戊方妙。

亥月：亥中甲木长生，泄散元神，宜用庚辛。水多用戊，金多用丁。

子月：丙火解冻，辛金滋扶。

丑月：丙火解冻，通根寅巳午未戌方妙。支成金局，要丙透得地。支成火局，又宜用庚辛。

第二节 《穷通宝鉴》编辑本

正月十干论

正月甲木

初春尚有余寒，得丙癸透，富贵双全。癸藏丙透，名“寒木向阳”，主大富贵。倘风水不及，亦不失儒林俊秀。如无丙癸，平常人也。

或无庚金，有丁透，亦属文星，为木火通明之象，又名“伤官生财格”，主聪明雅秀。一见癸水伤丁，但作厚道迂腐。或柱中多癸，滋助木神，伤灭丁火，其人奸雄枭险，曹操之徒，言清行浊，笑里藏刀。若庚申、戊寅、甲寅、丙寅，一行金水，发进士；或甲午日、庚午时，其人必贵。但要运相催，不宜制了庚丁，此又不吉，号曰“木被金伤”。若无丙丁破金，必主残疾。

或支成火局，泄露太过，定主愚儒；有啾唧灾病缠身，终有暗疾。

支成木局，得庚为贵，无庚必凶。若非僧道，男主鳏孤，女主寡独。

支成水局，戊透成贵，如无戊制，不但贫贱，且死无棺木。故书曰：甲木若无根，全赖申子辰；干得财煞透，平步上青云。

凡三春甲木，用庚者，土为妻，金为子。用丁者，木为妻，火为子。

总之正二月甲木，有庚戊者上命，如有丁透，大富大贵之命也。

正月乙木

必须用丙。因为天气尤有寒，非丙不暖；虽有癸水，恐凝寒气，故以丙火为先，癸水次之。丙癸两透，科甲定然。或有丙无癸，门户阐扬。

或有丙多乏癸，名曰“旱春”，独阳不长，浊富之人。

或丙少癸多，又为困丙，终为寒士。

或癸己多见，为湿土之木，皆下格。

用丙火者，木妻火子。

用癸水多火者，金妻水子。

正月丙火

三阳开泰，火气渐炎，取壬为尊，庚金佐之。壬庚两透，科甲定然。

即壬透庚藏，亦有异途显达。支藏一二丙火，纳粟奏名，主为人慷慨英雄，有才迈众。或一派庚辛混杂，常人。得时月两透庚金，无辛者，定主清贵。

或辛年辛时，名为贪合酒色之徒，女命一理。

或丙少壬多，而无戊制，名“煞重身轻”，斯人笑里藏刀，寻非痞棍。或见一戊制壬，反成富贵，宜见一二比肩方妙。

或一片戊土，甲不出干，终非大器，且恐孤贫。

正月之丙，忌戊晦光，或支成火局，取壬水为贵。无壬，癸亦姑用，若壬癸俱无，取戊以泄火气，但属平人。

或支成火局，又作炎上而推。但不逢时耳，若不见东南岁运，反致孤贫。

或四柱有甲木，得庚金暗制，可作秀才。无壬用癸者，略富贵，且官煞亦要旺相有根。

丙火无壬，多主贫贱，屡征屡验。

或火多无水，一至水乡必死，不然定有灾咎。惟五月丙火，合炎上格，则不喜水破格。

用癸无根，定主目疾。

正月丁火

甲木当权，乃为母旺，非庚不能劈甲，何以引丁，姑用庚金。

或一派甲木，无庚制之，非贫即夭。

或只一甲木，多见乙木者，必离乡之客，焉问妻儿。

或见甲乙，生庚子时，又主妻早子早，且可采芹。

得壬化木，弱极复生，合此必主大贵。但此化合，反以不见庚破格为妙。

或有庚金壬癸，得己出干制之，此命不由科甲，亦有异途。

或一派壬癸，不得寅时，又无庚金，必主穷困。

或丁年、壬月、丁日、壬时，男主大贵，女则不宜。此格以土为妻、金为子；但子女艰难。女命合此，淫贱、刑夫克子。

或支火局，无滴水解灾，僧道之命。见甲出略可，总不可无水，水多亦不宜。

正月戊土

无丙暖照，戊土不生；无甲疏劈，戊土不灵；无癸滋润，万物不长。正二月先丙后甲，癸水次之。三月先甲后丙，癸又次之，因戊土司权故也。有甲丙癸，三者齐透，必主一品当朝。或二透一藏，亦登金榜；二藏一透，也可异途。

正二月即有甲癸，若无丙除寒，如万物生而不长，故无丙者，富贵艰辛。

或有丙无甲癸者，名曰“春旱”，如万物生而多厄。无甲癸者，一生勤苦，老而无功。

或一派丙火，有甲欠癸，先泰后否。

或支成火局，不见壬癸，僧道孤贫。癸透者贵，壬透者富，用水者要审水之多少。

或一派甲木，无丙常人，得一庚透方妙。

或支成水局，甲又出干，又有庚透，富贵双全。

或无庚金，又无比印，难作从煞，定主遭凶。不然，必为盗贼。若日下坐午，不得善终。

或一派乙木，为官煞会党，即有庚从，却难制乙，此人内奸外直，口是心非。加一甲在内，无庚必懒惰自甘，好食无厌。

或丙多甲多，宜以癸庚参用。

正月己土

田园犹冻，盖因腊气未除，余寒未退，故以丙为尊。得丙照暖，万物自生。

忌见壬水，反为己病；何也？壬乃江湖之水，湖水一发，则田园洗荡，变为沙土，而根苗尽没矣。须戊作堤，以保园圃。壬多要见戊制，有戊出干者，定主玉堂金马；若乏戊制，必属平常。

或一派甲木，有庚出干，加以癸丙齐透，配得中和，亦名利双全。即丙生寅月，庚透天干，亦有俊秀。若甲多无庚，残疾废人，宜用丁泄。

或一派火，即不见水无碍；何也？正月己土寒湿，必丙燥暖，反主厚禄。戊透，反作常人。

正月庚金

木旺之际，有土皆死，不能生金；且金之寒气未除，先用丙暖庚性，又虑土厚埋金，需甲疏泄。丙甲两透，科甲显荣。二者透一，亦有生监。丙藏甲透，异路功名。

或柱中土多，透甲者贵，甲藏者富，庚出则否。

或丁火出干，加以戊己而无水者，又主富贵，何也？寅中甲木，引丁有根，无水为病，名“官星有气，财旺生扶”，故以富贵推之。如火多则用土。

或支成火局，壬透有根者，大富贵。无根者，小富贵。乏水者，残疾之人。

或木被金伤，无丙丁出制，支无丁火，此系平人。

或丙遭癸困，无戊制者亦然。

总之正月庚金，丙甲为上，丁火次之。

春金多火，不夭则贫。

阳金最喜火，锻炼太过，反主奔流。

正月辛金

阳气舒而寒未除，不知正月建寅，中有长生之丙，解去寒气，忌甲木司权，辛金失令，取己土为生身之本。欲得辛金发现，全赖壬水之功。己壬两透，支见庚制甲，科甲定然。

或己土透干，支中有甲，异路荣恩。

或己土不全，号曰“君臣失势”，富贵难全。

或有丙火出干，亦主武学。

或见壬，无己庚者，贫贱之徒。

或支成火局，即壬水出干，不克己土，亦寻常之人。

或庚壬两透，破局制火，必为显达之人。

或支成水局，不见丙火，名为“金弱沉寒”，平常之士。书曰：金水性寒寒到底，凄凉难免少年忧。得丙透照暖，反主富贵。

故正月辛金，先己后壬，己为君，庚为佐，如用丙火须参看。

正月壬水

汪洋之际，能并百川之流，然水性柔弱，宜用庚金之源，庶不致汪洋无度。有庚丙戊三者齐透，科甲功名。

或庚戊藏支，丙坐寅支者，亦有恩诰。即一庚透，贡监有之。凡壬日无比肩羊刃者，不必用戊，专用庚金，以丙为佐。

或见比劫，又有庚辛，此弱极复旺，又宜制伏。戊透，可云科甲；戊藏，则是秀才；然必丙透不合为妙。

或支见多戊，又有甲出干，名“一将当关，群邪自伏”，主光明磊落，名重百僚。

或支成火局，惜不逢时，主名利皆虚，文章骇俗。

正月癸水

值三阳之后，雨露之精，其性至柔；先用辛金，生癸水之源，次用丙火照暖，名“阴阳和合”，万物发生。辛丙两透，金榜有名。

或支成火局，辛金受伤，有壬出救者，富贵；无壬者，贫穷。

或丙出天干，辛在酉丑，亦有衣衿；若辛丙皆无，贫寒下格。

或辛透丙藏，恩荣之造。丙辛同柱，以富得官。

或戊透月上，坐辰时，不见比劫，丙丁出干，此为化合，定主腰金；见刑冲则否。

或支成水局，宜有丙透，无壬者，衣禄不少。若见丙火重重，又作贵推。

正月癸水，辛金为主，庚金次之，丙亦不可少。若无庚辛，虽有丙火，无用之人。或火多土多，残疾不免。

二月十干论

二月甲木

庚金得所，名“羊刃架煞”，可云小贵；异途显达，亦主武职，但要财资之；柱中逢财，英雄独压万人。若见癸水，困了财煞，主为光棍。重刃必定遭凶，性情凶暴。书曰：木旺宜火之光辉，秋闱可试。

木向春生，处世安然有寿。

日主无依，欲喜运行财地。

二月乙木

阳气渐升，木不寒矣，以丙为君、癸为臣。丙癸两透，不透庚金，大富大贵。

或天干透庚，支下无辰，不能化金。得癸透养木亦贵若见水库，则为假化，平常人也。

二月乙木，用丙癸，或支成木局，有癸透乃作贵命。更得丙泄木气，上上之命。但须透癸，或水多困丙，多戊化癸，皆下格。

用丙者，木妻火子。

用水者，金妻水子。

亥卯未逢于甲乙，富贵无疑。

木全寅卯辰方，功名有准。

活木忌埋根之铁，支下有庚辛，伐贼其根，木则朽矣。

二月丙火

阳气舒升，用壬水，壬透天干，不见丁化，加以庚辛己亦透，壬水有根，定主科甲。

或无壬水，己土姑用，主有才学，虽不能成名，必衣食充足。

或一派壬水，见一戊制，虽不科甲亦有恩庇。

或无戊透，则有辰戌丑未之戊，但辰宫癸水，贪合成火，不能制壬，此平常衣禄。若支下全无一戊，此系奔流之人，加以金多生水，下贱之命。

或一派戊土，亦用壬水，运喜行木，见土不祥，行火亦不利。

或丙子日辛卯时，乃从化格，但不逢时，贪财坏印，难招祖业。若得一二重丁火破辛，壬水得位，亦主富贵，虽不科甲，亦有异途，名传郡邑。合此格，主妻妾多子。

或月时见二辛卯，日乃丙子，名为争合。年不透丁制辛，此人昏迷酒色，年透丁火反吉。

或支成木局，反因得财，因酒得名。

二月丁火

湿乙伤丁，先庚后甲，非庚不能去乙，非甲不能引丁。庚甲两透，科甲定然。

庚透甲藏，亦有生贡。甲透庚藏，异路功名。

或庚乙俱透，庚必输情于乙，未免贪合，运行金水，一贫彻骨。

或庚透乙藏，则不能贪合，乙反引丁，即用乙亦无害，运入木火之乡，自然富贵。若尽是乙木，不见一甲，此人富贵不久，因贪致祸，弄巧反拙，且不能承先人之业。

或支成木局，有庚透，主清贵。不见庚者，常人。

二月乙木司权，必须有庚；有乙无庚，主贫苦无依。得印旺煞高，大富大贵。

或一派水，无一戊制，主贫苦无依。

或乙少癸多，有戊去制，反主吉。

二月己土

阳气渐升，虽禾稼未成，万物出土，田园未展，先取甲木疏之，忌合，次取癸水润之。甲癸出干，定主科甲。加以一丙出透，势压百僚。一见壬水，微末官职。

或见庚制甲，壬水出干，比劫重重，此必俗子。丙透必有小富，丙藏衣禄无亏。

或支成木局，庚透富贵。若柱多乙木，乙又屈庚，庚必输情于乙，不能扫邪于正，此必狡诈之徒；运入东南，恐有不测。当用丁泄之，有丁者，小人而已，不致无良。无印比，从煞者贵。

二月庚金

柱中自然有乙，见庚必留情于乙。此金有暗强之势，如秋金一理。故二月庚金，专用丁火，借甲引丁，借庚劈甲，无丁用丙者，富贵多出于勉强。

或丁在干，甲透引丁，支下再见一庚制甲，配得中和，必然大贵。如不见庚合者，虽丁甲两透，亦属平人。春丁不旺不衰，故用甲为佐丁之物。甲若无庚劈，则不能引丁。乙木虽多，又忌湿乙伤丁，难为丁母，故有丁甲无庚者，常人。有丁庚，甲不出干者，常人。

或丁透无庚甲者，可许贡监。无丁有丙者，异路功名。

或一片甲乙，忌庚出干破财，乃从财格，反主富贵，若见一比，又主孤贫。

死金嫌盖顶之泥，重见戊己，如人压伏之象，须甲透为妙。

二月辛金

阳和之际，壬水为尊，戊己为病，得甲制伏，则辛金不致埋没，壬水不致混浊，合此者必身入玉堂。故二月辛金，有壬甲透者贵显，否则乡绅。

或壬坐亥支，不见土出，可能入芥，家亦小康。得申中之壬者，异途名望。

无壬者常人，其生克之理，与正月辛金皆同。

或壬戊透，甲不出干，此为病不遇药，平常之人。得乙破戊，颇有衣衿，但假名假利，刻薄乖张。

或一派壬水汪洋，名为“金水淘洗太过”，不得中和，略有衣食，全无作为。如壬水重重，得戊反吉。

或支成木局，泄尽壬水，有庚富贵，无庚平人。

或支成火局，名“官印相争，金水两伤”，下流之格。得二壬出制，富贵反奇。

辛金生于春季，一派壬水，而无丙火，即能显达，家无宿眷。得壬丙齐透，方许大富大贵。

二月壬水

寒气初除，有并流之象，不用丙暖，专取戊土辛金。二月壬水，先戊后辛，庚金次之。戊辛两透，雁塔成名。戊透辛藏，亦有恩诰。

或戊辛不透，有庚出干者，不富。

或支成木局，有庚透者，金榜题名。庚在支者，异途之仕。

或木出火多，名“木盛火炎”，须比肩羊刃，尤宜水透，富贵荣恩，乏水则否。

或比肩重重，又须戊土，书曰：土止流水福寿全。若戊不见，名“水泛木浮”，一生辛苦，再行水运，落水身亡。

或甲乙重重无比肩者，此依人度日，全无作为。若见庚辛，饥寒可免。

二月癸水

不刚不柔，乙木司令，泄弱元神，专用庚金为用，辛金次之。庚辛俱透，无丁出干者，贵由科甲；无庚辛常人。

或庚透辛藏，荣封有准；庚藏辛透，亦有衣衿；庚辛两透，富中取贵，或刀笔扬名。

或庚辛重见，有己丁出干者亦贵。

或支成木局，月时又见木者，为泄水太过，定主贫困多灾。即运入西方，亦属无用。

三月十干论

三月甲木

木气相竭，先取庚金，次用壬水。庚壬两透，一榜堪图；但要运用相生，风水阴德，方许富贵。

或见一二庚金，独取壬水，壬透清秀之人，才学必富。

或天干透出二丙，庚藏之下，此“钝斧无钢”，富贵难求。若有壬癸破火，堪作秀才。

或柱中全无一水，戊己透干，支成土局，又作弃命从财，因妻而致富，妻子有能。

或见戊己，及比劫多者，名为杂气夺财，此人劳碌到老，无驭内之权。女命合此，女掌男权，贤能内助。若比劫重见，淫恶不堪。

或支成金局，方可用丁，不然三月无用丁之法，惟有先庚后壬取用。书曰：甲乙生寅卯，庚辛干上逢；离南推富贵，坎地却为凶。

三月乙木

阳气愈炽，先癸后丙，癸丙双透，不见己庚，玉堂之客。见己庚者，平常之人。

或一乙逢庚，不见己者，亦主小富贵，但不显达。

或多见水见己，只恐高才不第。见戊堪发异途。

或庚己混杂，丙癸全，则为下格。

或见水局，丙戊高透，亦主科甲。

或柱中全无丙戊，支合水局，此离乡之命。

或见一派癸水，又有辛金，则作旺看；得一戊己制癸，亦可云小富贵。若一派壬癸不特贫贱，而且夭折；有一戊己，方云有寿，但终为技术之人。

又或庚辰时月，名“二庚争合”，乃贫贱之辈。如年见丁破庚，可云从化，亦不失武职之权。

用癸者，金妻水子。

癸多用丙者，木妻火子。

三月丙火

气渐炎升，用壬水。

或成土局，取甲木为辅，壬不可离。壬甲两透，科甲定宜。惟忌庚出制甲，则秀才而已；无甲用庚，助壬水泄土气，壬透甲藏，富大贵小。有甲无壬;劳碌浊富。壬藏无甲，一介寒儒。壬甲两无，愚贱之辈。乙丁杂乱，定必属凡夫。

三月丁火

戊土司令，泄弱丁火。先用甲木引丁制土，次看庚金。庚甲两透，定主科甲。或一藏一透，终非白丁。

或支成木局，取庚为先，得庚透，丁癸不透，亦有异路功名。

或支成水局，加以壬透，名“煞重身轻”，必夭折天年，或遭凶死。或戊己两透，廊庙之客。若一甲破土，定是常人。

三月戊土司令

不见丙甲癸者，愚而且贱。甲癸透者，科甲。丙癸透者，生员。甲癸俱藏者，只可云富。有癸异途；若丙多无癸，“旱田无水，不能种苗，旧谷已没，新谷未登”，此先富后贫之造。

或火多有壬透者，先贫后富；癸透先贱后荣。壬藏不过食足，癸藏不过名传，即此亦须运美。

或支成火局，得癸透者，富贵天然；壬透者富贵辛苦。癸乃天上甘霖，壬乃江河波浪，所以有劳逸之殊。

支成木局，又甲乙出干，此名“官煞会党”，官煞无去留之义。得一庚透，扫除官煞，亦主富贵。无庚乃浅薄之人，宜用火泄木气。有一命，丁未、癸卯、戊寅、乙卯，癸丁透干，加以戊癸化火，将甲木暗焚，反得武科探花。

或木多无比印透，从煞而论，亦富贵。

或有比印，端看癸透，取癸而成贵格。

无癸、无火、无金，名曰“土木自战”，主腹生疾病，忧愁艰苦。

三月己土

正栽培禾稼之时，先丙后癸，土暖而润，随用甲疏，三者俱透天干，必官居黄阁。

或三者透一，科甲定然；但要得地，却以庚金为病。

或有丙甲无癸，亦可致富，但不贵显。

或有癸而无甲丙，亦有衣衿。

或有丙癸无甲，亦系才人。丙癸全无，流俗之辈。

或一片乙木，无金制伏，贫而且夭也。

三月庚金

戊土司令，无生金之理，有埋金之忧，故先甲后丁，不用庚劈甲。三月之庚，土旺金顽，顽金宜丁，旺土须甲；乏甲不能立业，乏丁焉能成名。二者少一，富贵不真。庚金无火，非夭则贫，身弱财多，富贵不久。得丁甲两透，不见比肩，科甲之命；但要好运相催。甲透丁藏，采芹拾芥；甲藏丁透，异路功名。丁甲俱藏，不受庚制，富中取贵，刀笔起家。有甲无丁，平常之辈；有丁无甲，迂儒腐儒；丁甲俱无，下贱之人。

或一甲、无丁、有丙，由行伍而得官职，须见壬癸为妙。

或支成土局，无木，贫贱僧道；见乙奸诈小人。

或支成火局，癸水透，富贵。有丙丁出干，见壬制之方吉，无制残疾之人。

三月辛金

戊土司令，辛乘正气，母旺子相，先壬后甲，壬甲两透，富贵必然。壬透甲藏，禀贡不失；甲透壬藏，富贵可云。壬甲皆无，平常之格。所忌者丙贪合也，如月时皆丙，名为争合，主慷慨风流，交游四海。若癸出干制丙，可许采芹。

或支坐亥子之乡，支又见甲，即非玉堂，亦必高僧禄位。若戊出干制水，不见甲乙，清闲之人。

又或支见四库，名“土厚埋金”，不见甲制，愚顽之辈。

或四柱火多，无水制伏，名“火土杂乱”，主作淄衣，见癸可解。

或比劫重重，壬癸浅薄，主夭。有甲出干则贵，然无庚制方妙。

三月壬水

戊土司权，恐有推山塞海之患，先用甲疏季土，次取庚金。甲庚俱透，科甲定然；甲透庚藏，修齐品格；甲藏有根，可云俊秀。有癸滋甲，必主干城；独甲藏支，必富。独庚在柱，常人。无甲，刚暴之徒；乏庚，愚顽之辈。

或时干透丁者，此为化合，助火而不助水；见丁未一理。

或支成四库，乏甲者，名“煞重身轻，终身有损”。

凡水旺多见庚金者，乃无用之人，须丙制之方妙。

三月癸水

要分清明谷雨，清明后火气未炽，专用丙火，为阴阳和谐；谷雨后，虽用丙火，尚宜辛甲佐之。如辛卯、壬辰、癸未、丙辰，生上半月，用丙火显达。生下半月，必无伤辛金癸水方妙，然丙亦不可少。

三月癸水，从化者多，得化者荣禄，不化者平常。

或支成土局，不见己土，无木，乃从煞格。有甲出者常人。

或支坐四库，又得甲透，可谓显达名扬；无甲者僧道孤贫。

或支成木局，无金名“伤官生财”，主聪明博学，衣禄充饶。

三月癸水，辛甲皆酌用。

四月十干论

四月甲木

四月甲木退气，丙火司权，先癸后丁，庚金太多，甲反受病；若得壬水，方配得中和，此人性好清高，假装富贵，即荫袭显达，终日好作祸乱，善辨巧谈，喜作诗文，此理最验。如一庚二丙，稍有富贵。金多火多，又是下格。

或癸丁与庚齐透天干，此命可言科甲；即风水浅薄，亦有选拔之才。癸水不出，虽有庚金丁火，不过富中取贵，异途官职而已。壬透可云一富，若全无点水，又无庚金丁火，一派丙戊，此无用之人也。

四月乙木

自有丙火，取癸水为尊。四月乙木专用癸水，丙火酌用。虽以庚辛佐癸，须以辛透为清。癸透，庚辛又透，科甲定然；独一点癸水，无金，是水无根，虽出天干，不过秀才小富，要大运相扶。

或土多困癸，贫贱之人。丙戊太多，支成火局，瞽目之流。用癸者，金妻水子。

乙逢双女木伤残，若见辛金寿必难；不得丙丁来制伏，岂知安乐不久长。

四月丙火

建禄于巳，火势炎炎，宜专用壬水，解炎威之力，成既济之功。如无壬水，孤阳失辅，难透清光；得庚发水源，方为有根之水。壬庚两透，不见戊土，号曰“湖水汪洋，广映太阳，光辉显著，文明之象”，人合此格，不但科甲峥嵘，必有恩镒封荣；若不验，必暗损阴德。

或无壬水，癸亦姑用；见庚透癸，不富必贵，但心性乖僻，巧谋善辨。

或壬癸俱无，愚顽之辈。火炎无制，僧道之流；不然须防夭折。

或一派庚金，不见比劫，有富无贵。

或丙午日干，四柱多壬，不见戊制，名曰“阴刑煞重”，光棍之流。

或支成水局，加之重重壬透，一无制伏，盗贼之命。如见己土，下贱鄙夫。

四月丁火

乘旺，虽取甲引丁，必用庚劈甲、伐甲，方云木火通明。甲多，又取庚为先，但四柱忌见癸水，癸水一见，泄庚、湿甲、伤丁，故以癸为病。

或癸水藏支，壬水出干制丙，不夺丁光，自是雁塔题名，玉堂清贵。

或有庚无甲，戊透天干，此为伤官生财，又取戊为用，必主富贵。戊土出干，不见甲乙，又不见水，是伤官伤尽，四柱清高，但不大贵，亦不大富。见水多木多，定是常人。

或四柱多丙，不见壬癸，夺了丁光，此人贫苦。

或丁年、巳月、丁巳日、丙午时，一丙不夺二丁，即不显达，亦名播四邻。

故书曰：丁火阴柔一烛灯，太阳相见夺光明；柱中若见甲木透，定许身安福自临。

四月戊土

阳气发升，寒气内藏，外实内虚，不畏火炎。无阳气相催，万物不长，故先用甲劈疏，次取丙癸为佐。丙透甲出，廊庙之材；丙癸两透，科甲之士；即透一位，支藏得所，终非白丁。

若一派丙火，为火炎土燥，僧道之流。得一癸透壬藏，功名有准。或支藏癸，衣食丰足，但骨肉多刑。

化合成局无破，富贵非轻。

或支成金局，干出癸水，此为奇格，正是“土润金生”，即不为桃浪之客，定有异路恩荣。

三夏己土

杂气财官，禾稼在田，最喜甘沛。取癸为要，次用丙火。夏无太阳，禾稼不长，故无癸曰“旱田”，无丙曰“孤阴”。丙癸两透，又加辛金生癸，此富贵之格，名“水火既济”，鼎甲之人，却忌戊癸化合。或有丙无癸，有壬亦可，但不大发。

或一派丙火烈土，加以丁火制辛，癸水无根，如七八月之间旱，则苗槁矣，此命孤苦零丁。或有甲木，又见丙火重重，无滴水解灾，亦孤贫到老。如有壬水，又见庚辛，此又不作孤看，但恐目疾，心肾肝脏之灾。若壬水有根，辛金得地，又非此而论。

或壬癸并出，破火润土，此人聪颖特达，富中居贵，又转祸为福也。

四月庚金

须用壬丙戊，但非拘执先后，宜分病用药。剑戟成功，入火乡而反害。金逢火已损，再见火必伤。庚辛火旺怕南方，逢辰巳之乡，又为荣断。

四月辛金

时逢首夏，忌丙火之燥烈，喜壬水之洗淘。支成金局，水透出干，有木制戊，名“一清彻底”，科甲功名。癸透壬藏，富真贵假。若壬癸皆藏，戊己亦藏，富。

若壬癸俱无，反见火出，必主鳏独。

或支成火局，有制者吉，无制者凶。凡火旺无水，取土泄之。

若壬水藏亥，戊不出干，亦主上达，有戊常人，有一甲透，衣禄可求。若有甲无壬癸者，富贵虚浮，所谓“羊质虎皮”是也。壬癸甲三者全无，又不合格，斯为下品。

四月壬水

丙火司权，水弱极矣。专取壬水比肩为助，次取辛金发源。壬辛两透，金榜有名。或癸辛两出，加以甲透，亦主异路之荣。无甲者，富贵门下之客。如无壬，木少火多者，又作弃命从财格，因妻致富，癸透者残疾。

或四柱多金得地，则弱极复强，须用巳中己土，亦主名利双全，或异途之贵。若见一甲藏寅，与己相刑，主有暗疾，名利皆虚，不能创立。

或多甲乙，有庚出干者贵，无庚者否。或支成水局，大贵。

四月癸水

喜辛金为用，无辛用庚。若辛高透，不见丁火，加以壬透，主科名荣贵，声播四夷。若有丁破格，贫无立锥，有壬可免。辛藏无丁，贡监衣衿。

或一派火土乏金，即有巳庚，亦不能生水，又无比肩羊刃，必至熬干癸水，损目无疑。

若庚壬两透，泄制火土，名“劫印化晋”，极贵之造。有丁见干者，则否。

如有庚无壬，亦无丁破辛者，堪入儒林。有庚无辛者，异路成名。

总之四月癸水，专用辛金方妙。

五月十干论

五六月甲木

木性虚焦，一理共推。五月先癸后丁，庚金次之。六月三伏生寒，丁火退气，先丁后甲，无癸亦可。或五月乏癸，用丁亦可，要运行北地为佳。

总之五六月用丁火，虽运行北地，不至于死，却不利运行火地，号曰“木化火灰必死”。行西程又不吉，号曰“伤官遇煞”，不测灾来。惟东方则吉，北方次之，此五六月用丁火之说也。凡用神太多，不宜克制，须泄之为妙。五六月甲木，木盛先庚，庚盛先丁。

五月癸庚两透，为上上之格。

六月庚丁两透，亦为上上之格。用神既透，木火通明，大富大贵。或丁火太多，癸水亦多，反作平人。柱中多金，名为“煞重身轻”，先富后贫。运不相扶，非贫则夭。

或庚多有一二丙丁制伏，又有壬癸透干，泄金之气，此又为先贫后富。

或满柱丙火，又加丁火，不见官煞，谓之“伤官伤尽最为奇”，反主清贵，定主才学过人，科甲有望。但岁运不宜见水，若柱中有壬水，运又逢水，必贫夭死。但凡木火伤官者，聪明智巧，却是人同心异，多见多疑，虽不生事害人，每抱忌妒之想，女命一理同推。

若在六月，见辰支，名为“达时化合格”，以癸水为妻，丁火为子。

若二己一甲争合，取支中比劫为用，以甲为用者，壬癸为妻，甲乙为子。

其余用庚者，土妻金子。

用丁者木妻火子。

女命以喜作夫、用作子。

或是己土，不见戊土，乃为假从，其人一生缩首反项，畏妻子。若无印绶，一生贫苦。六月尤可，五月决不可。

五月乙木

丁火司权，禾稼俱旱。上半月属阳，仍用癸水，下半月属阴，三伏生寒，丙癸齐用。柱多金水，丙火为先，余皆用癸水为先。

乙木重逢火位，名为“气散之木”，支成火局，泄乙精神，须用癸滋，癸透有根，富贵双全。或庚辛年上，癸透时干，定许科甲；无癸者常人。

若见丙透，支成火局，阳焦木性，此人残疾。无癸必夭，见壬可解。或火土太多，此人愚贱，或为僧道门下闲人。

五月丙火

火气愈炎，得壬庚高透，方为上命。或一壬无庚，亦主贡监；犹防戊己出干，丁壬化合，则为平人。即不透庚壬，或有申宫长生之水济之，坐禄之金，至妙，必入词林；又怕戊己杂乱，则为异路。

或成火局，不见滴水者，乃僧道鳏独之命。即有一二癸水，多遇火土，用之无力，瞽目之人。得戊己透泄火气，刑克孤寡，行北地多凶；何也？所谓燥烈水激反凶。

或成炎上格，柱运不见庚辛，多见甲乙者，反主大富贵。然亦不可见水运。

或有庚透者，衣禄充足，支火轻无目疾。支见水者异途。

或成土局，又为泄气太过，得壬滋甲出干，土被制而火得生扶，此必富贵寿考之格也。

五月丁火

时归建禄，不宜乱用甲木。遇年透隔位之壬，不贪丁合者，忠而且厚。

或支成火局，干见火出，得庚壬两透者，科甲定然。土透制壬，常人。即壬藏支中，亦非白丁；但要运行西北，方可发达。得一癸透，名“独煞当权”，出人头地。

若见寅辰亥卯字，化木生火，平常人物，丰衣足食，中年富，但刑克子息，劳而无功。

或丙午月、丁未日、辛亥时，亥中有壬制丙，不致贫苦。若丙午时，则滴水难救灾火，必主僧道。若年支见子，虽不科甲，亦有衣衿。

若干支无火局，有水透干，须用甲木。又要庚劈甲方明，木火通明，主大富贵；或木少火多，焚其木性，不能光透九霄，荣华不久。

或生月是禄，支皆生旺合局，加以火出，无滴水解灾，乃身旺无依，孤贫之格，女必为尼，即运北地，反主凶厄。

五月戊土

仲夏火炎，先看壬水，次取甲木，丙火酌用，用癸力微。壬甲两透，名“君臣庆会”，自然桃浪先声，权高位显。又得辛透年干，官居一品。如一命：辛未、甲午、戊寅、壬子，壬甲两透，印旺煞高，出将入相，名播四夷。

若支成火局，即透癸水，不能大济，是一杯水难济车薪火也，人合此命，且主目疾。若得壬水出干，则此非比，又或土木重重，全无滴水，僧道孤贫之辈。

三夏己土

杂气财官，禾稼在田，最喜甘沛。取癸为要，次用丙火。夏无太阳，禾稼不长，故无癸曰“旱田”，无丙曰“孤阴”。或丙癸两透，又加辛金生癸，此富贵之格，名“水火既济”，鼎甲之人，却忌戊癸化合。或有丙无癸，有壬亦可，但不大发。或一派丙火烈土，加以丁火制辛，癸水无根，如七八月之间旱，则苗槁矣，此命孤苦零丁。或有甲木，又见丙火重重，无滴水解灾，亦孤贫到老。如有壬水，又见庚辛，此又不作孤看，但恐目疾，心肾肝脏之灾。若壬水有根，辛金得地，又非此而论。

或壬癸并出，破火润土，此人聪颖特达，富中居贵，又转祸为福也。

五月庚金

丁火旺烈，庚金败地，专用壬水，癸又次之。

壬透癸藏，支见庚辛，必然科甲，切忌戊己透干制水，则否。戊藏支内，不失儒林。或壬在支，有金生助，又得金神出干，明经之贵。

或支成火局，乏水者，奔波之客。有壬癸制者，捐纳之人。又见戊己透者，则否。无壬癸制火者，又宜戊己出干补金泄火，庶不夭折孤贫。

总之仲夏无水，必非上格。

或一派木火，无伤、印、比劫，又作从煞而论。

五月辛金

丁火司权，辛金失令，阴柔之极，不宜锻炼，须己壬兼用，何也？己为泥沙，壬为海湖，己无壬不湿，辛无己不生，故壬己并用。无壬，癸亦可用，但癸力小。或支成火局，即重见癸出亦不济，得壬透破火方可，必主生员。若无壬，癸见戊，虽有午宫己土，燥泥成灰，金必煅熔，反遭埋没，必为僧道。有一二重比肩，不致孤独。

五月辛金，壬癸己三者皆用，或壬己两透，支见癸水不冲，定主显达；即己藏支，亦主禀贡；或无壬有己，须得异途。或癸出有庚，必主衣锦，叨受恩荣。若水土多者，见甲方妙。

辛金生于夏月，要壬癸得地；若木多火多，不见金水，必败。

五月壬水

丁旺壬弱，取癸为用，居庚为佐，无庚不能发水，无癸不能伤丁。五月壬水，辛癸亦可参用，其理与四月相同。

庚癸两透，科甲必然。

庚壬两透，官居极品。

有庚无壬癸者，常人。

或支成火局，全无金水，名“财多身弱，富屋贫人”。若又甲乙多者，僧道之命。

五月癸水

至弱无根，必须庚辛为生身之本，但丁火司权，金难敌火，安能滋养癸水，宜见比劫，方得辛金之用。

五月癸水，庚辛壬参酌并用也。

如庚辛透干，又见壬癸者，定主钟鼎鸣食。或有金透，支见申子辰者，亦主金榜挂名。或无水出干，支只一水，虽有庚辛，一富之造。故曰：水源会夏，富重贵轻。又曰：金水会夏天，富贵水无边；运行火土地，快乐似神仙。

或支成火局，无壬出干，定主僧道。

或二壬一庚同透，衣锦腰金。

或一派己土，无甲出制，此作从煞而论，又主大贵。凡从煞者，切不可破格方吉。

六月十干论

六月乙木

木性且寒，柱多金水，丙火为尊。

支成水局，乙得无伤，癸水透干，大富大贵。无癸定作常人，运不行北，困苦一生。

凡五六月乙木，气退枯焦，用癸水切忌戊己杂乱，则为下格。或甲木高透，制伏土神，名为“去浊留清”，可许俊秀。土多乏甲，秀气脱空，庸人而已。

或丙癸两透，加以甲透出制戊，选拔定然。若不见丙癸，只有丁火，亦属常人。有壬，可充衣食。

或柱中无水，又无比劫出干，乃为弃命从财，富大贵小，能招贤德之妻。

从财格，以火为妻，土为子。

或一派戊土出干，亦见比肩，名为“财多身弱”，终为富屋贫人。

或丙辛化水，嫖赌破家，终非承受之儿。

或一派乙木，不见丙癸，名为“乱臣无主”，劳碌奔波。又加支多辛金，僧道之辈。

或一派甲木，无丙无癸，又无庚金，此人一生虚浮，总不诚实。有庚制甲，乃有谋之人，但嗜酒贪花，多愁败德，不修品行，男女一理。

总之，夏月乙木，专用癸水，丙火酌用，庚金次之。

六月丙火

退气，三伏生寒，壬水为用，取庚辅佐。庚壬两透贴身相生，可云科甲名宦。

若无庚有壬，不见戊出，小富小贵；见戊制壬则为乡贤而已。或己土出干混杂，此必庸夫俗子，其人贫困。无壬下格，贫而且顽，男女一理。

或天干一派丙火，阳极生阴，干支两见庚壬，登科及第。

总之，六月丙火用壬，不同余月用壬，喜运行西北；六月用壬，喜运行东南。

六月丁火

阴柔退气，但值三伏生寒，丁弱极矣。专取甲木，壬水次之。若得甲出天干，支成木局，见亥中之壬，为木神有根，接引丁火，必然科甲。

即不见木局，支见壬水，虽不大贵，亦有凌云之气，无庚不妙。

或支成水局，见水透干，则湿木性，不能引丁，必为平人。有甲透，有才干，有庚透，无刑伤。若无甲木，假名假利。

或年月日时，皆一派丁未之类，此为纯阴，终无大用。

六月戊土

遇夏干枯，先看癸水，次用丙火甲木。癸丙两透，科甲中人。或有癸无丙，见甲可许秀才，无甲略富。或有丙无癸，假道斯文，衣食颇足。或癸透辛，出以刀笔之才，可谋异路。无丙癸者，常人。又若无甲，下贱之辈。

或土多得一甲出，不见庚辛，为人作事轩昂，性情谨慎，亦文章惊世。

六月庚金

三伏生寒，顽钝极矣，先用丁火，次取甲木。丁甲两透，名显身荣，忌癸伤丁。有甲无丁，庸俗；有丁无甲，生员；丁甲全无，下贱之人。木虽有，丁不透，支又见水，执鞭之士。丁火无伤，贸易之流。

支会土局，甲先丁后，甲透者，文章显达；丁透者，刀笔扬名。或柱多金，有二丁出制，异路功名。

六月辛金

己土当权，辅助太多，恐掩金光，先用壬水，取庚佐之。壬庚两透，科甲功名。即不出干，藏支得所，亦有荣华。但忌戊出，得甲制之方吉。甲须隔位，恐贪己合，反掩金光，又塞壬水之流，下贱之流。又忌庚出制甲，或只有未中一己，见了壬水，又为湿泥，不可见甲。甲出，反作平人。

总以一壬一己，见庚无甲方妙，与五月用己壬同。

或丁乙出干，又有庚壬者，显贵。无壬者，否。

或支成木局，得壬透，又有庚金发水之源，可云富贵。

六月壬水

己土当权，丁火退气，先用辛金癸水，次用甲木疏土。六月壬水，先辛后甲，次取癸水。辛甲两透，富贵清高。甲藏辛透，贡监生员。辛藏甲透，异途武职。

甲壬两透，无伤，有治国之贵。即甲藏壬出无破，是拾芥之才。

或支多土火，又只清贫。

或一派己土，此假从煞格，为人奸诈，且主孤贫。得甲乙出制可揪。凡土居生旺之地，须制土方妙。

或支成木局，泄水太过，当用金水为贵。

六月癸水

有上下月之分，下半月庚辛有气，上半月庚辛休囚，凡六癸日，多不验。何也？俗士不知此理，因未中有乙巳同宫，破而不破，故癸水不能从煞，所以专用庚辛。如上半月金神衰弱，火气炎烈，宜比劫助身，可云富贵。与五月一理。下半月庚辛有气，即无比劫亦可，又忌丁透，即丁在支亦不吉，其生克制化，与五月略同。

七月十干论

七月甲木

木性枯槁，金土乘旺，先丁后庚，丁庚两全，将甲造成画戟。七月甲堪为戟，非丁不能造庚，非庚不能造甲。丁庚两透，科甲定然。

庚禄居申，煞印相生，运行金水，身伴明君。

或庚透无丁，一富而已，主为人操心太重，不能坐享。或丁透庚藏，亦主青衿小富。或庚多无丁，残疾病人。若为僧道，灾厄可免。

或四柱庚旺，支内水多，不作弃命从煞，见土多可作从财而看。

庚多无癸，而壬水多，戊己亦多，此则专用一点丁火，方可制金以养群土，此命大富。丁藏富小不显，丁露定作富豪。得二丁，不坐死绝，必然富贵双全；即风水不及，亦可富中取贵，纳粟奏名。或癸叠叠制伏丁火，虽满腹文章，终难显达；得运行火土，破癸，略可假就功名；岁运皆背，刀笔之徒。

支成水局，戊己透干，制去癸水，存其丁火，又可云科甲。但此等命，主为人心奸巧诈，好讼争非，因贪致祸，奸险之徒，决非安分之人。

七月甲木，丁火为尊，庚金次之。庚金不可少，火隔水不能熔金，故丁火熔金，必赖甲木引助，方成洪炉。若有癸水阻隔，便灭丁火，壬水无碍，且能合丁；但须见戊土，方可制水存火。

三秋乙木

金神司令，先丙后癸，惟九月用癸水，恐丙暖戊土为病也。

七月乙木

庚金秉令，庚虽输情于乙妹，怎奈干乙难合支金。柱见庚多，乙难受载。

或丙透干，又加己出埋金，此格可云科甲。有己透，加丙，亦是上命。

七月喜己土为用，或不见丙癸，己土决不可少，此则火为妻、土为子。

或癸透、丙藏、庚少，此不用已，可许拔贡。无丙、有癸透者，不失刀笔门户。有支下庚多，癸又藏者，无丙已二神，平常人物。

或生辰时，此为从化，反主富贵。凡化合格，皆以所生之神为用。化金者，戊土为用神，特忌丙丁锻炼破格。

从化者以火为妻、土为子。

其余以金为妻，妻必贤美；以水为子，子必克肖。但忌刑冲，凡命皆然，不特此也。

秋木逢金，非贫则夭。秋生乙木忌根枯，根既枯槁，贫苦到老。

七月丙火

太阳转西，阳气衰矣。日近西山，见土皆晦。惟日照湖海，暮夜光天，故仍用壬水辅映光辉，如壬多，取戊制方妙。有壬透干，又见戊土透干，可云科甲。

如戊藏支内，不过生员。多壬无戊，平常人也。或戊多壬少，亦属常人。

或多壬，一戊出制，所谓“众煞猖狂，一仁可化”，必主显达，有权威。

一派辛金，又为弃命从财，奇特之造，虽不科甲，亦有荣恩，但多依亲戚而进身之阶，从财者以水妻木子。

三秋丁火

退气柔弱，用甲木，金虽乘旺司权，无伤丁之理。仍取庚劈甲，为引火之物。

或借丙火暖金晒甲，不虑丙夺丁火，凡两丙夹丁者，夏月忌之，余月不忌。但此格少年困苦刑克，中年富贵，必要地支见水制丙方妙。

三秋甲庚丙并用，仍分优劣，何也？七月甲丙，申中有庚，八月甲丙庚皆用。

七八月或无甲木，乙亦可用，为“枯草引灯”，却不离丙晒也。

九月用甲庚，大抵甲不离庚、乙不离丙，其理极明。或见甲庚丙俱透，必主科甲。无甲用乙者，富贵皆小，且富而不贵者多。

或一重壬水，又多见癸水，必以戊土为制，自然富贵光辉。

或一派庚金，名财多身弱，主富屋穷人，妻多主事。或壬多泄庚，丁壬化煞，反成富贵。庚多无壬，奔流下贱。

或八月一派辛金，不见庚金，又无比劫，此弃命从财，富而且贵，虽不科甲，亦有异途。从财者，水为妻，有正偏；木为子，不刑。

或九月一派戊土，泄丁火之气，不见甲木，为“伤官伤尽”，非寻常可比。

或甲木透出，为文书清贵，秋闱可夺。用甲者，庚不可少。

七月戊土

阳气渐入，寒气渐出。先丙后癸，甲木次之。丙癸甲透者，富贵极品。癸藏丙透，不过秀才。丙甲两透，癸水会局藏辰，亦不失富贵。无丙得甲癸透，此人清雅，富家千金。无癸甲者，常人，有丙火，妻贤子肖。若丙甲癸三者俱无，下流之命。

或支成水局，休作弃命从财，宜取甲泄之，甲透者，稍有富贵。

三秋己土

万物收藏之际，外虚内实，寒气渐升，须丙火暖之，癸水润之。不特此也，且癸能泄金，丙能制金，补土精神，则秋生之物咸茂矣。癸先丙后，丙癸两透，雁塔题名。或无癸，有两丙透者，异途显达，或武职权高。或有丙火，不见壬癸，为假道斯文，终无诚实。或有壬癸无丙者，衣食充足，才能而已。

或支成金局，癸透有根，此人家畜万缗，富中取贵。

或支四库，甲透者富，乏甲者孤贫。或甲出无癸乏金，积德可全科甲。

或会火局，无水救，乃大奸大恶之徒。

或丙透癸藏，遇金颇有选拔，加一壬辅，富贵慷慨，有贤声。见戊透者，主遭凶厄且贫。

八月己土支成金局，无丙丁出救，此人零丁孤苦。如得丙透丁藏，生己元神，此人名魁天下，五福完人。

总之三秋己土，先癸后丙，取辛辅癸。

九月土盛，宜甲木疏之，余皆酌用。

七月庚金

刚锐极矣，专用丁火锻，次取木引丁。故曰：秋金锐锐最为奇，壬癸相逢总不宜；如逢木火来成局，试看福寿与天齐。如得丁甲两透，定步青云。若有丁无甲为俊秀，有甲无丁是平人；丁甲两无无用物，只堪门下作闲人。

或支成水局，乏丁用丙，柱中即有丙火，不见甲木者，必于愚儒；何也？当时金水两旺，金生水以制火，何能发达。

或见甲出引丁，可云生监。甲弱者，衣食充盈。

或支成土局，先甲后丁。

支成火局，富贵中人。

金刚木明，行商坐贾之人。

金备申酉戌之地，富贵无疑。

金神入火乡，逢羊刃富贵荣华。

七月辛金

值庚司令，不旺自旺，且壬水居申，四柱不见戊土，胎元戊藏申内，为壬堤岸。人命得此，为官清正，但不富耳。

或有土无甲，为“有病无药”，常人。有甲者，衣衿有望。

或四柱金多，宜水泄之。若一派金水，得一戊土，反为辛用，又宜甲制，自然富贵。

或干支水多，重见戊土，逢生得位，福寿之造。

七月辛金，壬不在多。故书曰：水浅金多，号曰体全之象。壬水为尊，甲戊酌用可也，癸水不可为用。

七月壬水

庚金司令，壬得申之长生，源流自远，转弱为强。专用戊土，次取丁火佐戊制庚，但用辰戌之戊，不用申中受病之戊。戊丁俱透，科甲生员。戊透天干，丁藏午戌，恩封可待，特忌戊癸合化。即支见寅戌，年出丁火，可许衣衿。或丁戊两透，富中取贵。

或四柱多壬，戊又透干，名“假煞为权”，阆苑之仙。支中见甲，亦不忌也；但太多者，常人。有庚居申，颇有衣禄。或戊多而透，得一甲制，略贵。无甲，常人。

或一派甲木，又见火多，无庚出者，别祖离乡，随缘度日。盖申中之庚，不能救也。

七月壬水，专用戊土，丁火为佐。

七月癸水

正母旺子相之时，癸虽死申，殊不知申中有庚生之，名“死处逢生”，弱中复强，即运行西北，亦不死也。但庚金司令，刚锐极矣，必取丁火为用。或丁透有甲，名“有焰之火”，必主科甲。或丁透无甲，又无壬癸，即有一二庚金，亦主生监，有二丁更妙。

或金多乏丁制者，贫困之人。

或一丁坐午，名“独财格”，主金玉满堂，富中取贵，若在未戌，则是常人。

或见二戌二未，又得丙丁藏支，干见甲出，无水，亦作富贵而推。

八月十干论

八月甲木

木囚金旺，丁火为先，次用丙火，庚金再次。一丁一庚，科甲定显。癸水一透，科甲不全。丙庚两透，富大贵小。丙丁全无，僧道之命。丙透无癸，富贵双全。有癸制丙，平常之人。支成火局，可许假贵。戊己一透，可作富翁。

或支成金局，必主残疾；得丙丁破金，亦主老来暗疾。

或支成木局，干透比劫，反取庚金为先，次用丁火。

八月乙木

芝兰禾稼均退，以丹桂为乙木。在白露之后，桂蕊未开，用癸水，以滋桂萼。

若秋分后，桂花已开，却喜向阳，又宜用丙，癸水次之，丙癸两透，科甲名臣。

或支成金局，宜暗藏丁，无丁制金，恐木被金伤。若无水火，此人劳碌。

或得癸水，为子得母，其人一生丰盈。

或丙癸两透，戊土杂出，亦主异路功名。

生秋分后，有丙无癸，亦略富贵。若有癸无丙，名利虚花。若四柱不见丙癸，下格。

或癸在年（月）干，丙透时干，名为“木火文星”，定主上达。生于秋分后方佳，或生上半月无癸，姑用壬水；不然枯木无用，必作贫人。又四柱多见戊己，下格。

用癸者，金妻水子。

用丙者，木妻火子。

用壬者，金妻水子。

甲乙逢强金，魂归西土。青龙逢兑旺，且贱且贫。乙木生居酉，莫逢巳酉丑；富贵坎离宫，贫穷申酉守。木逢金旺已伤，再遇金乡，岂不损寿。

八月丙火

日近黄昏，丙之余光，存于湖海，仍用壬水辅映。四柱多丙，一壬高透为奇，定主登科及第，富贵双全。一壬藏支，亦主秀才。或戊多困水，则假作斯文。若无壬水，癸亦可用，但功名不久。

或见辛透，不能从化，贫苦到老；或见一丁制辛，为人奸诈，不识高低，女命合此，长舌淫贱。或成金局，无辛出干，此非从财，乃朱门饿莩。如辛出干，不见比劫，此从财格，反主富贵，亲戚提拔，妻贤内助。

八月戊土

金泄身寒，赖丙照暖，喜水滋润，先丙后癸，不必木疏。丙癸两透，科甲中人。丙透癸藏，可许入泮；癸透丙藏，纳贡得官。若丙藏又无癸，即多不透，此皆常人。癸丙全无，奔流之客。

或四柱皆辛，无丙丁，此名伤官格，为人清秀，即不能拾芥，亦可武痒。一见癸水，富而且贵。

或支成水局，壬癸出干，此名财多身弱，愚懦无能。若天干有比劫分散财神，颇言衣食。

秋土生金极弱，须丙火丁火出干方妙。

八月庚金

刚锐未退，用丁甲，丙不可少，若丁甲透，又见一丙，功名显赫。且见羊刃无刑冲，丙煞藏支，名为“羊刃架煞”，主出将入相，直介忠臣。或丙火重重，一丁高透，亦主科甲。丙出丁藏，异路之士。或甲藏支，火透而水木不透，亦主清高，衣衿可望。或丁藏支内，重见丙火者，此名“假煞重重”，虽羊刃贴身，却难从煞也。即一丙透，秀而不富。

或支见重重甲乙，无用人也。

总之旺金木衰，非火莫制，不见丙丁，艺术之辈。

八月辛金

当权得令，旺之极矣，专用壬水淘洗，故云：金见水以流通。如见戊己，则生扶太过，故以土为病，见甲制土方妙。无戊，不宜用甲。

或四柱一点壬水，甲多泄水，此为用神无力，奸诈之徒。得庚制者，反主仁义。

或三点辛金，一重壬水，多见甲木，有庚透者，主大富贵，不见丁为美，若见一丁，此人风雅清高，衣食饶裕而已。

或一二比肩，壬甲皆一，无庚出干，亦有恩荣。或二三比肩，一点壬水，戊土多见，此为“土厚埋金”，此人愚懦；见一甲出，必为创立之人。

或一派辛金，一位壬水，无庚杂乱，富中取贵。

或一派壬水泄金，无戊出制，为“沙水同流”，主奔波贫苦。若得支见戊止流，其人颇有才能，艺术过人。

或支成金局，干见比肩，无壬洗淘，此宜用丁，无丁必主凶顽无赖。若得一壬高透，以泄群金，又名“一清到底”，定有治国之才。

或支成金局，戊己透干，壬透无火，名“白虎格”，运行西北，富贵大显，子息艰难。

或透丙火，虽有壬出，亦属平常。

或一二辛金，一派己土，定为僧道。

或干透己土，支见庚甲，一生安闲。

或一派乙木，不见庚壬，为财多身弱，一见庚制，富贵可期。

八月壬水

辛金司令，正金白水清。忌戊土为病。专用甲木，甲木一透制戊，壬水彻底清澄，名高翰苑。若甲出时干，功名显达。设见庚破，又属常人。即甲藏支，无庚，秀才可许。或天干有壬，支见申亥，此非用甲，戊土作用，亥虽有甲，又有申中之金制甲，秀才一定，且富足多才。或无戊，多金水者，主人清才浊，困苦贫儒。

无甲用金，发水之源，名“独水三犯庚辛”，号曰“体全之象”。

八月壬水，专用甲木，庚金次之。

八月癸水

辛金虚灵，非顽金可比，正金白水清，取辛金为用，丙火佐之，名“水暖金温”。如丙与辛隔位同透，主科甲功名；或丙透辛藏，一榜之士。或土多克水，生意中人。

八月癸水，丙辛皆用。

九月十干论

九月甲木

木性凋零，独爱丁火。壬癸滋扶，丁壬癸透，戊己亦透，此命配得中和，可许一榜。庚金得所，科甲定然。或见一二比肩，无庚金制之，平常人也。倘运不得用，贫无立锥。一命：甲辰、甲戌、甲辰、甲戌，身伴君主，富贵寿考，此为天元一气，又名一财一用。遇比用财，专取季土。或见庚丙甲，可许入泮，白手成家。

用火者木妻火子，子肖妻贤。

或四柱木多，用丙用丁，皆不足异，用庚金为妙。

凡四季甲木，总不外乎庚金；譬如木为犁，能疏季土。非庚为犁嘴，安能疏土。虽用丙丁癸，庚决不可少也。九月却不取土妻金子，当取水妻木子。

凡甲木，多见戊己，定作弃命从财而看。从财格，取火妻土子。

或见一派丙丁伤金，不过假道斯文。有癸破了丙丁，技艺之流。无壬癸破火，支又成火局，乃为枯朽之木，有庚亦何能为力，定作孤贫下贱之辈，男女一理。

或有假伤官，得地逢生，此正合“甲乙秋生贵玄武”之说。

用水制伤官者，以金为妻水为子。或丁戊俱多，总不见水，又为“伤官生财格”，亦可云富贵，此格取火为妻、土为子。

凡甲多庚透，大贵；庚藏小贵。若柱中多庚，则又以丁为奇。如庚申、丙戌、甲申、壬申，主功名显达，有文学，若无庚丙年月，又无火星出干，虽曰好学，终困名扬。

九月甲木，虽用丁癸，见戊透必贵。如戊戌、壬戌、甲子、甲申，支成水局，干有壬水，正合贵玄武之说，配得中和，一榜之命，家计丰足。但庚丁未透出干，不能馆选。

九月乙木

根枯叶落，必须癸水滋养。如是甲申时，名为“藤萝系甲”，可秋可冬。

若见癸水，又遇辛金发水源，定主科甲。或有癸无辛，常人。有辛无癸，贫贱。

或四柱壬多，水难生乙，亦是寻常之辈。

或支多戊土，又透天干，作从财看，无比劫方妙。一逢比劫，富屋贫人。

用癸者，金妻水子，但子女艰难，季土克制故也。

九月丙火

火气愈退，所忌土晦光，必须先用甲木，次取壬水。甲壬两透，富贵非凡。

若无壬水，得癸透干亦可，虽不科甲，异路功名。壬癸藏支，贡监而已。甲藏壬透，无庚破甲，可许秀才。或庚戊困了水木，定是庸才。无甲壬癸者下格。

或一派火土，虽不太旺，亦自燥矣；如不离乡过继，亦主奔流。如无庚辛壬癸出干，必为夭命。

或支成火局，炎上失时；若运入南方，一贫彻骨。

九月戊土

当权，不可专用丙火。先看甲木，次取癸水，切忌化合。见　　金先用癸水，后取丙火，配合干支，方成有生之土，定发云程。

或无丙有癸，不见甲透者，衣衿小富。无癸丙，有甲者，衣食而已。若癸甲全无，虽有丙火，亦属平常，或为僧道。

或支成水局，壬癸透干，用戊土止流，有比劫反主富。

支成火局，名“土燥不发”，得金水两透，此人清高，略可富贵。无水，一生困苦。

九月庚金

戊土司令，最怕土厚埋金。宜先用甲疏，后用壬洗，则金自出矣，忌见己土浊壬。壬甲两透，科甲相宜。或甲透壬藏，乡魁可望；甲藏壬透，禀贡堪谋。有甲无壬，犹有学问；有壬无甲，莫问衣衿。壬甲两无，则为下格。

或支成水局，丙透救之，此人才高迈众，名重乡间。不见癸水，一榜可许。

或四柱戊多金旺，全无甲壬者，即有衣禄，亦不能久。

或庚戊多，无壬甲者，愚顽之辈。

九月辛金

戊土司令，母旺子相，须甲疏土，壬泄旺金。先壬后甲，壬甲两透，桃洞之仙。或壬透甲藏，又见庚金，平人。甲透壬藏，戊在支内，异途之人。或辛日甲月，壬水在支，有庚自能去浊留清，秋闱一榜。若戊戌月，即有甲在支亦否。

总之土太多，甲不出干，莫问功名。得一壬出，洗土助甲，虽不发达，富而可求。

或土多无壬甲，时多透丙辛者，略贵。加以辰字在支，虽荣显莫及。

或木多土厚，无水者常人。

或干上重见癸水，虽无淘洗之功，颇有清金之用。此命主富辛苦。

或己透无壬有癸，亦能滋生金力，衣衿之贵，但恐己多，不免浊富。

九月辛金，火土为病，水木为药。

九月壬水

进气，其性将厚，若一派壬水，见一甲制戌中之戊，戊又出干，斯用丙火，此格清贵极矣；正合“一将当关，群邪自伏”。或不见丙戊，亦不为妙。或一派戊土，无一己庚杂乱，得一甲透时干，玉堂清贵。即甲透月上，亦主科甲。若支藏己土，一榜可图。或庚乏丁，贫贱之人。或丁透见甲，略或水多乏丙者。又用戊土，常人。

九月壬水，专用甲木，次用丙火。

九月癸水

失令无根，戊土司权，克制太过，专用辛金发水源，要比肩滋甲制戊方妙。

或辛甲两透，支见子癸，定主平步青云。或癸甲两透，富贵成名。或有甲辛无癸者，亦有恩封。或有甲癸无辛者，富大贵小。有甲无癸辛者，常人。二者俱无，贫贱之格。或有甲见壬者，颇许衣衿。

九月癸水，辛甲并用。

十月十干论

十月甲木

庚丁为要，丙火次之；忌壬水泛身，需戊土制之。若庚丁两透，又加戊出干，名曰“去浊留清”，富贵之极。即乏丁火，稍有富贵。或甲多制戊，庚金无根，平常人也。庚戊若透，虽出比劫，必定富而寿。

或多比劫，只一庚出干，坐禄逢生，乃为舍丁从庚，略富贵。或支见申亥，戊己得所，以救庚丁，可许科甲。若单己透，其力弱小，不过贡监而已。

十月乙木

木不受气，而壬水司令，取丙为用，戊土为次。丙戊两透，科甲定然。

有丙无戊，虽不科甲，亦入儒林。支多丙火，运入火乡，亦主显达。或水多无戊，乙性漂浮，流荡之徒。若不见丙巳，妻子难全。或一点壬水，即多见戊土，亦为不妙，得甲制戊，可许能干，但为人好生祸乱，构讼争非，男女一理。

支成木局，时值小阳，此又如春木同旺，若有癸出，须取戊为尊，加以丙透，科甲之人。若无丙戊二字，自成自败，终非承受之辈。

十月丙火

太阳失令，得见甲戊庚出干，可云科甲，主为人性好清高，斯文领袖。

如辛透见辰，名“化合逢时”，主大贵。

或壬多无甲，乃作弃命从煞，即不科甲，亦是宦僚。

或壬多有甲无戊，却非从煞，宜用己土混壬。

总之十月丙火，木旺宜庚，水旺宜戊，火旺用壬，随宜酌用可也。

三冬丁火

微寒，用庚甲。甲乃庚之良友，凡用甲木，庚不可少。无庚无甲，何能引丁，难云木火通明。冬丁有甲，不怕水多金多，可称上格。甲庚两透，科甲分明。见己则咎，己多合甲，则为常人。或一丙夺丁，必赖支内水救；若有支金发水之源，官拜乌台有准。全无癸水制丙，无用之徒。或有金无水，贫寒之士；有水无金，又主清高。

或时月二壬争合，取戊破之，有戊稍有富贵，无戊常人。设戊藏得所，不失衣衿。

或二丙夺丁，得年干有癸，支下带合，金水得所，亦必显达，纳粟奏名，必验。

或仲冬水多癸旺，全无比印，作弃命从煞，亦有异途功名。见丁比出干，难合格局，常人，且主骨肉浮云，六亲流水。戊出破癸，颇有兄弟妻儿。

或四柱多丙丁，又用癸制火。

三冬丁火，甲木为尊，庚金佐之，戊癸权宜酌用可也。

十月戊土

时值小阳，阳气略出。先用甲木，次取丙火。非甲土不灵，非丙土不暖，安能发生万物。甲丙两出，富贵中人。若甲得长生，遇支藏得地之水，一丙高透，亦主身贵扬名。支见庚金，入泮而已；若不见庚金，甲木藏支，丙火高透，科甲有之。若有庚，丁出制，必异路功名，或为典吏。即庚丁不透，甲丙藏支，亦云富贵。壬透得戊揪丙，主富中取贵。丙甲俱无，必为僧道。

三冬己土

湿泥寒冻，非丙暖不生，取丙为尊，甲木参酌，戊土癸水不用。惟初冬壬旺，取戊制之，余皆用丙丁；但丁不能解冻除寒，不能大济。或干透一丙，支藏一丙，加以甲透，科甲有准，即藏丙无制，亦主衣衿。

或多壬水，得戊透制之，此命安然，富中取贵；不见戊土，富屋贫人。

凡三冬己土，见壬水出干，为“水浸湖田”，此人孤苦，若见火不孤，见土不贫。

或一派癸，不见比劫，反主富贵，虽不科甲，恩诰有之。若见比劫，平常人物，妻子主事。

或一派戊己，取甲制之，甲透者富贵。

或一片辛庚，须用丙火，还须丁火为助，丙藏，富贵奇特之命。

十月庚金

水冷性寒，非丁莫造，非丙不暖。丁甲两透，水无金局，一榜有之。支藏丙火，桃浪之仙。支见亥子，得己出制，亦有功名；若见丙透无丁者，决无显达。

丁藏甲透，武职之人。以上不合者庸俗。

如金水混杂，全无丙丁者，鄙夫。

支成金局无火者，僧道之命也。书曰：水冷金寒爱丙丁。

十月辛金

时值小阳，阳气渐升，寒气将降，先用壬水，次取丙火。壬丙两透，金榜题名；何也？盖辛金有壬水丙火，名“金白水清”，又在亥月故发。丙透壬藏，采芹之造；丙藏壬透，富有千金。壬丙在支，聪明之士；戊壬存柱，积蓄之人。

或壬多无戊，名“辛水汪洋”，反成贫贱。戊多壬少，又主成名。或甲多戊少，因艺术而蓄金。若己多有戊，壬水被困，金被埋，不过诚实之人。或壬癸多无戊丙者，劳碌辛苦。

十月辛金，先壬后丙，余皆参用。

十月壬水

司权，至旺之极。取戊为用，若生辰日干，又见辰时，必须戊透，又须庚制甲，不伤戊土；戊庚两全，定主登科及第，位显权高。或甲出制戊，不见庚救者，断之困穷。戊藏无制，可许生员；或戊庚两透无甲，亦主荣显。

或支成木局，有甲乙出干，得庚透者，富贵。无庚者，平常。

或支成水局，不见戊己，名润下格，运行西北，大富贵。行东南者，必危。

或丙戊两透，行火土运，名利双全。或有丙无戊，可云衣禄；有戊无丙，难许推盈。

十月壬水，专取戊丙，次取庚金。

十月癸水

旺中有弱，何也？因亥水摇木，泄散元神，宜用庚辛为妙。得庚辛两透，不见丁伤者，功名有准。

或支成木局，有丁出干，为木旺火相，制住庚辛不生水，必主清寒。或成木局，干见丙丁，异路之荣。

或一派壬水，不见戊制，名“冬水汪洋”，奔波到老。若得戊透，清贵堪夸。

或一派庚辛，得丁出制，主名利双全。

或四柱火多，名“财多身弱，富屋贫人”。

十一月十干论

十一月甲木

木性生寒，丁先庚后，丙火佐癸。癸水司权，为火金之病。

庚丁两透，支见巳寅，科甲有准；风水不及，选拔有之。若癸伤丁，无戊己补救，残疾之人。

或壬水重出，丁火全无者，庸人也，得丙方妙。

或支成水局，加以壬透，名为“水泛木浮”，死无棺木。

总之十一月甲木为寒枝，不比春木清茂，取庚丁，透壬无丙，不过刀笔异途，武职有验。

用庚，土妻金子。

用火，木妻火子。

十一月乙木

花木寒冻，一阳来复。喜用丙火解冻，则花木有向阳之意。

不宜用癸，以冻花木，故用丙火，有一二点丙火出干，无癸制者，可许科甲。

即丙藏支内，亦有选拔封恩；得此不贵，必因风水薄。

或壬癸出干，有戊制，可作能人。即丙在支内，亦是俊秀。若壬透无戊，贫贱之人。

支成水局，干透壬癸，丙丁全无，虽有戊制，贫乏到老。运至南方稍有衣食。

丁火有亦如无，丁乃灯烛之火，岂能解严寒之冻。设无丙丁，戊己多见，金水奔流，下贱。或有戊己无火，亦属常人，但不至下贱。

或一派丁火，大奸大诈之徒，如无甲引丁，孤鳏到老。丁火见甲，必主麟趾振振，芝兰绕膝。

或成水局，壬癸两逢，则木浮矣；不特贫贱，而且夭折，得一戊救方可。

冬月乙木，虽取戊制水，不可作用，取丙火则可。

用火者，木妻火子。

用土者，火妻土子。

十一月丙火

冬至一阳生，弱中复强；壬水为最，戊土佐之。壬戊两透，科甲可许。

无戊见己，异路功名。或无壬水，有癸出干，得金滋无伤，又有丙透以解冻，可许衣衿。

或一派壬，则用戊土，此人虽不成名，文章迈众，但名利虚浮，何也？因戊晦光，又须甲木为药也。或无壬水，癸亦可用，但不甚显。

或四柱多壬无甲，乃作弃命从煞，亦有云路。或水多、有甲、无戊，却非从煞，宜用己土浊壬。

十一月丙火与十月颇同。

十一二月戊土

严寒冰冻，丙火为尊，甲木为佐。丙甲两透，桃浪之人。丙出甲藏，采芹食气；丙藏甲出，佐杂前程。有丙无甲者，豪富；有甲无丙者，清贫。丙甲全无，下流之造。

或一派丙火，加以丙透，运值火土，弱中复强。又一壬透干，主清高荣禄；乏壬，僧道孤寒。

或一派水土寒滞，不见一丙，得一癸透月时，亦不失儒雅风流。一派壬水，不见比劫，可作从财而论。即有比劫，得甲出干，又主富贵。

若寒土无丙，虽有甲木，亦是外实内虚之人。

或二癸透月时，名为争合，终属劳碌之人。得一己出干制癸，反主忠义之士，舍己从人而论。

年月透辛金者，又属土金伤官，异路功名可许。

十一月庚金

天气严寒，仍取丁甲，次取丙火照暖。或丁甲两透，丙在支中，必主科甲。即无丙火，亦有衣衿；有丁无甲，亦可富中取贵。有甲无丁，只作常人。或丙透丁藏，异途名望。丁藏有甲，武学可许。

或支成水局，不见丙丁者，此乃伤官格，为人清雅，衣禄常盈，但子息艰难耳。

或丙丁太多，名为“官煞混杂最无良，又怕身轻有损伤；如遇东南二运地，焉能挨得过时光。”过于清冷，似有凄凉。柱中一派金水，不入火土之乡，主一生孤贫浪荡，难望有成也。

十一月辛金

癸水司令，为“寒冬雨露”，切忌癸出冻金，而困丙火。壬丙两透，不见戊癸，衣锦腰金。即壬藏丙透，一榜堪图。或壬多有戊，两甲出干者，青云之客。

若壬多无戊丙者，泄金太过，定主寒儒。或壬多，甲乙重重，无丙火者贫寒。

或支成水局，癸水出干，有二戊制者，富贵恩荣，无戊者常人。

或支见亥子丑，干出比劫，无丙，为润下格，运行西北，富贵双全。若无庚辛，又出甲乙，无戊丙者，必主僧道。

或支成木局，有丁出干，又见戊者，功名特达。

十一月壬水

羊刃帮身，较前更旺，先取戊土，次用丙火。丙戊两透，富贵荣华。

有戊无丙，略可言富；有丙无戊，好谋无成。

或支成水局，丙不出干，即有戊土，亦系庸人。或丙透得所，即戊藏支，亦可显达，须运得用方妙。

或支成火局，一富而已。

或比见月时，年见丁火，平常之辈。

支成四库，富贵中人。

或丁出时干，名为争合，主名利难成。

或壬子日、丁未时，虽不能科甲，亦有恩荣；何也？盖用子中癸水为用，号曰“用神得地”，亦主荣华。

十一月壬水，丙戊并用。

十一月癸水

值冰冻之时，金水无交欢之象，专用丙火解冻，庶不致成冰。又要辛金滋扶，无丙有辛，不妙。

凡冬季癸水，有丙解冻，则金温水暖，两两相生；要不见壬透，自然登科及第，紫诰金章。

或一派壬水，无丙出干，贫困之士；一派癸水，贫贱之流。

或支成水局，得丙火重出干者，又主蟒袍玉带之荣。

或支成金局，丙火无踪者，芒鞋革履之流。

如辛年、丙月、癸日，有火者，主恩荣宠赐，饶膝芝兰。无火者，损资得贵，位重当朝。

或一派戊己，名“煞重身轻”，非贫即夭。

十二月十干论

十二月甲木

天气寒冻，木性极寒，无发生之象，先用庚劈甲，方引丁火，始得木火有通明之象，故丁次之。庚丁两透，科甲封恩；庚透丁藏，小贵。丁透庚藏，小富贵。无庚者贫贱，无丁者寒儒。

火有丁透重重，亦是富贵中人，但须比肩，能发丁之焰，自有德业才能。如无比肩，亦属平常。

总之，腊月甲木，虽有庚金，丁不可少；乏庚略可，乏丁无用。经云：甲木无庚，男女夭寿。

十二月乙木

木寒宜丙，有寒谷回春之象。得一丙透，无癸出破格，不特科甲，定主名臣显宦。丙火藏支，食气而已；干支无丙，一介寒儒。

或四柱多己，不逢比劫，乃作从财，富比王侯。若有比劫，贫无立锥。

或一派戊己，见甲颇有衣禄，以丙火为用方妙。

十二月丙火

气进二阳，侮雪欺霜。喜壬为用，己土司令，土多又不可少甲。壬甲两透，科甲堪宜。甲藏则秀才而已，或无甲得一壬透，富中取贵。

如见一派己土，不见甲乙，名“假伤官”，聪明性傲，名利虚浮。

或一派癸水，得己出干，必主自创基业，若制伏太过，又取辛金作用。得见癸透，此人即不成名，必清雅文墨之士。

十二月庚金

寒气太重，且多湿泥，愈来愈冻。先取丙火解冻，次取丁火炼金，甲亦不可少，丙丁甲透者，则不科甲，亦有恩荣。有丙无丁甲者，富中；有丁甲无丙者，特达才人。有丙丁无甲者，白手成家，刀笔亨通，乏金更美。

或支成金局无火，僧道之流。

十二月辛金

寒冻之极，先丙后壬，无丙不能解冻，无壬不能洗淘。丙壬两透，金马玉堂之客。壬丙俱灭，游痒食气之人。有丙无壬，富真贵假；有壬乏丙，贱而且贫。或丙多、无壬、有癸，市中贸易之流。

或水多，有戊己出干，又有丙丁，必主衣食充盈，一生安乐。

十二月辛金，丙先壬后，戊己次之。

十二月壬水

旺极复衰，何也？上半月癸辛主事，故旺，专用丙火。下半月己土主事，故衰，亦用丙火，甲木佐之。有丙解冻，名利双全。丙透甲出，科甲之贵，然四柱无壬方妙。无丙，单寒之士。

或四柱多壬，戊透制之，衣衿有望。

或丁出时干，化合成木，月干又见丁火，无癸破格，亦主富贵。

或支成金局，不见丙丁，名“金寒水冷”，一生孤寒，见火略可。即丙透遇辛，亦不为妙，见丁颇吉。

腊月壬水，先取丙火，丁甲为佐，故“水冷金寒爱丙丁，水旺居垣须有智，水土混杂必愚顽”，“壬癸路经南域，主健富贵堪图”，又云“惟有水木伤官格，财官相键始为欢”。

十二月癸水

寒极成冰，万物不能舒泰，宜丙火解冻，或丙透年时，加以壬透，支中多戊，名“水辅阳光”，主显达名臣。无戊者，异途之职。若有丙无壬，黄门之客。有壬无丙，戊又出干者，皂隶之流。或支见子丑，比肩出干，即有丙透，不能解冻，此属平常。或无癸水，有辛与合，亦不为美。有丁出，颇吉。

或一片癸即会党，年透丁火，名“雪后灯光”，夜生者贵，日生则否。若无丁火，又主孤贫。

或支成水局，无丙者，四海为家，一生劳苦。

或支成火局，有庚辛透者，衣食充足，无金出，孤苦零丁。

或支成金局，丙透得地，名“金温水暖”，彼此相生，定许光顶门户，生驰翰苑。乏丙者，即文章骇世，总为孙山。

或支成木局，泄水太过，主残病呻吟。得金出干辅救，技艺之流。

凡冬月用丙，须丙火得地方妙，不然即重重丙火出干，安能轻许富贵哉？

第三节 《穷通宝鉴》残疾僧道从格化合研究汇总

一、残疾命汇总

“木被金伤”，若无丙丁破金，必主残疾。或支成火局，泄露太过，定主愚儒。有啾唧灾病缠身，终有暗疾。支成木局，得庚为贵，无庚必凶。若非僧道，男主鳏孤，女主寡独。

正月己土若甲多无庚，残疾废人，宜用丁泄。

正月庚金或支成火局，壬透有根者，大富贵。无根者小富贵；乏水者，残疾之人。

正月癸水，辛金为主，庚金次之，丙亦不可少，若无庚辛，虽有丙火，无用之人。或火多土多，残疾不免。

三月丁火或支成水局，加以壬透，名“煞重身轻”，必夭折夭年，或遭凶死。

三月庚金或支成火局，癸水透，富贵。有丙丁出干，见壬制之方吉，无制残疾之人。

三月壬水或支成四库，乏甲者，名“煞重身轻，终身有损”。

四月乙木丙戊太多，支成火局，瞽目之流。

四月癸水或一派火土乏金，即有巳庚，亦不能生水，又无比肩羊刃，必至熬干癸水，损目无疑。

五月乙木若见丙透，支成火局，阳焦木性，此人残疾。无癸必夭，见壬可解。或火土太多，此人愚贱，或为僧道门下闲人。

五月戊土若支成火局，即透癸水，不能大济，是一杯水难济车薪火也。人合此命，且主目疾；若得壬水出干，则此非比，又或土木重重，全无滴水，僧道孤贫之辈。

三夏己土或有甲木，又见丙火重重，无滴水解灾，亦孤贫到老。如有壬水，又见庚辛，此又不作孤看，但恐目疾，心肾肝脏之灾。若壬水有根，辛金得地，又非此而论。

五月庚金或支成火局，乏水者，奔波之客。有壬癸制者，捐纳之人。又见戊己透者，则否。无壬癸制火者，又宜戊己出干补金泄火，庶不夭折孤贫。

七月甲木或庚多无丁，残疾病人；若为僧道，灾厄可免。

八月甲木或支成金局，必主残疾；得丙丁破金，亦主老来暗疾。

十一月甲木用丁庚，若癸伤丁，无戊己补救，残疾之人。

十二月癸水或支成木局，泄水太过，主残病呻吟。得金出干辅救，技艺之流。

二、僧道命汇总

丁火正月或支火局，无滴水解灾，僧道之命。

戊土正月或支成火局，不见壬癸，僧道孤贫。

三月庚金或支成土局，无木，贫贱僧道；见乙奸诈小人。

三月辛金或四柱火多，无水制伏，名“火土杂乱”，主作淄衣，见癸可解。

三月癸水或支坐四库，又得甲透，可谓显达名扬。无甲者僧道孤贫。

四月丙火火炎无制，僧道之流；不然须防夭折。

四月戊土若一派丙火，为火炎土燥，僧道之流。

五月丙火或成火局，不见滴水者，乃僧道鳏独之命。即有一二癸水，多遇火土，用之无力，瞽目之人。

五月丁火或丙午月、丁未日、辛亥时，亥中有壬制丙，不致贫苦。若丙午时，则滴水难救灾火，必主僧道。若年支见子，虽不科甲，亦有衣衿。

五月丁火或生月是禄，支皆生旺合局，加以火出，无滴水解灾，乃身旺无依，孤贫之格，女必为尼，即运北地，反主凶厄。

五月辛金若无壬，癸见戊，虽有午宫己土，燥泥成灰，金必煅熔，反遭埋没，不为僧道。有一二重比肩，不致孤独。

五月壬水或支成火局，全无金水，名“财多身弱，富屋贫人”。若又甲乙多者，僧道之命。

五月癸水或支成火局，无壬出干，定主僧道。

八月甲木丙丁全无，僧道之命。

八月辛金成金局或一二辛金，一派己土，定为僧道。

九月戊土若癸甲全无，虽有丙火，亦属平常，或为僧道。

十月戊土丙甲俱无，必为僧道。

十月庚金支成金局无火者，僧道之命也。

十一、二月戊土或一派丙火，加以丙透，运值火土，弱中复强。又一壬透干，主清高荣禄。乏壬，僧道孤寒。

十一月辛金若无庚辛，又出甲乙，无戊丙者，必主僧道。

十一月癸水或支成金局，丙火无踪者，芒鞋革履之流。

十二月庚金或支成金局无火，僧道之流。

三、从格研究

二月庚金或一片甲乙，忌庚出干破财，乃从财格，反主富贵；若见一比，又主孤贫。

三月甲木或柱中全无一水，戊己透干，支成土局，又作弃命从财，因妻而致富，妻子有能。或见戊己，及比劫多者，名为杂气夺财，此人劳碌到老，无驭内之权；女命合此，女掌男权，贤能内助。若比劫重见，淫恶不堪。

三月戊土或木多无比印透，从煞而论，亦富贵。

三月癸水或支成土局，不见己土，无木，乃从煞格。有甲出者常人。

四月壬水如无壬，木少火多者，又作弃命从财格，因妻致富，癸透者残疾。

六月乙木或 柱中无水，又无比劫出干，乃为弃命从财，富大贵小，能招贤德之妻。从财格，以火为妻，土为子。或一派戊土出干，亦见比肩，名为“财多身弱”，终为富屋贫人。

七月丙火一派辛金，又为弃命从财，奇特之造，虽不科甲，亦有荣恩，但多依亲戚而进身之阶。从财者，以水妻木子。

八月丁火或八月一派辛金，不见庚金，又无比劫，此弃命从财，富而且贵，虽不科甲，亦有异途。从财者，水为妻，有正偏；木为子，不刑。

八月丙火或成金局，无辛出干，此非从财，乃朱门饿莩。如辛出干，不见比劫，此从财格，反主富贵，亲戚提拔，妻贤内助。

九月甲木，凡甲木多见戊己，定作弃命从财而看。从财格，取火妻土子。

九月乙木或支多戊土，又透天干，作从财看，无比劫方妙。一逢比劫，富屋贫人。

十月丙火或壬多无甲，乃作弃命从煞，即不科甲，亦是宦僚。

或壬多有甲无戊，却非从煞，宜用己土混壬。

十月丁火或仲冬水多癸旺，全无比印，作弃命从煞，亦有异途功名。见丁比出干，难合格局，常人，且主骨肉浮云，六亲流水。戊出破癸，颇有兄弟妻儿。

三冬己土或一派癸，不见比劫，反主富贵，虽不科甲，恩诰有之。若见比劫，平常人物，妻子主事。

十一、二月戊土或一派水土寒滞，不见一丙，得一癸透月时，亦不失儒雅风流。一派壬水，不见比劫，可作从财而论。即有比劫，得甲出干，又主富贵。

十二月乙木或四柱多己，不逢比劫，乃作从财，富比王侯。若有比劫，贫无立锥。或一派戊己，见甲颇有衣禄，以丙火为用方妙。

四、化合格研究

正月丙火或支成火局，又作炎上而推；但不逢时耳，若不见东南岁运，反致孤贫。

正月丁火得壬化木，弱极复生，合此必主大贵；但此化合，反以不见庚破格为妙。

正月癸水或戊透月上，坐辰时，不见比劫，丙丁出干，此为化合，定主腰金；见刑冲则否。

二月丙火或丙子日辛卯时，乃从化格，但不逢时，贪财坏印，难招祖业。

三月乙木又或庚辰时月，名“二庚争合”，乃贫贱之辈。如年见丁破庚，可云从化，亦不失武职之权。

三月壬水或时干透丁者，此为化合，助火而不助水。见丁未一理。

三月癸水，从化者多，得化者荣禄，不化者平常。

四月戊土化合成局无破，富贵非轻。

六月甲木若在六月，见辰支，名为“达时化合格”，以癸水为妻，丁火为子。

若二己一甲争合，取支中比劫为用，以甲为用者，壬癸为妻，甲乙为子。

七月乙木或生辰时，此为从化，反主富贵。凡化合格，皆以所生之神为用。化金者，戊土为用神，特忌丙丁锻炼破格。从化者以火为妻、土为子。

十月丙火如辛透见辰，名“化合逢时”，主大贵。

第四节 《穷通宝鉴》一书立论特色

《穷通宝鉴》一书被当代命界视为“调候”一书，是有一定道理的，它论命的主要依据，是落实立足于每月的实际气候与日主之间的关系。一般论命之方法，是以每月月令禀气之正五行作为原点来判断全局，《穷通宝鉴》一书则依实际天时气候情况优先于月令禀受之正五行来议论日主命局。比如正月建寅，以正五行来讲是：甲木当令、丙火长生、戊土寄宫借生，当以甲丙戊来论的；但《穷通宝鉴》一书则云“正月甲木，初春尚有余寒”、“正月乙木，必须用丙，因天气尤有余寒，非丙不暖”、“正月己土，田园犹冻；盖因腊气未除，余寒未退，故丙为尊”；“正月辛金，阳气舒而寒未除”等观点，都以为正月论命之优先，在于是月尚有腊月寒气，要去除寒气方可再来依月令禀受正五行谈命论格的。又如十二月腊月、四月五月之夏，《穷通宝鉴》皆以为考虑气候因素是首要的，这是《穷通宝鉴》一书论命的第一个重大特点。

《宝鉴》立论的第二个特点是重视阳干轻视阴干，重视四凶神，轻视四吉神，阳干喜克而喜财官，阴干喜相生喜印旺。比如甲木不离庚金，丙火不离壬水之类，阳干力量大，特别喜偏官偏财，尤利做大事业可任大业；阴干力量弱，喜相生利守成。

《宝鉴》议论的第三个特点就是“十干实物说”。所谓“十干实物说”，就是把十个天干形象地比拟为十个具体事物，借助物理常识或生活经验作为论述命格高低的一种方法。其以为：甲为栋梁之木，一定要有庚金（斧子）来断方会“成材”；乙为花草之木，一定要有癸水（雨露之水）滋润和丙火（阳光）照暖方可欣欣向荣生意盎然；丙为太阳之火，一定要江湖之水（壬水）来映衬方可光彩焕然；丁为人间炉火，一定要有甲木劈开之后可光明永驻；戊为堤岸高亢之土，一定要丙火暖实、甲木疏劈、癸水润泽之后方可厚载生育万物；己为田园之土，同样要丙火温暖、癸水滋润方可生机盎然生育万物；庚为顽金，一定要有丁火炉火来锻炼方可“成器”有用于世间；辛为珠玉之金，一定要江湖之水来淘洗冲刷之后，方可现出珠光宝气来；壬为江湖奔腾之水，一定要有戊土堤岸堤坊，方可奔行千里泽于万物而不泛滥兴灾；癸为天上雨露之水，一定要有辛金软玉湿润发源，有丙火炎阳升腾之，方可蒸发到天上成雨泽于苍生。

此“十干实物说”之间的相互关系，就构成了《穷通宝鉴》一书论命的技术体系，那就是：甲庚丁三干循环论证系统、丙辛用壬系统、乙用癸丙系统、戊己共用甲丙癸系统、壬癸用戊辛丙复杂系统等五个技术层面系统。

所谓的甲庚丁三干的循环系统：就是指甲木日主、丁火日主、庚金日主来论命是三者相互利用彼此循环的，缺一不可的。比如甲木之成材，一定要用庚金来削伐方有希望，而庚金之断栋梁甲木本身要“成器”（斧子）方可，而庚金之成器又不能缺乏丁火之锻炼；故而甲木日主必须要有庚金和丁火来佐成材，一环套一环，缺一不可。再如庚金日主之成器，一定要有丁火（炉火）来锻炼，而人间炉火又须甲木作为燃烧方可炉火炎炎，故庚金日主务须丁火甲木两者的配合方能作好命论。又如丁火之发光，一定要甲木作为燃料方可长存于世间，而甲木作为引燃之物，一定要借助庚金利斧劈开折断方可以作引燃物，所以丁火日主论命不能离甲，甲之有用与否，不能缺庚之“劈甲伐甲”。所以，《穷通宝鉴》一书反复讲述甲庚丁三干之间的特殊关系：“非丁不以造庚，非庚不能造甲”“丁火熔金，必赖甲木引助，方成烘炉”“四季甲木，总不外乎庚金”“用庚劈甲，方引丁火”“取甲引丁，用庚劈甲伐甲，方云木火通明”“甲不离庚，乙不离丙”“甲乃庚之良友”

“借甲引丁，借庚劈甲”“顽金宜丁，旺土须甲”……如此多的论述可以充分见解甲庚丁三干之间的特殊关系。

所谓的“丙辛用壬”技术系统，乃指丙日干和辛日干都要用壬水来作为论命的最主要依据。丙火为阳光之火，要用壬水（江湖之水）来影衬光明气象，这就是著名的“壬水辅丙”说。辛金为珠玉之金，最要壬水来淘洗，方可透出珠光宝气来，这就是辛金的“壬水洗淘法”。

所谓的乙用丙癸体系，就是指乙木为花苗之木，一要癸水滋养根基；二要丙火照暖；名之春乙见丙，花木向阳，万象回春。乙木花草之木，用丙癸也有轻重分别：寒冬腊月初春时节，乙木重在向阳，急要丙火照耀；若乙木生于夏令时节，气候炎热，则首要癸水来润泽乙木，乙木方现勃勃生机矣！

所谓的戊己共用甲丙癸技术系统，乃指戊己两土俱欲要甲木疏劈开来，土质松软；又须丙火阳光暖和土性；又要癸水滋润土质；则戊己土方可生养厚载万物。当中戊己土用此“甲丙癸”一者有所侧重不同处：戊土为高亢厚实堤坊之土，重在疏劈，故戊土首取甲木；己土为田园之土，可以生长万物，重在有水发生，故己土最重癸水。至于戊己土涉论甲丙癸之次序轻重，也要按季节来分的。如戊己土生于冬令，则要丙火解除寒气土方有生机；如戊己土生于夏令，火炎土燥万物干涸，急要癸水甘霖来济火炎热，万物方得舒畅之美。

所谓的壬癸复杂系统，就是讲壬癸水取用论命较为复杂。水之生命在于流动，水之价值在于润泽；水要运动则要有源头生，又怕其泛滥成灾，故其随气候变化而最为复杂。春水衰弱要有发源处，又忌太过散漫流天下；夏水恐其干涸，重在发源方可滔滔不息；秋水最易成涝重在堤坊；冬水浩荡但气寒冻结，重在解冻方现自由；故春水要庚辛申酉发源，又喜戊土堤坊；夏水之价值首在于生存，最要有庚辛金作源头，则水有生机矣；秋水旺相浩荡流天下成涝灾，必要戊土堤坊；冬水严寒融结，只要有丙火照暖，则冬水汹涌尤见力量矣！

《穷通宝鉴》论命的最四个主要特色，就是多角度多线路的去平行论命。它针对月令气候的大致框架是重于水火的运用之上，水火为天地之真精神，火为天之神，水为地之精；故夏令日主重在于要水，冬令日主则重在于要火。夏令见水，万物生意盎然；冬令见火，万物复苏回春。另一条线路是针对日主旺衰来讲的。《穷通宝鉴》一书对日主的看法：一者是实物说，二者是生存说，在考虑日主成材成器之情况下，同时并考虑日主的生存能力与状况。比如丙丁与壬癸日主，其本身是节令中最主要的调候之物，丙丁在冬重在要有生机，方可议论其他，故冬炎需要甲乙作为引燃物见光辉不灭。壬癸水在夏重在于有源头发脉，方可润泽万物，故壬癸水在夏令，须要庚辛金作水源，则水有了生命，方可润泽大地了。

总结上文，可以大致归纳出《穷通宝鉴》理论框架：一者月令气候的调配，重用水火来调剂天地之精神；二者重十天干，轻十二地支，以支来佐干，重阳干轻阴干；三者十干实物说，要求十干有用于世间；四者十干的生存状态（旺衰）情况来定取；由此建立五个技术层面。

第五节　五个技术系统的命理事实

一、甲庚丁三干循环系统：甲木日主用丁火庚金来发育成材，丁火为甲木之伤官，有木火通明之象，主聪明雅秀文采过人，有高学历有文化，口才文才俱佳，足智多谋，多高傲能以柔克刚，有阴柔内涵气质。庚金为甲木七煞，主有大魄力、勇敢胆识过人，善决断，刚强不屈，有权威杀气，易服众，可从事武职或开拓性行业。甲木日主若柱中俱见丁火庚金，则其人既有伤官之优点，又有庚煞之优点，足智多谋又具阳刚气魄，可成为曹操式的英雄人物，其成功出人意料之外。但丁火庚金俱为甲木日主之四凶神，平生之富贵也必从贫贱艰难中发迹，且多心术不正或多横厄之事。年上丁火，少年文明；日时见煞，晚年成就霸业；一生自文而转从武；年上见煞，少年蛮横闯业，日时见丁，晚年多智成就文业。

庚金日主见丁火甲木，丁火为日主庚金之正官，甲木为庚金日主之偏财星；丁火正官主深明礼义，高学历文明象，能任事可以任就公职，有好名声好地位，性情温厚敦良。甲木偏财主挣钱多，财运上大进大出，有灰色收入，财来财去有大富翁气势。甲木生丁火为庚金之财官双美，主名利双全富贵双全，又主出功名有父亲或妻妾之人相助而发达。

丁火日主见庚金甲木，庚金为丁火正财星，主做事求财极其踏实勤俭，财多名实相副的固定资产，极重现实之利益。丁火见甲木正印，又主慈善温厚又得父母家产，有学历多长寿。丁火日主见庚金甲木，主有文化又有金财，可视为儒商一类的成功式人士，可视为财格佩印，即掌财权的文化人。

丙辛用壬之技术系统：丙用壬水来影衬光芒，主职明，名声极大，形象高大；但壬水为丙火之七煞，又主刚健英武凶暴，极理智而有大魄力，极具刚气。丙用壬水佐助，多主险中求名求利发达成就霸业，历尽艰难险阻而成一代英名。若壬水重重丙火浅薄，则为身轻煞重，恐有夭亡之忧。

二、辛用壬水伤官淘洗，辛用壬水来洗尽铅华，则辛金光辉自然出矣；主极职明伶俐理性，文才过人，但易涉于色情轻浮而偏激；壬水伤官主多才艺有理性有智慧。大凡金水伤官之人最为聪明，多才多艺仪表出众，同时也多情多欲，庚用癸伤，先软后硬，辛日壬伤，先硬后软；金水伤官不见财官煞，纵才艺过人仕途也不通达。《神峰通考·天元赋》对辛金用壬作了描述，其云：“辛金生壬水为伤官，是为金水伤官；主为人清秀好歌乐，极聪明，淫佚无度；有土制之则福；无土止，终为下格矣”。大凡壬水用丙，辛用壬佐，光芒交辉，必主风头出足而为极有非议之著名人士。

三、戊己共用甲丙癸之技术系统：戊用甲为偏官、丙为偏印、癸为正财，故具有偏官偏印正财之性质；大凡戊用甲丙俱为阳干，往往贵高财足，但多灾风波。

己用甲丙癸，甲丙为正官正印，必主学历高文化出众，为人正直有公职，必是君子风格。钱财、地位、名誉、学识皆为上乘，定是富贵之人。

四、乙用癸丙系统：癸为日主乙木偏印，主职明爱好传统文化，有高学历，但性情多偏激不务实；乙用丙为伤官是为木火伤官，必主好出风头，口才文才技艺必佳，但多傲气自以为不可一世，木火旺相必主气焰嚣张。大凡金水伤官和木火伤官是伤官中最典型者：金水伤官多清秀理性，好高傲，但其高傲是冷漠式，多自以为是“清高”；木火伤官则是个性张扬无法无天，性格高傲喜欢露才展现自我，好说大话，吹牛牢骚多，是一种人人皆知的火爆性子（言语尖锐刻薄，常会严厉斥责别人如何不行如何不对，天下只有他一个人才有本事最有本领），木火伤官之人大多口才不得了，善于说话千变万化无有定准。

五、所谓的壬癸复杂技术系统：就是指《穷通宝鉴》一书中论述壬癸性质时相对比较复杂。大凡壬癸水若在腊月正月里，重在于丙火阳光来照暖，丙为财星，则在财上必有丰裕收入温暖人生自我，也主有贤妻或父亲辈人送温暖人心。壬癸水在夏月则务要有庚辛申酉金作源头，金为水母，必主其人富贵场中多有父母长官等上人支持提拔而享高位。秋水母旺子相，金水势力并行，则水势汹涌恐有泛滥之灾，则重在戊土堤坊，戊己为壬癸官煞，秋月金为壬癸之印星，官印煞印主权高财丰，可享荣华。

上述五个技术系统的核心用场就是只要四柱中出现上述天干字的组合，大致可以作上命富命论。

第六节 《穷通宝鉴》论命举例

例一：乾造 **甲午** **甲戌** **辛亥** **癸巳**

4 14 24 34 44 54 64

大运：乙亥 丙子 丁丑 戊寅 己卯 庚辰 辛巳

关于辛金日主生于戌月的基本论命思路是：“九月戊土司令，母旺子相；喜甲疏季土，壬旺泄金，先壬后甲。”这个四柱中辛生戌月，局中午戌会局，又生于巳时，地支火局焦土熔金，喜日支亥宫壬水制水润金又生财。年月二甲疏重土，则辛金得甲木佐助可以从厚土中“出头”，辛金得壬水辅助“德润身”而清气显露。此命之所以掌权柄者，在于日支亥中壬水伤官制官煞，此命之所以可以“出人头地”者，在于甲木疏厚土破印而出，故而此命贵为一驻澳高官。

从此局可看出，本命妻宫亥中所藏之壬甲，全是命中最吉最喜之神，是知其人必得有旺夫运的妻子了！一个人有无贤妻，是看命中的财星与妻宫，人呀要想有神仙美眷，命中没有就不要痴心妄想了！

例二：乾造　庚戌　丁亥　甲午　甲戌

9　19　29　39　49　59　69

大运：戊子　己丑　庚寅　辛卯　壬辰　癸巳　甲午

四季甲木，不离乎庚金，庚金不离乎丁火。此命甲木日主见年上庚月上丁，完全可以按《穷通宝鉴》思路去议论之。甲之成材，全在于庚金砍削。今庚金高居年柱，惜乎休囚，钝斧无力。又被局中丁火文星销镕太过，是以煞轻而伤重，文才过人而魄力权威不足明矣。甲木生于亥月壬印当令，丁火文星成局透出通明甲木日主，所以是为一中学语文教师，完全合乎命理之象。但庚金休囚无力，煞气不足，难于在岗位于提职。甲申年庚金得力，金力较强可以削伐甲木，考入北师大进修硕士研究生，欲想“成材”有用于世间。

例三：坤造　壬子　戊申　丙申　乙未

9　19　29　39　49　59　69　79

大运：丁未　丙午　乙巳　甲辰　癸卯　壬寅　辛丑　庚子

《穷通宝鉴》议论丙火日主，以为丙日主欲成大命上格者，不可离乎壬水。今丙火日主生于申月，年上午水坐刃自旺，煞神会局形成煞旺之象，壬水奔腾不息，急要戊土高亢厚土挡之，喜月上戊土食神坐长生又引旺于时支，整个四柱形成身有气食有气制旺煞之局面，喜大运走南方身食俱转旺，均衡原局之壬煞；是以小小年纪从军（食制煞象），曾获得军中比武冠军，显赫一时。退伍之后转业到银行系统工作，名气极大，极具刚性，完全是男人作风。可惜的是大运逆走至甲辰，运支与原局三合成煞局大旺，又运干甲木枭神夺戊食，七煞大旺无制竞克日主，恐怕寿元不远矣。

这个女命之所以年幼从军者，则是年上七煞受制身有气之命理；之所以退伍后从业银行系统者，毕竟月令申为偏财格之缘故；之所以具男人风格者，乃柱中皆是阳性干支之象；之所以云其寿元不久者，乃是“丙逢申位遇阳水，难获延年”之论矣！

例四：坤造　壬子　丙午　癸巳　庚申

8　18　28　38　48　58　68　78

大运：乙巳　甲辰　癸卯　壬寅　辛丑　庚子　己亥　戊戌

《穷通宝鉴》云：“五月癸水，至弱无根；必须庚辛为生身之本，但丁火为权，金难敌火，安能滋养癸水；宜见比劫，方得庚辛之用也。”“五月癸水，庚辛壬癸参酌并用也。”这个女命癸水坐巳生于午月，局中财官煞旺相，日主极弱，喜年上壬子比劫旺制月上丙午旺财；又妙时上庚申正印生癸日主，时日两支巳申化水，形成金水命生于夏令金水旺的好命。此女名利、文化、地位都卓越超人，曾得到国家领导人的接见；所谓“金水会夏天，富贵永无边”是也。

例五：乾造　癸丑　乙丑　乙卯　己卯

3　13　23　33　43　53　63　73

大运：甲子　癸亥　壬戌　辛酉　庚申　己未　戊午　丁巳

乙木日主之富贵，冬不离丙火，夏不离癸水。今局中乙卯日主自旺，生于腊月寒气逼人，天寒地冻，又年上癸水透出冻木，全局了无生机，如何可以作富贵命看？《穷通宝鉴》云：“十二月乙木，木寒宜丙，有寒谷回春之象，”以为十二月之乙木欲成富贵，绝不可以离开丙火的，这个四柱中丙火丝毫不见形踪，大运逆行又不见丝毫火神阳气，四柱无神已定局了！

《穷通宝鉴》又对十二月乙木无丙作了变通，以为十二月乙木只要己土重重叠出，乙木身柔，也可以凭从财格来定好命论；所谓“四柱多己，不逢比劫，乃为从财，富比王侯；若见比劫，贫无立锥。”这个命中无丙，则乙木日主已失去了一条富贵可能的路线，今年月两丑透出时上己土，局中的确是己丑重重；可惜的是，一己二丑三重土财神，却被月上乙劫和日时支两卯比劫分夺，岂不应了“贫无立锥”论？奈何乎，四柱气数一定，一生发达何来呢？

此一男命乃打工易友，以前多位国内出道大师皆以富贵命看；为何？彼等世俗大师以为此命身健财旺，又走西方官煞地，身旺喜官煞运，岂非富贵双全命？事实上，按六格来看此命，也就是杂气财格透己财时干，被月干乙时支卯破坏，形成典型的败格战局（比劫与重财混杂战斗），妻迟子晚，名利两无，一生劳累，标准的受劫命呀！

我自从悟通四柱真诣之后，每看一个四柱往往心中极有把握其人一辈子大致造化层次，每每屡见偏颇之命，就深感命之无奈，命一旦生坏，其人一辈子是绝无出头之可能的！常人最好不要请高手看命，高手看命一定会把人看死的，会断绝人的希望，常人只要去生活就可以了！

例六：乾造　丁未　乙巳　己丑　癸酉

6　16　26　36　46　56　66

大运：甲辰　癸卯　壬寅　辛丑　庚子　己亥　戊戌

这个男命是马拉西亚籍华人，他今年春天到北京学习六壬和四柱两门术数。笔者对他详心辅导，对他的四柱所揭示的人生轨迹描述的非常到位，他是十分信服的。

这个四柱用六格论，倒不如用《穷通宝鉴》思想来论述的更为清晰条理到位，是以《穷通宝鉴》书也有巨大的实战价值。但它的论命技法属于“绝招”，无传统命学功力者恐不能驾驭自如。己土生于夏令，为“禾稼在田，最喜甘霖；无癸曰旱田，无丙曰孤阴”。今局中丙火藏月支，时干癸水润田，又喜坐下酉金辛来生癸，基本符合《穷通宝鉴》对夏令己土日主欲成富贵的要求。从此角度上看，本命已基本可以作好命看了。但可惜的是，全局中土星太重，却无强甲来疏土，仅有一乙煞星软弱无力于命中，乙木徒有“疏土”之名，却无“疏土”之实，是为典型之“假神”。故此命之格局价值大打折扣了，仅能是略有些福泽的小康之命而已。

第十二章　神煞论命方法

天乙贵人

甲戊并牛羊，乙己鼠猴乡，丙丁猪鸡位，壬癸兔蛇藏，庚辛逢虎马，此是贵人方。

查法：以日干起贵人，地支见者为是。如乙酉、甲申、丙辰、甲午，按“丙丁猪鸡位”查，丙见年支酉为贵人。四柱有贵人，遇事有人帮，遇危难之事有人解救，是逢凶化吉之星。故《三命通会》说：“天乙者，乃天上之神，在紫微垣阊门外，与太乙并列，事天皇大帝，下游三辰，家在斗牛之次，较量天人之事，名曰天乙也。其神最尊贵，所至之处，一切凶杀隐然而避。”《烛神经》还讲：“天乙贵人遇生旺，则形貌轩昂，性灵颖悟，理义分明，不喜杂术，纯粹大器，身蕴道德，众人钦爱。死绝则执拗自是，喜游近贵。与劫煞并则貌有威，多谋足计。与官符并，则文翰飘逸，高谈雄辨。与建禄并，则文翰纯实，济惠广游，君子人也。”

三车一揽赋云：“天乙文星，得之聪明智慧”。惊神赋云：“日干座贵，一世清高”。天乙贵人，命中最吉之神，若人遇之则荣，功名早达，官禄易进，如命乘旺气，终将登将相公候方位。大小运行年至此，亦主升官进财。一切加临至此，皆为吉。凡贵人所临之处，大概喜生旺无冲破，道理顺。天乙贵人遇天月二德最佳，得之者聪明智慧。日干坐贵，一世清高。天乙贵人最忌刑冲克害，空亡死绝之地，遇者为祸，福力减少，一生劳碌。辰戌为魁罡之地，贵人不临，故辰戌二支无天乙贵人。

四柱无贵人，看其胎元、命宫有贵人否。以日干查命宫，胎元之支。倘若四柱、胎元、命宫都无贵人，如果有了事情或重大灾难难以克服，按照本人日干所缺贵人星，找属相临贵人之人相帮，往往可以逢凶化吉。若有贵人，不管认识与否，有了困难会有人帮，而这个人往往就是本人四柱所标志的贵人。

太极贵人

甲乙生人子午中，丙丁鸡兔定亨通；戊己两干临四季，庚辛寅亥禄丰隆；壬癸巳申偏喜美，值此应当福气钟；更须贵格来相扶，候封万户到三公。

太极贵人查法同天乙贵人。但无胎元、命宫之说。《三命通会》曰："太极者，太初也，始也，物造于初为太极，成也，收也。物有归曰极，造化始终相保，乃曰太极贵人也。甲乙木造乎子，坎水而生，后终乎午，离火焚而死，丙丁火，先喜出乎震，卯也；后喜藏乎兑，酉也。庚辛金得寅，乃金生乎艮，见亥乃金庙乎乾。壬癸水先得申而生，后得巳而纳。"

太极贵人，人命逢之，主聪明好学，有钻劲，喜文史哲宗教等科目；为人正直，做事有始有终。如得生旺及有贵格吉星相扶助，主气宇轩昂，福寿双全，富贵人间。

天德贵人、月德贵人

1. 天德贵人

正月生者见丁，二月生者见申,三月生者见壬，四月生者见辛,五月生者见亥，六月生者见甲,七月生者见癸，八月生者见寅,九月生者见丙，十月生者见乙,十一月生者见巳，十二月生者见庚。

凡四柱年月日时上见者为有天德贵人。

2. 月德贵人

寅午戌月生者见丙，申子辰月生者见壬,亥卯未月生者见甲，巳酉丑月生者见庚。

凡柱中年月日时干上见者为有月德贵人。

天月二德，乃日月会合照临，有何阴昧邪暗敢容其间？子平赋说:“印绶得同天德，官刑不至，至老无灾。”凡四柱中有天月二德，其人恺悌慈祥，待人至诚仁厚。煞带天月德，明敏果决而仁厚，食伤带天月德，聪明秀慧而仁厚。书云: 素食慈心，印绶逢于天德,良以秉性慈祥故也。

二德以天德为重，月德次之；临财官印绶，加一倍福力，日干就是尤吉。大抵天月二德，关于人之性情居多。谨慎诚惧，带人诚厚，凶险之事自少。古诗云:“天德原来大吉昌，若逢日时更为良；修文必定登科甲，庶俗营谋百事强；人命若逢天月德，百事所求多利益；士农工商各相宜，兄弟妻儿无克破。阴阳二命煞星通，化煞为权德在中，日时若逢天月德，男当一品女褒封。天月二德喜重逢，贵比汾阳富石崇；祖荫丰肥承厚，不然少年步蟾宫。”

天月德遇将星，名登科府。女命逢天月二德，嫁美夫生聪秀贵子，利产无凶。天月二德得吉神助者更吉，最怕自遭冲克，冲克则必然无力。

三　奇

三奇者，乃四柱中天干有甲戊庚、乙丙丁、壬癸辛三种组合，是谓命有三奇。

书云:“若闻三奇真禄马，名闻天下，忌伤官劫煞劫财，刑冲破害。喜财官生旺之地，主聪明好学，乃神童状元，有节操，有道义。”凡命遇三奇，主人精神异常，襟怀卓越，好奇尚大，博学多能。带天乙贵人者，勋业超群。带天月二德者，凶灾不犯。带三合入局者，国家柱石。带官符劫煞者，器识宏远。带空生旺者，脱尘离俗，富贵不淫，威武不屈。三奇必须命局配合得体，并有其它贵人吉星扶持才有荣华福寿，如果只有三奇无贵地，命局逆乱不堪，势必贫穷下贱被欺凌。即使命局较清粹，若三奇不落贵地而落空亡，不是孤独，即是蓬莱三岛客，云游四方了。

文昌贵人

甲乙巳午报君知，丙戊申宫丁己鸡；庚猪辛鼠壬逢虎，癸人见卯入云梯。

查法：以年干或日干为主，凡四柱中地支所见者为是。文昌多取食神之临官为贵，为食神建禄之称。文昌入命，主聪明过人，又主逢凶化吉；气质雅秀，举止温文，男命逢着内涵，女命逢着仪容；好学新知，具上进心，一生近官利贵，不与粗俗之辈乱交。

魁罡贵人

壬辰庚戌与庚辰，戊戌魁罡四座神；不见财官刑煞并，身行旺地贵无伦。

查法：日柱见者为是。

辰为天罡，戌为河魁，乃阴阳绝灭之地，故名。辰是水库属天罡，戌是火库属地魁，辰戌相见为天冲地击。魁罡格在日柱方能入格，其他三柱不算，且不能冲破。魁罡格需日主健旺，也即以财官为喜用，因为魁罡格，具有攻击性且格局雄壮，日主衰弱需印生，与魁罡性格相反，即不成为魁罡格了。古歌云："魁罡四日最为先，叠叠相逢掌大权，庚戌庚辰怕显官，戊戌壬辰畏财运。主人性格多聪慧，好杀之心断不偏，倘有刑冲兼破害，一贫彻骨受笞鞭。”身值天罡地魁，衰则彻骨贫寒，强则绝伦显贵，魁罡聚会，发福非常。主为人性格聪明，文章振发，临事果断，秉权好杀，魁罡性严有操持。运行身旺发福百端，一见财官，祸患立至，或带刑煞尤甚。倘日位独处，刑冲克制重临，必是小人，刑责不已，穷必彻骨。运临财旺官旺处，主防奇祸，若月令见财官印绶，日主一位，即以财官印食取用，虽微破财，财官印食得位即无大害。庚戌，庚辰二日无官星，若魁罡重叠有情，主富贵于名，但见财官则不成局，岁运再见财旺之乡，祸不可测。魁罡具有刚烈，正直，勇猛的个性并具有攻击性，侵犯性的影响力。命带魁罡的人，个性耿直，胸无城府，及恶如仇，聪明果断，善用权力，赏罚分明，喜欢见义勇为。魁罡是制服众人之星，有领导威权，也有刚强不屈之个性。女人有此星，则心性过度刚强，于婚姻有所影响。

柱带魁罡者，虽有领导才能，声宏气壮，且好权术，好胜心强，但婚姻终为不顺。此外，如不遵纪守法，难免牢狱之苦。

学堂词馆

学堂: 金命见巳，辛巳为正; 木命见亥，己亥为正; 水命见申，甲申为正; 土命见申，戊申为正; 火命见寅，丙寅为正。

词馆:甲干见庚寅，乙干见辛卯，丙干见乙巳，丁干见戊午，戊干见丁巳，己干见庚午，庚干见壬申，辛干见癸酉，壬干见癸亥，癸干见壬戌。

学堂词馆查法，均以年干或日干为主，柱中地支临之为是。学堂词馆其纳音五行，必与年干日干五行相一致。学堂者，如人读书在学堂； 故称文星，主学业功名之事。凡此星入命，主登科及第，学业大展宏图。

词馆者，如今管翰林为词馆（实为今之教育部门），取其学业精专，文章出类。长生乃学堂之正位，如金命见辛巳，金生长在巳，纳音又属金是也。临官乃词官之正位，如金命见壬申，壬临官在申，壬申纳音又属金是也。余类推。《理愚歌》云:“学堂如更朝驿马，位及勋高压天下。” 此言学堂要有马星。“生来禄马真学堂，若同词馆主文章，遇冲不遇谁人会，不遇克破福禄昌;文星聚处人中瑞，声华独冠英雄辈。”

学堂词馆，主人秀气生发，聪明智巧，文章冠世，一生富贵；宜生旺不宜克害冲破，宜天乙贵人吉星相扶为好，否则，才难展，志难伸。

德秀贵人

寅午戌月，丙丁为德，戊癸为秀。申子辰月，壬癸戊己为德，丙辛甲己为秀。巳酉丑月，庚辛为德，乙庚为秀。亥卯未月，甲乙为德，丁壬为秀。

德秀之查法，以生月为主，看四柱天干中有否。如寅午戌月生的人，柱中天干见壬癸之，柱中再有丙丁其中之一者，为德秀。余仿此。德者，本月生旺之德;秀者，合天地中和之秀五行变化而成者也。德者，阴阳解凶之神;凡人命中得此德秀，无冲破克压者，赋性聪明，温厚和气，若遇学堂，更带财官，主贵，冲克力减。总之，德秀也是一种贵人，它能逢凶化吉，献瑞呈祥，人命带之，主内涵充实，精神爽朗，仪表清奇，才华出众。

驿　马

申子辰马在寅，寅午戌马在申，巳酉丑马在亥，亥卯未马在巳。

查法:以年干或日支为主，看四柱中何地支临之则为马星。

古时驿站为传递官方文件的机关，驿马为传递文书的交通工具，所以驿马通常是代表动态。人命吉神为马，大则超迁之喜，小则顺动之利。凶神为马，大则奔蹶之患，小则驰逐之劳。逢冲譬如加鞭，遇合等于掣足，行运流年亦然。“马奔财乡，如发猛虎”，是讲马星逢流年大运之财也，马生财，必然大发其财。“马头带剑，威震边疆。”指时为马星，日元临壬申或癸酉日。“马逢鞭寨，身不安闲”。鞭寨，指马星在时上，人命逢驿马，主迁移经营好动，大益求名求利，最畏羊刃血光，逢天禄正禄魁罡，聪明高贵，逢病败死绝，自投江湖或流徙远方。贵人马多升擢，常人马多奔波。驿马生旺，主人气韶凝峻，通变超时，平生多声望，死绝则性情有头无尾或是或非，一生少成，漂泊不定。与禄同乡则福力优游；与煞相冲并，或孤神吊客丧门并者，离乡背井之人，或为僧道，或为商贾；带倒食禄鬼，一生悭吝，机性过贱。与食神冲并者，声譬如人也，行年遇马与病符同，主病惊。与官符同，主官事惊恐；入宅舍，主口舌惊恐。

马为走动，奔驰之象，四柱逢之主人好动，必有走遍东西南北之行，故商人、军人、外交人员经常出差或走动多者，迁居不止者，多带马星。马星还为出国之标志。马星被合有则如无，马星受冲者，日奔千里。妇女马星多者，更是身心不安，住不安处，为不利之象。

华　盖

寅午戌见戌，亥卯未见未，申子辰见辰，巳酉丑见丑。

查法：以年支或日支不主，凡四柱中所见者为有华盖星。

华盖星，其形如宝盖之状，此星主孤独，有官有印者，遇之为翰苑之尊；华盖逢空，宜为僧道，女人命犯华盖，则与僧道同流，故曰情通僧道。《三命通会》云：“华盖者，喻如宝盖，天有此星，其形如盖，多主孤寡，纵贵亦不免孤独作僧道。” 《命理新论》曰：“人命带华盖，必为聪明勤学，清静寡欲，但不免较为孤僻。如果华盖逢印绶而临旺相，在官场一定有相当的地位，如果华盖与空亡，或遭破坏，则不免为僧道或孤或寡，否则必过房入赘，或挟一技而走江湖了”。壶中子说：“华盖为艺术星”，烛神经说：“华盖为庇荫清神，主人旷达神清，性情恬淡寡欲，一生不利财物，惟与夹贵并则为福，清贵特达。” 三车一览说：“华盖重重，勤心学艺”，又说：“华盖乃聪明之士”。古歌云：生逢华盖，主文章艺术。通明赋云：华盖临身，定为方外之人，留心于莲社兰台，容膝于蒲圃竹偈。

华盖是大帝头上的一颗星神，有护帝显威之职，故血气方刚，气傲皇天，性孤少情，目中无人，六亲不靠，自主沉浮。华盖又为艺术星，遇之主人气度不凡，聪明好学，喜美术书法，绘画，音乐，见解超群，才华非凡。吉者高官贵人，高僧明道，技艺出众，名播四海。否则多为一般僧道，浪迹江湖，周游四方之士，或为孤寡之人。

命带华盖星之人，性情恬淡，雅洁高致，并主其人资质聪敏，富于文才与艺术性，其性情倾向于哲学宗教。如果女命带华盖又带桃花又带贵人，则必为名歌星或名影星。如华盖在时支可能是过房之子或入赘孤寡之命。

凡人逢华盖星死绝空破，或者四柱组合不好，最好拜一个和尚或道人为师，皈依佛门或道门，幼儿好养，少病平安，否则在二十四岁以前，不是凶灾连连，便是灾殃不断，还易得奇病。如能过二十四岁，有的终生不顺，一世孤寒。如有的孩子四柱带华盖，皈依前不孝父母，不爱学习，好惹事生非；有的是监狱常客，有的久病不起。皈依拜师后，各方面都成为新人，有的考上大学，成为有用之材。另一些不善劝的，结果因伤致残，有的命入黄泉。

将　星

寅午戌见午，巳酉丑见酉，申子辰见子，辛卯未见卯。

查法: 以年支或日支查其余各支，见者为将星。

三合中位为将星，将星喜吉星相助，贵煞加临乃为吉庆。若同亡神临，为家国栋梁之臣，言吉星助之贵，更加贵墓库，纯粹不杂者，出将入相之格。《古歌》云: “将星文武两相宜，禄重权高足可知。”凡命带将星，如无破坏，主在官界显达；四柱配合得宜，可以掌握权柄，以将星坐正官为佳。如果坐七煞羊刃，则主掌生死大权；如从事其它事业，多成就卓越。将星是一颗权力之星，具有组织领导指挥才能，有慑众之威。但死绝冲破者不利，若与凶星会合，则增凶星之气。如命忌劫财，将星临之，其害倍增。

金 舆

甲龙乙蛇丙戊羊，丁己猴歌庚犬方，辛猪壬牛癸逢虎，凡人遇此福气昌。

查法: 以日干为主，四支见者为是。

金舆，金者，贵也。舆者，车也。故金舆有金车之象，为君子贵人所乘之车，譬之君子居官得禄，须坐车以载之。金舆为吉星，为华丽之车，是富贵之徵，为高官显贵人所乘之交通工具，遇此之人福最殊。又主聪明多富贵，性柔貌愿，举止温和，一身清泰无虞，生日生时遇之为佳。所以，凡有福之人，男的遇之多妻妾，骨肉安泰，子孙茂盛；女的得之多富贵。若金舆马星同位，不仅坐马骑车，更是车来人往，接送频繁，八面威风。

金 神

金神者，乙丑，己巳，癸酉三组干支。

查法: 日柱或时柱见者为是。

《相心赋》云: “金神贵格，火地奇哉，有刚断明敏之才，无刻薄欺瞒之意。”柱中有火，不行火乡难发；原局火无力，逢火运显贵。“金神入火乡，富贵天下响”，“金神遇火，威震边疆”。金见水则沉，故金神不喜运行金水乡，不利西北。金神喜见财，行财运则发；财运虽美，火乡更妙。

天 医

正月生见丑，二月生见寅，三月生见卯，四月生见辰，五月生见巳，六月生见午，七月生见未，八月生见申，九月生见酉，十月生见戌，十一月生见亥，十二月生见子。

查法: 以月支查其它地支，见者为是。

天医是掌管疾病之事的星神，四柱逢天医，如不旺，又无贵人吉神相扶，不是常患疾病就是身弱无力。若生旺又有贵人相生助，不仅身体健壮，而且特别适合医务工作及心理学、哲学等。《理通鉴》云:“天医拱照，可作良医”。

禄　神

甲禄在寅，乙禄在卯，丙戊禄在巳，丁己禄在午，庚禄在申，辛禄在酉，壬禄在亥，癸禄在子。

查法: 以日干查四支，见之者为是。

禄在年支叫岁禄，禄在月支叫建禄，禄在日支叫专禄，禄在时支叫归禄。禄，爵禄也，当得势而享，乃谓之禄。禄为养命之源，禄落空亡或犯冲谓之破禄，如取以为用，又不得吉神解厄，贵人停职剥官，常人衣禄不足。或月支建禄，贫祖无屋，抛乡离故，奔走他方营谋。

天　赦

春戊寅，夏甲午，秋戊申，冬甲子。

查法: 寅卯辰月生戊寅日，巳午未月生甲午日，申酉戌月生戊申日，亥子丑月生甲子日。天赦是颗逢凶化吉之星，能解人灾祸；尤其对犯法之人，有宽大处理之可能。

凶 煞

凶煞，克制我之凶星。凶煞入命，不是体弱多病，就是百事不顺，也会对自己或他人会造成损害和痛苦。有凶就有吉，凶煞也有积极的一面。有的凶煞是权柄之星，“凡是贵命须逢煞，即得君王横升拔”；“大富大贵凭煞权，煞宜居后主宜先，单逢亡劫天元秀，定乱安邦作大贤”；“凡是有权须带煞，权星须用煞相扶”。

天罗地网

辰为天罗，戌为地网。火命人逢戌亥为天罗，水土命逢辰巳为地网。辰见巳、巳见辰为地网；戌见亥、亥见戌为天罗。男忌天罗，女忌地网。查法: 以年支或日支为主，其它地支见之者为是。

天罗地网，主疾病之灾，牢狱之灾。大运流年遇之，于人不利；天罗地网有天月二德解救无忧。

羊 刃

甲羊刃在卯， 丙戊羊刃在午，庚羊刃在酉， 壬羊刃在子。

查法: 以日干为主，四支见之者为是。

《三车一揽》云: “羊，言刚也; 刃者，取宰割之义。禄过则刃生，功成当退不退，则过越其分。如羊之在刃，有伤也”。陈希夷说: “阴阳万物之理，皆恶极盛。当其极处，火则焦灭，水则涌竭，金则折缺，土则崩裂，木则摧折。故既而未极则为福; 已极则将反而为凶。”羊刃者，本为司刑之特殊星，而此星之特征为刚烈，暴戾，激发，急躁。但此暴戾的性情诱导，往往生出罕有之怪杰、烈士、孝妇等。带此星者，从事军人、警察的居多。

身强不喜羊刃，因为羊刃能夺财，劫官，破坏四柱的富贵气，若不刑克妻子，必然六亲不和，多主一生常遭兄弟朋友之连累或常遭重大之灾厄。如果日干不强，有七煞驾羊刃，则主此人武贵非凡，掌生杀之大权。岁运旺的时候，自然转祸为福，若命局有刃有印无煞，岁运逢煞的时候也可成福。有道是“煞无刃不显，刃无煞不威，煞刃两全，复行劫煞羊刃运，主立功建业，彪炳千古”。

羊刃格印重身强，若再见刑冲，原局没有足够的食伤或官煞贴近日主克制泄化，性格大多性急刚恶，冲动暴戾，外貌温和，内情执拗，自以为是，对别人采取不信任的态度，主观意识很强，不轻易采纳别人意见，思想容易走极端。年支遇羊刃。主破祖先遗业，或有以怨报德的趋势。月支遇羊刃，主性情乖僻。日支遇羊刃，主性急暴躁，遇事易头脑发涨，沉不住气，另配偶多疾病。时支遇羊刃，见财官则为祸不浅，岁运相冲并相合，则灾祸勃然临门。喜忌篇云: 劫财羊刃，切忌时逢，岁运并临，灾殃立至。

神煞是四柱命学中比较重要的评价系统之一，在经典传统命学之中神煞是不可或缺的一环。

四柱命学所涵盖的神煞可以分为吉神（吉星）与凶煞（凶星）两大类，这里可以作个简单罗列。

吉神：天乙贵人、天德、月德、德禄、驿马、长生、学堂、文昌、将星、天喜、天赫。

凶煞：劫煞、亡神、魁罡、罗网、阴阳差错、桃花煞、勾绞、空亡、四废日、病符、大耗。

一般而言，一个生辰四柱中只要出现一颗或三颗以上的吉神吉星，此命大体上就可以作好命看；反之，若一个四柱中屡屡出现三颗或三颗以上的凶神凶星，此命就可以作下格看；若吉凶星重叠，则依吉星凶星之力量轻重去权衡命格之高低。

吉星之中当以贵人禄马者最吉，天德月德次之，文昌学堂则又次之。凶星之中则以劫煞亡神最甚，魁罡、罗网、勾绞则次之，桃花煞、病符等又次之了。

大凡格局之大者，必有吉星照耀而锦上添花；大凡格局之劣者，必有凶星点缀而助纣为虐。

传统经典命学名著都是比较重视神煞功用的，《渊海子评》、《三命通会》、《神峰通考》、《星平会海》等书皆是。惟有后人之书比如《滴天髓》任氏注本，则是矫枉过正，以为神煞事关荒唐，一点点参考价值也没有，这种偏激之见，自然不足于取信。论命必论神煞，是我研究四柱命学的一条基本原则。从某种意义上讲，研究中国传统术数文化，都必须要重视研究运用神煞。用不用神煞，是考量其人是否真正郑重其事研究传统术数的一个指标。

例一：坤造　**辛亥**　**丁酉**　**丁巳**　**己酉**

4　14　24　34　44　54　64

大运：戊戌　己亥　庚子　辛丑　壬寅　癸卯　甲辰

丁日主，柱中年支亥与月支时支两酉，为日家三天乙贵人；酉亥又为日主财官四吉神；主其女混迹于权贵中获利益。但身旺财更旺，一旦发财之后必遭大败，财上定有大起伏。

例二：乾造　**辛亥**　**丁酉**　**丁酉**　**癸卯**

1　11　21　31　41　51　61

大运：丙申　乙未　甲午　癸巳　壬辰　辛卯　庚寅

丁日主，主中年支亥与月日两酉支，也为日主三天乙贵；但一酉贵居于日支之上，其位置更有利，其男也同样周旋于官宦权贵之中做生意，是为近贵之命。又月日时三柱皆为天干坐贵（日贵组合），也是贵征之象。但年月旺财生起时上癸水弱煞，有败格之象；中运走北方水地，财来助煞，煞盗财气攻身，定会因财而惹上大灾。

例三：乾造　甲寅　乙亥　丙寅　辛卯

5　15　25　35　45　55　65

大运：丙子　丁丑　戊寅　己卯　庚辰　辛巳　壬午

丙日主，见月支亥贵，又见年日支两寅作长生学堂，命格中见三吉星，命就不会恶劣到为衣食发愁的地步。但此命煞格逢重印泄尽元气，全局形成身旺印更旺之象，故名利艰难，有志难伸。此格若依《滴天髓》从旺来论看，则是好命了，事实上绝对不是的。《滴》书中的两气成象或从旺等格都是偏颇命，不可信赖《滴》书中的想象之词！

这个命就是丙生亥月，按《穷通宝鉴》的丙生亥月的要求，就是在木旺的情况下，必要庚金来制木生水；环顾此命，命中无一点庚金的踪迹，则此命就是“有病无药”了，则命就成下下格了！

例四：乾造　辛丑　己亥　乙卯　乙酉

4　14　24　34　44　54　64

大运：戊戌　丁酉　丙申　乙未　甲午　癸巳　壬辰

乙生亥月逢辛煞，印格用煞，但忌己财破印生财，全局印赖煞生身有气，是以担任公职至某部部长助理。甲申年官煞混杂又见劫煞，命中又卯酉冲煞，是以出严重车祸，九死一生，全车人就他活了下来；为何？以乙生亥月，禀天德之力矣！

此一男命在云南出了严重车祸后，其妻就包了专机火急将丈夫送回北京治疗，自是救了丈夫的一条命。

例五：坤造　丁酉　丁未　戊子　辛酉

6　16　26　36　46　56　66

大运：戊申　己酉　庚戌　辛亥　壬子　癸丑　甲寅

戊日主以丁为正印，年干丁印坐酉贵，出身名门，母亲才艺出众；为何？以丁酉为日贵之柱矣！大凡癸卯、丁酉、丁亥、癸巳四柱见于年柱，祖上、父母大多清高贵显。

例六：坤造　戊午　乙卯　甲申　庚午

7　17　27　37　47　57　67　77

大运：甲寅　癸丑　壬子　辛亥　庚戌　己酉　戊申　丁未

这个女孩的命是聪明智巧过人，同时也是福慧很重。其大学毕业后在天津某工商银行分理处工作，不料在全市全系统内的行业比赛中获得第一名，自是名气大振。先是调到市行工作，2005年又被中国工行总行临时上调来京工作。这个命之所以好就是在命中有庚、丁字俱全了。另外，这个命在禀赋中，就有神煞上的“异数”；月德在甲木日主身上，日主自坐下夫宫竟是天德之吉星，生月之天、月德吉星全集在日柱之上，这种命真是少见啊！

例七：乾造　丁亥　丙午　庚申　戊寅

1　11　21　31　41　51　61　71

大运：乙巳　甲辰　癸卯　壬寅　辛丑　庚子　己亥　戊戌

这个命是庚金生于午月，“仲夏无水，必非上格”；此命之所以也作佳造，就是在于年支亥水天德星呈秀气，是以到了庚子大运后就进入了人生发展的顶峰。这个年支中的亥水就是命局的“真神”，“真神得用平生贵”，是以这命的好全在此一亥字。此一亥字又见天德星，可知是命的贵重了！当然，此命中又有丙火月德星，也是命中的好处了。

例八：乾造　甲辰　丙子　丁巳　戊申

1　11　21　31　41　51　61　71

大运：丁丑　戊寅　己卯　庚辰　辛巳　壬午　癸未　甲申

这个四柱本是个大富命。但是煞星上逢将星，是以煞格上尤具威权！另命中有金舆星，其人特别迷恋汽车，家中有名车多辆，自己开160万的顶级豪华奔驰车。

第十三章 女命预测实例解析

女命是四柱论中很重要的一块，对于女命的评价，还是要遵循《三命通会》中“八法”、“八格”来推算。

一个好的女命，一定要有财官印食四吉神通根生旺，又不过分，日主禀气中和，地支不犯重大刑冲，都是荣华富贵之命。当然，这样好的女命在人群中不太多见，可以讲是凤毛麟角。一个男人有幸娶到这般女命，真是天生的好福气啊！如果脱离传统女命的看法，自然可以按六格去看待女命。故而，六格中的成格女命四柱，也可以作女强人（事业成功者）去看。但不论任何时代，女人毕竟是女人，她不可能脱离夫子两星的制约而去讲述个人生活如何幸福美满。

好女人既然如此难得，我们重点与读者讨论一下坏女命的一些情况，并且尽量去避免与之接触。

女人最重贞操，任何男人都不会甘心才婆给自己戴上“绿帽”，故而女命大忌身旺官煞俱各有气混杂明透于天干者，若犯此则这一女命必然一身侍于多夫，红杏出墙自然难免；若官煞混杂不见明透于天干者，则稍好点但也不纯粹。换言之，宁愿官煞混杂藏于地支，也不愿官煞混杂明透于天干。另外，柱中重官或重煞只要纯粹是纯官或纯煞，也作女命贞节看。

女命既保贞节之后，就必须要有旺夫之运，大忌的是伤夫败夫之星透于命中或岁运中。女命一见伤官生旺，其夫星运气必然多蹇多难：宁愿阴日阳伤官，也不愿阳日阴伤官；宁愿身弱伤官旺，也不愿身旺伤官弱；宁愿伤官藏于地支，也不愿伤官明透于天干；宁愿伤官见于岁时柱，也不愿伤官藏于夫官之内……以上“宁愿”或“不愿”之种种情形，乃是据于女命四柱中已经出现了伤官，无可奈何退而其次来分别各种伤官出现的轻重了：伤官要弱不要旺、伤官要藏不要透、伤官要阳不要阴；这等伤官克夫坏夫的破坏程度就可以稍微轻一些了。女命最忌是身旺伤官也旺，纵格局成伤官生财、伤官佩印、伤官合煞等种种合格样式，也作不利姻缘看。

女命另外忌讳的是克子，即女命中出现偏印。偏印大忌生旺于时柱或三合成局，则此女命定然伤子克子。

从日主角度去看女命，女命最好是阴日干，也不要阳日干。阴日干以丁日主最好，阳日干最忌庚金。丁火日主女命都聪明灵活善处世，庚日主都禀性刚强，最具男人气，丈夫必难驾驭。阳日主女命大忌坐旺引旺乃至三合成局，则此种女命必有男人性情，成真阴阳差错煞了。

大凡财官印食与日主生旺均衡和谐有序的女命，都是老公发达、子女出息、身体健康、六亲美满、事业成功的有福之人。这等女命都是可遇不可求，男命若无厚福，是娶不到这种旺夫女命的。当然，男命本身必须是身强财旺，又妻宫不犯空亡刑冲，则就会有机缘碰上旺夫的女孩子。

例一：坤造　壬子　乙巳　丁巳　己酉

7　17　27　37　47　57　67　77

大运：甲辰　癸卯　壬寅　辛丑　庚子　己亥　戊戌　丁酉

这个女命四柱官印食身俱旺，又年月日时干与时支一气连续相生，明显的旺夫益子好命造。惜乎命中比劫太旺有争夫之象，夫有外遇是在定数之中的。不过丁火日主的女命是极精明的角色，做事不文不火，虽谈不上大富大贵，小富小贵还是没有问题的。

不过这个四柱不是个小富格，事实上它是个典型的大富格：火长天夏金叠叠；此一格是《神峰通考》书发明的，应验如神。像本命丁巳日生在己酉时，只要命中火气旺盛之极，运走金地，必发大财，是绝对的大富之格。

正是了解这一格的原理，所以我铁定的对她讲，只要走上 37 岁辛丑运，就会大发横财的。她听了，以为我在恭维她，我就正色对她讲，我的预测都是实事求是的，我又没必要拍你马屁，何必给你说好话呢？她这才信了。这个女命目前是做对外生意的，发展的很好，只要今后有机会，发财还不是易如反掌之事。

古人云：有其命，必有其运；信乎哉！

例二：坤造　辛亥　壬辰　壬戌　癸卯

10　20　30　40　50　60　70

大运：癸巳　甲午　乙未　丙申　丁酉　戊戌　己亥

这个女命取辰中戊煞为夫星，局中比劫争夫，夫外遇多多必然矣！喜身有气可任煞星夫主，一生不会有离异之事。但比劫身主与官煞相战，日主又是魁罡，性情刚硬有丈夫气概。又壬日主以食伤为子星，时支空亡，至今未有孩子；必至丁亥流年亥卯合起木局子星，方许有机会生子，但流年一过，则终身不育也。

例三：坤造　辛丑　甲午　乙未　庚辰

2　12　22　32　42　52　62　72

大运：乙未　丙申　丁酉　戊戌　己亥　庚子　辛丑　壬寅

这个女命是乙木生在午月无水，气退枯焦枯木无用；克泄交加身弱不胜柱中叠叠财星，又加以官煞混杂，终身不得嫁娶也。一生心乱意烦，没有男人想死男人，在女伴面前大谈男人，直言自己想男人想疯了。

这个女的找过我一次，想让我看看命运，什么时间会有男人要她。我一见其人形象，正是气浊神枯之相，这让我深深地体会到命中什么叫“气浊神枯”了：想想夏天中被高温烈日烧烤的花草之木（乙木），枝叶干燥发黄枯萎，全无一点神气，这不就是花木的“气浊神枯”之象吗？由此象推其命，由其命推其相，由其命相推其人生命运，就可想而知了。

我找了个借口，没给她细看，也没法细看，这种人的思想（神智）都是有问题的呀。

例四：坤造　壬子　丙午　癸巳　庚申

9　19　29　39　49　59　69

大运：乙巳　甲辰　癸卯　壬寅　辛丑　庚子　己亥

这个女命名利双全，夫缘也好。惜子星引乎时支申官为绝地，至今不愿生育，是“丁克”主义者。年上比劫与财神冲战，必与兄弟姐妹之间为争家财而搞得意见不和。

这个四柱也是个富命，也就是“金水会夏天，富贵永无边”的富格，这一格也是极验极神的，学命者一定要牢记着。

她的老公就是我的学生，她老公认识她的前一个月，就做了一个奇怪的梦，梦见了一尊金的菩萨。和她认识不久，有次她给这位未来的老公看样东西，拿出来的就是一尊金光闪闪的金菩萨，与老公梦见的一模一样，两人至此方知三生石上早有前缘，就结作连理做了两口子。

例五：坤造　甲午　癸酉　乙未　己卯

9　19　29　39　49　59　69　79

大运：壬申　辛未　庚午　己巳　戊辰　丁卯　丙寅　乙丑

这个女命是七煞格，煞为凶神，首要食神制化，现年支午内暗丁食神刚好制煞。乙木是为花草之木，甲木是大树，乙木无气就要见甲木了，是为“背靠大树好乘凉”，现这个命年干甲木是日主乙木可依靠的“大树”，又年支丁食制月煞，如此一来这个年柱干支就全是日主的喜星了，这显然表示是出身高贵了，反馈是高干家庭出生的。

像这种煞格的女命，一般是较旺夫的，不过丈夫发达之后往往会离异的；为何？以命中比劫争夫也。

这个女士是个医生，后来下海和丈夫开了个美容院发了财，老公就和外边人好了，两个人就离了。命主倒很大方，让前夫带走了大部分钱，情愿自己吃苦。

哎，这全都是命呀！我看好多人的命，每看一个命，就像自己经历一次人生历程似的，对人生的感悟真是愈来愈多了！

例六：坤造　壬戌　丁未　丙申　壬辰

2　12　22　32　42　52　62　72

大运：丙午　乙巳　甲辰　癸卯　壬寅　辛丑　庚子　己亥

这个四柱是我六壬学员王姐的外甥女。一见这个四柱，我就连声说，好命啊，好命啊；为何我要这般说呢？

这是因为不论是男命或女命，只要是丙火日主见四柱中壬水透干，则必用“壬水辅丙”说观察全局。这个女孩丙火日主生于未月，正是火炎土火燥之际，极要水来避暑清爽，命中一见壬水格局便大，尤见秀气。所以，我讲这个女孩特聪明，学业过人，且有大名气，将来前程不可限量。

王讲，这个孩子是特聪明的，从小到大学习好的不得了，现在沈阳上本科；同时也学书法，小小年纪就在国内获了大奖，已有名气了；不知将来是从政好呢还是搞书法好呢？

我答道，丙火见壬水只要日主有气多是大命，取富贵易如反掌，这种命我见的多了。这种女孩走什么路都行的，顺其自然是最好的啦；这女孩会有硕士之上的学历的。

乙酉年十月，王打电话来讲，这女孩想一边准备论文毕业，还想同时考北大的研究生，问我行不？我说，研究生不用紧着考，先把毕业的事弄好，以后再考也不迟的。

结果，她们听了我的建议，让这女孩一心一意弄好自己当前的学业。到了丁亥年，此女孩考入北大读博士，正是壬煞得禄之年。命理之验，不可形容。

例七：坤造　甲子　己巳　壬寅　乙巳

6　16　26　36　46　56　66　76

大运：戊辰　丁卯　丙寅　乙丑　甲子　癸亥　壬戌　辛酉

这个四柱是这样来的，上海的四柱学员陈先生在北京参加面授时到附近的理发店冼头，讲自己在京学预测，为他冼头的女孩就把四柱给了他看。他就拿到面授班上，也不讲这个四柱是谁的，就让我看。

这种四柱我一看就是身弱财太旺的命，不符合财格成好命必要的两个基本条件：一者身强，二者财旺；就直接讲这是打工妹的命，一点都不差错。

这女孩出生于湖南农村，老家很穷，刚跑到北京来在洗发店打工，收入很少。

例八：坤造　**丙辰**　**辛丑**　**乙亥**　**丁亥**

	5	15	25	35	45	55	65	75
大运：	庚子	己亥	戊戌	丁酉	丙申	乙未	甲午	癸巳

这个女孩是我一个学生手下的员工，我看了这个四柱，就讲这是个女强人的命，很精明的，工作能力特强，搞攻关做销售是一流的，可无往而不胜。

乙木日主生于寒冬腊月，最要见丙火方成好命。这个四柱中年干丙火高透，不仅使全局“寒谷回春”，更可制月上的辛煞，形成杂气煞格用伤食制的成格之局，当然作好命看了。不过伤食制辛煞，辛煞是为女命的夫星，丙丁两火克制辛煞，这女的自然对男的要求就很高了，一般人她就看不上的，这就难免婚姻不好了。

从另外的角度看此辛煞夫星，此一辛煞去合丙火，丙火是为乙木日主的真元之气，乙木之发荣全在此一丙火上，今辛煞合丙暗地消融命中的真阳，辛煞在命中所起的作用显然是负面的，辛煞合丙有化水之势，将此女命中的阳气消于无形，这就说明在婚缘上、异性上此女会失望之至搞得心灰意冷；这样一来她又如何可能找到一个称心如意的老公呢？就算是将来有老公，这种老公必会影响其人的好运和对人生的热情。

我的学生讲，这个女孩是很能干，帮他干了几年了。今年两人合作在沈阳开了个高档美容院，这个女孩投了 35 万，占了 30%的股份，也做了小老板了，但到现在也没找着称心如意的男友。

事实上，我为我的这个学生用大六壬看过几个课的，这个女孩的本命辰土天罡乘青龙在不同课中反复出现，这也从另外一个角度证明这女孩的确是个人才。

后来我也认识了这个女孩，从相上看她也是那种清秀精明的格局。

例九：坤　辛亥　己亥　丙辰　癸巳

4　14　24　34　44　54　64　74

大运：庚子　辛丑　壬寅　癸卯　甲辰　乙巳　丙午　丁未

这个女的找我看命，我一见其人，就知道她的命大致是什么样的了。为何如此说来？这个女的虽然三十多了，可体态丰腴肤色莹润，神情中稍带娇媚之态，说话嗲声嗲气的很自然。想来命中夫星定是多多了，打开电脑，一看果然。

这个四柱中丙火生亥月见二贵人，又地支天干壬癸混杂，夫星明暗交集，男友无数，虽不为娼妓，私生活定极其淫乱也。

这个女人是河南人，到了北京无以为生，就到朋友的美容店中去做工。可呆的这个美容店却不正规，暗地里让小姐卖淫。由于这个女的长的还算有点姿色，好多客人冲着她去，朋友让她接客，她不乐意。在客人中认识了一个跑运输的男人，就和这个男的混在一起了。可这个男的有家室，两人就这样瞎混着，这个男的虽养她可不给她钱，搞的她穷的要死，身上经常没钱。她就瞒着这个男人，在外边认识好多男的，时常姘居一起，弄点外快。

我看了她的命，深感无奈，造化弄人红颜薄命啊！

例十：坤造　乙巳　甲申　乙卯　甲申

4　14　24　34　44　54　64　74

大运：乙酉　丙戌　丁亥　戊子　己丑　庚寅　辛卯　壬辰

乙生申月，正官格又逢天乙贵，贵格无疑；是以品貌出众，学识俱佳，本人是北大中文系毕业，写的一手好文章。祖父母、父母、姐姐皆为北大教授，命运发达。

但此女命中官煞与比劫混杂：己之夫星是比劫之夫星，比劫之夫星也为日主之夫星；是为四柱中的“浊”象，所以常常与人“共夫”，性生活极其开放，竟然在国外玩“换妻”游戏，真所谓是“出门贵妇、床上荡妇”之人。

这个女的现定居在澳大利亚。

例十一：坤造 丁未 己酉 庚辰 庚辰

9 19 29 39 49 59 69

大运：庚戌 辛亥 壬子 癸丑 甲寅 乙卯 丙辰

这种女命一看，就可以看出本身条件就是很好的，不料更嫁了个“金龟婿”终身有靠，这种四柱真是享尽了“夫贵妻荣”的风光。

这个女命是庚金日主生于酉月，最要丁火来锻炼。这个最急要的丁火，就在年柱上坐未木库自旺，月上透出己印护官，丁火为夫星，夫星旺就是女命之大福，命中如此，不嫁个“金龟婿”才怪呢？

事实上，这个女命就是天津老杨的弟媳，嫁了好老公。本身就是名牌大学出身，在美国著名大学为各大公司总裁们进行商务培训，生了孩子后就在家带小孩，现居香港。

这个女命之所以生了孩子后做了全职太太，这是因为其人目前行运正是壬子、癸丑两个伤食运之间了。伤食是为命中的子星，所以其人就和两个孩子在一起了。可能有的学命者会问，这个壬子、癸丑两运不是克夫之运吗？为什么这段时间其老公事业不但不坏反而有上升趋势呢？个中道理太浅显了，这个女命原局中就有己土强印护官，走水之伤食运有己印制住，伤食何能破害夫星丝毫皮毛呢？

这个女命本身的好运在甲寅、乙卯上，到时这个女的就会一发如雷了！

这个命的性格、六亲我大致都谈到过，老杨都转告了弟媳，其弟媳听了特有兴趣很高兴的。

例十二：坤造 丁巳 丁未 庚辰 己卯

6 16 26 36 46 56 66 76

大运：戊申 己酉 庚戌 辛亥 壬子 癸丑 甲寅 乙卯

这个女命是个高级坐台小姐，是北京最高档夜总会最大牌的小姐之一。

其长的风情万种成熟动人，惹的京城无数风流客流连忘返。但此女又是聪明过人，绝不出台，竟成了“守身如玉”的小姐，令人不可思议！

对这个四柱的分析，还是可以用女命“八法”、“八格”来看的。

这个女孩子命中双透两重丁火夫星，又年月巳未支中暗藏两火，命中爱火重重，是知其人必然男人多多，常常周旋于男人中间了。又年月丁巳、丁未两柱，正是夜总会“灯红酒绿”之象；为何如此作断？缘丁火、未土就有歌厅、夜总会的象意。今庚金日主存身于此两柱之间，不也就是混迹于风月场所的形象吗？

这个女的气质同样也可从两重丁火中看出，丁是阴火“旺而不烈，衰而不穷”，正是风情万种的样；又丁毕竟是正官星，此女平时生活还是比较端庄，夜总会的老板对其是客气万分，甚至有点敬重之意。

这个女孩子原是东北长春人，出身一般。后来遇人不淑，嫁了一个有钱人家的公子哥，公子哥不知珍惜，竟婚后不久就打她，她愤然与之离异，独自闯京城，无奈流浪于夜总会求生计，只想挣钱，好早早回老家过正常日子。

从这个命的未来行运上看，她一个人过日子的可能性很大，孤灯清守人生嘉年华，可叹可悲呀！一个尤物偏偏要独过漫漫长夜，这就是造化弄人啊！

例十三：坤造　癸巳　甲子　辛酉　丁酉

1　10　20　30　40　50　60　70

大运：乙丑　丙寅　丁卯　戊辰　己巳　庚午　辛未　壬申

这个四柱一看就是出身世家的好命，本人也可做个懂技术的基层小官，为何会作出如上之判断呢？这就是用格局理论与《穷通宝鉴》两套法则来定出的。

辛金日主生于子月，干头透出癸水，是为典型之食神格。但此食格正是气候寒冻之际，务要见太阳之恩光，方会命局现出生气。今年支巳内丙火正是太阳之光辉“温暖”“显耀”日主，且此丙火恩光是日主之正气官星，可想而知其女出身家庭之显赫了。此命果是出身于高官之家，父亲原是人民共和国海军司令。

金水食神事实上同金水伤官一样，也要见丙丁官煞方作好命看。依此理去论，本命时上之丁火是为用神，喜见月上甲木来生助丁火，虽原局甲木、丁火元气不足，大运走东南阳明之地，则自是木火生发了，有此“奋发之机”，则此命本人也是可以小富小贵了。此女本身能干要强，现是北京海军总医院内科主任。

这女之技术才能乃是食神吐秀，至于任一官半职，则就是时上丁火煞星的作用了。

要点明的是，癸水作为天上之雨露是要分四季来讲的：春之癸水，乃是“春雨贵如油”；夏之癸水，乃是天上之“甘霖”；秋之癸水，则是“秋风秋雨愁煞人”；冬之癸水，则是“凄风苦雨”“寒露”了；当然这只是癸水在四季中的大意，具体要看命局的特点才能变通对头。

这个命中癸水透干本是不美，喜命中有火暖局，大运又是东南阳和之气，是以导致本命中的金水成了“金温水暖”的吉格，是以人生之荣显就在情理之中了。

在四柱的金水组合中，金温水暖、金白水清都是命学中的上格，只有金寒水冷才是命运凄凉无比的大凶格了。

例十四：坤造　丁未　癸卯　甲戌　丁卯

9　19　29　39　49　59　69　79

大运：甲辰　乙巳　丙午　丁未　戊申　己酉　庚戌　辛亥

这个四柱的讨论，是完全可以套用断语来看的。这个断语就是：木旺宜火之光辉，秋闱可试；木向春生，处世安然有寿。本命就是典型的“木火通明”之局，主文才一流，专写文章吃文化饭，一生是有名气的。人特聪明，出人头地，性格外向，眼高，目空一切气焰嚣张，易为人非议。此女是山东人，现在北京某报社工作，是个做专访写人物专记的名记者，全凭一枝笔打天下。

像甲乙木日主生于春天寅卯月，日主健旺不见官煞星而反见丙丁火出干，就可作“木火通明”或“木火交辉”一格来断，主文章出众、艺术成名。不过要说明的是，“木火通明”一格要想成立成吉格，务必定要甲乙木日主木气极要坚固方可，大运再走南方火地，必主文章惊天下，是为真“文曲星”下凡了。若命中木气不固，反是三合火局来焚主，则不仅不是“木火通明”，反而是贫贱夭折的“木被火焚”下格了。

从这个四柱中的癸水印星是很容易的看出其人出身的不好；为何？以癸水印星正是破丁火文星的大忌神，则印所代表的长辈与家业自是不利其人发展的。印作忌神，则出身不利则是肯定的了。

要想写一手才高八斗的文章，四柱中以木火通明、金白水清两格最为上乘。不过此二格在文风（写作风格）上是截然不同的：“木火通明”一格是依木火生发之气为主，写的文章必是充满激情与张力，用词华丽富于想象，极有鼓动力会很煽情，是积极向上感性至上的浪漫主义；“金白水清”一格则是以金水严峻之气为主，写文章必是有根有据充满理性，极具洞察力批判性，分析能力极佳，文笔锐利一针见血，行云流水，是理智至上的现实主义。不过要点出的是，此两格的人在性格上是都有缺陷的：木火通明的人最易骄傲虚荣，不可一世自高自大，好出风头；金白水清的人则是聪明透顶，最易清高，骨子里常恃才自傲，好面子。

现在流行的温情脉脉式的“小资情调”，就是命中有点生旺木火之气的人写出来的，至于各种评论性的文字则大都是命中金水旺的人才能写得出。

像我的文风，也是以金水气为主的，所以说理的地方就很多了！古人讲过，从文运可看出一个时代甚至国家的气运，就是源于个中有此道理啦！

例十五：坤造　癸卯　丙辰　丙戌　丙申

7　17　27　37　47　57　67　77

大运：丁巳　戊午　己未　庚申　辛酉　壬戌　癸亥　甲子

这个四柱是我的六壬学员浙江胡海洋的命，此命是个杂气正官格。此一正官就是年干上癸水，好在癸水夫星是坐在卯木天乙贵人之上，且此卯木印星是可以护癸水官星的，此一官星虽弱但是有护，所以她还是嫁了好老公。37岁后走庚申财运，则人生事业老公发达自是在此运中得意了。惜乎此命不走木之旺运，否则的话，其福更不胜言；为何？以命中夫星受牵制于重重暗食，若走甲木旺运去尽命中之“土病”，则丈夫发福更可上一层楼了！不过命中比劫争夫，是为不利也。这个命中运中无木来去土，则对应的就是其命必是一生多病了，就是元气不足常病蔫蔫了。

胡海洋学易很认真努力，自学风水、命理等，又到了河北去学了奇门遁甲，去年到了北京跟我学了大六壬。现在就她的四柱作个例子，讲讲该如何在四柱中去看学易的情况以及可能的成就。

一个人对学易有无兴趣，主要是看命中有无辰、戌、丑、未四个地支。另外，若四柱中有辛、酉、癸、壬字，有此四者，也会好易学易。

一个人学易努力与否，主要看有无官印、煞星、偏印等星，有此等者都会十分认真刻苦的。

一个人学易是为传统或创新思路，主要是看印星与伤食星：印星重者大都是倾向于传统派，伤食重者大都倾向于创新派。当然，命中印星与伤食皆有，必是集传统与创新于一身，思维会更全面与辩证。

一个人学易能否有成就，主要看命中诸等上述“元素”在格局中起的成格败格功用。一个成格者必能学易有出息；反之，一个败格者则定然是学易学不好的。

一个人学易成就之大小，就在于命中各类学易“元素”的配合与位置。大凡学易“元素”越多，就有可能学易学的好一点。另外，学易“元素”在年月柱上者会明显胜于在时日者。

最重要的一点是，学易要成“大家”或做服务于达官贵人的“国师”级人物，定要命中见重重天乙贵人星。此星对于术士而言，同样是显贵的一个主星了。若命中不见天乙贵、文昌、长生等秀气，就算是易学水平再高，也只能是混迹于民间的“江湖术士”成为易家的“野狐禅”，终是不入流不登大雅之堂的。

最后，在这里透露一点的是，凡命中是癸水日主者，都是学易的天才；

为何？以癸水是天上之雨露，这种命的出处就是从天上来的。癸水日主的人除了学易有惊人天赋之外，更还有修道学佛的天资，天生就是修行的料。另外，天干中的辛金也是学易的大吉神；为何？以辛金是虚灵之体也！

学易者要学出名堂来为人预测未来，必要心中悬一“明镜”来鉴人世间万种变幻，脑子要极理智，神气要极清爽，只有这样才能洞察过去未来之所以然。故我认为命中只有是“金白水清”一格，才是世间最聪明之才子。也只有这种上格人去学易，才会是世间真正的第一流的易学大师！

按此上述议论去看胡海洋学易，水平肯定是很不错的！到了辛酉运，其水平更会有大提升的！

第十四章
六亲预测实例解析

例一：坤造　乙酉　丁亥　壬寅　庚子

7　17　27　37　47　57　67

大运：戊子　己丑　庚寅　辛卯　壬辰　癸巳　甲午

这个女婴生下数日就让亲父母送人了，这种现代社会重男轻女的悲剧令人心酸。一个小生命如此无奈，一无所知地让亲生父母送了出去，想想当她大一点稍为识事时，面对天边的流云身边的清风，一旦知道自己就是亲生父母生下她，却不要她而无情地抛弃她时，这个天真的小女孩心里会有多少酸楚与泪珠呢？

现在就从命理上去看看，这个女婴到底命不好在哪里？壬水日主生子月，正是壬水奔流不息之时，命中必要见戊土，始可转凶为吉。不料更甚的是，此壬水还是生于庚子时，月上是子月再加上时上之子时，壬水一泻千里，是以此命就欲成普通之一般命也是必铁定要见戊土了方有可能，可此一四柱中却不见戊土之“形踪”，是以命之凶险几成定局了。既然壬水无戊土“大堤”拦截则一泻千里之势就成了，壬水之奔泻对应的人生就是“流离失所”了，在此命身上就是让父母送人了。可怜的小婴儿，一生下来就是离开亲人“流浪”于人世间了。

这个命若是生于壬辰、壬戌日就算是出生贫贱，也不会让父母送人的；为何？以日支辰、戌中有戊土，可砥定壬水之奔流。可是此命却是生于壬寅日，寅木逢此大水发作，自成了“水盛木漂”了。从此角度去看，这个四柱中的日柱“壬寅”此两字，就会发现“在洪流中夹杂着大树奔泻于远方”的景象。

像这个四柱天生就是“流浪”异乡的命，一生与亲人无缘的。

这个婴儿的母亲，小时候就是让父母送人的，没想到她的孩子却又要重复她的命运，不知她心里是怎样想的？苦难让人麻木，贫穷让亲情苍白，这就是当代中国最下层老百姓的命运。2005年硕士杨德超寻找姐姐杨艳梅的凄惨故事，不就是一个最好的社会写照吗？

例二：坤造　壬午　庚戌　甲戌　丁卯

8　18　28　38　48　58　68　78

大运：己酉　戊申　丁未　丙午　乙巳　甲辰　癸卯　壬寅

这也是个小女孩的命，在北京的一次易友聚会上，我让易友看了这个命，就问大家看这女孩的家庭出身有什么特点？大家都去看了，七嘴八舌说了好多，可没人说准这命的出身背景到底是咋样的。这里我就这个命的全局作个分析，让读者们了解一下我推算六亲的技法与思想。

大凡算六亲好坏，就是有个“星宫同参”的说法。所谓的“星宫同参”中的“星”，就是指六亲的十神指代星，至于“宫”就是指四柱的六亲宫位：年柱代表父母祖上、月柱代表父母兄弟姐妹、日柱代表已身夫妻、时柱代表子女。我的六亲算法中，是以“宫重于星”的原则来看六亲缘的。这是因为命中的六亲星的指代有时是很宽泛的，不能够确切定性；而宫位则是固定信息，其对应的六亲信息是一定不移的。所以，祥视四柱中各宫上的“星象”在格局中的作用，就可以确切地看出个人的六亲缘的本质。

这个命要看家庭出身背景，自当看年月两柱了，其中又当看年柱为主了。

甲木日主生于戌月，命中年月支午戌半三合火局，时日支卯戌六合火局，这些地支之火全是通过时干丁火透露出来了，这些熊熊火焰就会来焚甲木日主之元气，再加上戌月本是天气干燥，一点火星就可燃起烈火，何况这个命中如此多的火焰呢？是以观察此命的甲木日主不免就有干焦枯朽、烈焰焚身之忧虑？既然本命中甲木日主有如此之忧，则此忧就是命中之“病”，那么对治此病的就是“良药”，对日主而言也就是命中的大喜神了。显而易见，制火伏火者就必是水了，这个命中的水不仅可去除局内的烈焰，还可滋润枯焦的甲木使之“枯枝发新芽”重现生机活力，是以这个局中之水在本命中就会显得“价值连城”了。也就是讲只要命中任何一柱出现水，那么此一宫对应的六亲的人生价值也就会贵的不得了。依此一理去看四柱，年上壬水高透在月令又是旺盛之进气，则此壬水的身价自是“价值连城”了。况且此一壬水还得月上庚金生助，则壬水就不弱了。壬水是日主之印，在年上代表自是父母之家业。就全局而言，甲木日主一生所可依靠的就是年上的此一处壬水，那么对应的父母家产就会多的“价值连城”了，故此推论这个女孩所生之家境必是“家财万贯”了。事实上的是如此，此小女孩出生于大富之家，父之家产有六七千万元，真是家积千金了。

在这个命中，要特别了解的是关于“进气”、“退气”此二个概念的用法。大概而言，“进气”、“退气”主要是十个天干针对月令来定出的：未来者进，成功者退；此是真理！现把天干于月令中的进气退气列于下，帮助学命者了解此一技法。

月份	进气	旺气	退气
寅月	乙木	甲木	
卯月		乙木	甲木
辰月	丙火		乙木
巳月	丁火	丙火	
午月		丁火	丙火
未月	庚金		丁火
申月	辛金	庚金	
酉月		辛金	庚金
戌月	壬水		辛金
亥月	癸水	壬水	
子月		癸水	壬水
丑月	甲木		癸水

由上表可看出，进气退气主要应用于四季月令之中。必须要知道的是，丙火在辰月、庚金在未月、壬水在戌月、甲木在丑月，此四者进气之力量极强，其力远大于长生之力，只是稍逊于建禄之力，是以在此四月中只要见到此四干，就作旺相推论的。

至于退气者的力量很弱，大概只能约等于一个自坐库的能量，只作有点气看就行了。

例三：乾造 乙亥 戊子 甲子 壬申

3 13 23 33 43 53 63 73

大运：丁亥 丙戌 乙酉 甲申 癸未 壬午 辛巳 庚辰

这个四柱是山东学员王万旭在面授班上提供的，他讲这个人的六亲是有特别的，请我断一下。

我一看就说，这个人克性最大，所有六亲会全部克遍：克父母、克妻、克子女；一生漂荡没文化，又好淫乱。

王听了我的结论后就说，这是个他们当地的瞎子，也会点预测。小时候就父母双亡，死了两个老婆，生了四个孩子，死了仨。自己一天到晚在外为人预测挣钱，又特好色，和儿媳妇瞎搞。他自己呢也会预测，可就弄不明白自己的命。这个瞎子和王讨论过自己的四柱，王万旭也不明白个中的命理玄机之所在，就问我是如何看出来的？

我讲道，看这种四柱是要有一点悟性的。关于“水盛木漂”一格在《神峰通考》中的赋文注解中多次讲到了，就看你有没有真理解。

“水盛木漂”一格，自是主漂荡、淫乱，这是一般之认知。可这种格为什么会克遍全部六亲，个中是有玄机的？说破了都是老生常谈，不讲透就会糊涂一辈子。我们知道，一般命中官煞旺就会克兄弟的、比劫旺就会克妻妾的，这是普通法则。可就是命中完全偏颇于五行中某一行的，这种四柱的克性就是最大的；为何怎样说？像这个四柱中水势浩荡泛滥，对应自然界的象就是发大水灾了。这种命一生出来，就象征其人家中开始发大水灾，洪流所至全部毁灭，那么这个家的所有人员会全“陷死”的；只有命中土极旺的人才会有生存的一点可能性，这就是这个命克遍所有六亲的原因了。

换言之，这个四柱中由于水势太大了，土财为父为妻，水旺土崩，则自然克父克妻了；金作官煞是为子星，水泛金沉，则自克子孙了；水印是为母亲，水势过大物极必反，是以母命也不会长的，也就克母了！

由这个四柱可推出，四柱中火极旺的人，其克六亲也是厉害的不得了。这种四柱中或水、或火偏极于一方的人，都是人间的“灾星”、“活瘟神”，这种命一到世上，其周围亲人就会遭殃。

当然，从三世因果来看这种“瘟神”命，都是到人世来受劫的，哎，这又有什么法子呢！

例四：坤造　甲寅　甲戌　己亥　丁卯

5　15　25　35　45　55　65　75

大运：癸酉　壬申　辛未　庚午　己巳　戊辰　丁卯　丙寅

这个女命是由其妹妹小赵拿来看的，小赵和我们是好友，就大致看了一下。

月令劫材当要用官煞来制，但也忌官煞成群过度；这个命就是官煞太旺成局来克日主，形成身有气与旺官煞相战的局面，当然是身不敌官煞了，这种命象就造成如下人生事象：

一、小时候出生就有生命之忧，照理是个夭命；幸时上丁火有救，得母亲细心呵护方长大成人；有神灵保佑，我讲其必是天上寿星（南极仙翁）暗佑。反馈的是如此，刚生下来细胳膊细腿瘦弱的不像个人样，因不好养，请地方上的人看过，就讲这女孩是有仙缘的，可养的大。

二、这个四柱克性重，必损兄弟手足；果然有一弟弟生下来就死掉了。

三、一生不利公职，最易下岗失业；只可自干，人特能吃苦。反馈是自己开了个糕点店，极累人，生意还可以。我讲可去请个财神来店中供，最好要请赵公明，不要请关公或观世音菩萨。因这个命主就是姓赵的，与财神赵公明都是“老赵家”的，特有缘，可以一气感召。这个财神要放在正东方上供，且要点长明灯的。

四、这种女命婚缘不好，最易让老公瞧不起，老公会有外遇的，到36岁走伤官运会离婚的。果是夫妇不和好长时间了，老公有情人，已闹过离婚了，目前双方为了孩子还凑合着。

这个女命就是典型的劳碌命，一生所最亲最得力的是母亲，与父亲不和。父亲只是常人受罪，一身是病多在风湿筋骨上，浑身疼痛。小赵问道，我父亲还有一个最厉害的病，你看是什么？我依其姐这个四柱一看，就讲必是“气喘”病。一点不差，果其父有很严重的气喘病。

子女缘一般，中年运最好。

我对这个四柱的一生运程又作了分析，小赵全部记下了。

例五：乾造　丁卯　丁未　戊辰　庚申

	4	14	24	34	44	54	64	74
大运：	丙午	乙巳	甲辰	癸卯	壬寅	辛丑	庚子	己亥

这个四柱是东北一男读者的儿子，他打来电话报了这个命，我刚有时间就随口说了几点：这个小孩不太好学习，就是好玩坐不住，外向性燥，都是母亲宠爱的有点过分了；花钱大手大脚，不易聚财，一生全是沾父母的光，会学点小技术来糊口，大概就是个常人命了！以上大致判断全部符合实情。

这位父亲就问：那这孩子的命会不会改变呢？

我讲：当然不可能的啦！

他又问：这个名字有没有关系呢？

我答：是有一定关系的；不过这名一定要和这生辰四柱连起来考虑才行，五格法不是起名的根本法，其只是个“测试法”而已。中国古人起名都是以生辰四柱为中心来定的，这是一个传统方法，有点作用的。

他讲：我儿子的名字就叫林恩宇，以前找预测的看过，说要加水，就是要三点水边旁的；像什么河、江、湖之类的字来给命中补水，这样可以吗？

我说：一般预测先生给人起名是“缺啥补啥”，这是个大原则，按此走不会大错的；不过这不是“起名补法”的精华，起名字按四柱跑，要看四柱的格局整体如何的。像你儿子这命，就不能用“河”、“江”、“洋”等地上的水，字底下的四点水字也是不可用的呀！

他问：这四柱的“补水”该到底如何用法子？

我答：这个命是戊土生于未月，正是火炎、土燥、木枯、金脆之际，天地之间实是一片大旱之象，要缓解这种大面积的“旱情”就只能要用天上水，就是天要下大雨才会润泽大地，也就是“久旱”一定要逢“甘霖”才行，用地上的一条河、一条江就不行了，河呀江呀只能管一方地，管不了大范围的“旱灾”；你儿子现叫林恩宇，这一个“宇”字改为“雨”字就好的很；况且叫“恩雨”在夏月就有“甘霖”、“恩泽”的意象，这样“补水”就到位了。你家又姓“林”，这“林”姓的文字原型就是一大片树木树林，这树林子在夏天就更要雨水的滋养“恩泽”才会生机盎然，所以这名改为“林恩雨”真是好的不得了；“雨”与“宇”又是同音，改了名字也不会麻烦的，真的太好了。

他说：老师这一说我就明白了。

后来，我回江苏老家过年了。这个读者又打来电话问，说儿子名想改为“林椿雨”。我就讲了，这个“椿”字不好的，多此一举，用“恩雨”多顺口呀，象意又好。古人讲“文章本天成，妙手偶得之”，这个好名字也是可遇不可求的，也是要靠“妙手”来得之的，不要多烦了，就用“恩雨”吧！他诺诺而退了。

像这种读者真的缺“悟性”，如此好名还要心神不定，点不醒啊！

例六：乾造　丁巳　壬寅　辛丑　己亥

	4	14	24	34	44	54	64
大运：	辛丑	庚子	己亥	戊戌	丁酉	丙申	乙未

这个男命是辛金日主生于正月，正月腊气未退，是以一般仍以去除局中寒气为至急。去寒气者莫如一轮红日，艳阳高照自然寒气退而阳气生，故而正月、腊月只要命中有丙火出现，则必享太阳之恩光。至于此一恩光源自何人，只要看丙火所在宫位和其象之六亲，则就可知其福德之来处了。

本命中年支巳中丙光暖局，且丁巳干支同气，更可去尽春寒，则此年柱之福于日主就无穷了。年柱为祖宗父母之位，且丁巳是为日主官星，则此命必生于极显之官宦家庭，一生享尽父母、祖宗、长上之福气，于父母长辈身上沾光无穷而有大福了。

此男生于当官之家，父亲本是天津市百货公司的一把手，后其随父母下海经商发了财，父母又把家产全给了他，送他出去移民到新西兰，希望他在国外有所成就。

这个命可惜的是走的西北之地，呼应原命局的阴湿之气，导致其人郁郁难于得志。像这种命局本身无任何大的破绽，只要岁运走木火生发之气，则自然就会有“奋发之机”做出一番事业了。可命成“郁闷”之困局，一生想要大发达扬眉吐气一展胸怀恐不会太如愿的。当然流年是木火生旺之岁月，也是可以有所作为的，这种命就是要等时机了！

此男结婚多年还是没有孩子，就是由于时上的壬水伤官克合年上官煞子星的缘故。我看明年丙戌全是火气，官印同旺，印来制伤护官，明年就是生子的最好年份了。况且此命本身先天宗教缘份深厚，也与南海有缘，所以我对此命的父母讲，明年丙戌一家回国后，一定要到普陀山去烧香求观世音菩萨，必有不可思议之感应。

当知天机早已泄露，自 2005 年到 2008 年此四年之间，是观世音菩萨大显神通庇佑我中华的灵感时期，学佛者当要惜此良机，勤事观世音菩萨，积累福德资粮，共证菩提大道！

例七：坤造　　癸卯　　乙丑　　辛巳　　乙未

1　　11　　21　　31　　41　　51　　61　　71

大运：丙寅　丁卯　戊辰　己巳　庚午　辛未　壬申　癸酉

这个女命的一生之福就在于夫星身上，沾光老公无穷，本身出生于贫寒家庭，长的几分秀丽，有点小技艺，就是结婚后靠老公出尽风头的。

对这个四柱的判断，就是据于月令气候来讲的。大凡四柱只要生在寒冬腊月，就必要有丙火出现，一阳复冻则寒谷回春。本命就是如此，辛金生在丑月，全局一片肃煞之气，金寒水冷土冻木凋，幸辛金日主坐下就是丙火太阳恩光，且此丙光在夫宫又为夫星，未有任何破坏，则命主得宠享福全在老公了。少中运走的是东南木火之地，是以出生纵然贫困但从小也未吃过苦，长大了之后，因小有姿色就嫁了个如意郎君，郎君是个大公司的副总，条件很好，对此女宠爱有加。此女就此平步青云，开着名车接送小孩，穿金戴银出手阔绰，尽情享受人生。

这个女的本是北大附属医院的护士，在“非典”期间因所有医生护士须写保证书上“火线”，否则就下岗回家，其老公就没让她去，遂辞掉了工作，在家无事可做，就是吃吃喝喝做做美容，一点心事都没有，吃的花的用的全是老公的，就这样生活着。

第十五章
婚姻预测实例解析

例一：坤造　乙巳　癸未　癸酉　癸亥

6　16　26　36　46　56　66

大运：甲申　乙酉　丙戌　丁亥　戊子　己亥　庚寅

这个女的为了找我预测，用了三个月的时间缠着我前后打了近十个电话，最后我也让她缠烦了，就在首都图书馆的咖啡厅为她看了看。

这种四柱一出来，我一眼就看到底，其出身、性格、学业、婚姻、事业和重要流年发生什么事都清清楚楚了。

癸水日主见年柱四吉俱备、年支巳内藏三奇真贵，出身自是富贵家庭了。其云：父亲是一局长，小时候到长大至今未吃过苦。

这个女命不好读书，但还是有大学学历的，以命中官煞见印了。这个四柱从26岁丙戌这一步运和老公做生意会发大财，不过到了辛巳流年，39岁换运见丁亥大运，岁运冲战，这一年开始生意大败了。同时老公常常寻花问柳，会养情人的。

这种女命和男人吵闹，最易被老公揍；为何？癸水是所有十天干中禀性最软弱的，一见己土七煞攻身，会让男人打的身上常常青一块紫一块的，但事过后让男人一哄又会心软。这种癸水日主的女命见旺相己土七煞作夫星克身，是女命中遭受家庭暴力的典型命理呈象与信息标志之一。

因此我就对她讲，你在外边好像很风光，可到家里就惨了，一个知识女性让人揍的体无完肤，什么人格、面子、尊严都没了，有什么意思呢？一到癸未年你们必离了。但是有财产上的纠纷牵缠，这两年你是没什么生意可做了，为人打工倒可以的，薪水还是很丰厚的呀！

对于这个女命我还讲了很多，直接对着她的心病说去，她让我一说，想想以前自己做老板，现在给人打工；以前自己开车出门，现在连车也没了；以前有老公，现在单身一个可怜样；如此一对比，最后她在我面前哭了起来，可哭有什么用呢？运来铁变金，运去金变铁；过惯了养尊处优的好日子，又要回到穷日子过，这心境的落差恐怕只有局中人才会品味的真了。

最后我对她说，你这个命从大体上讲还是不错的；这不是安慰她，为什么这样说呢？金水日主生于夏天，只要命中见比劫再见印星，已成了好命的基本条件了。我讲，瘦死的骆驼比马大，你再穷再苦，家中还是有个几十万的上百万的，苦不到那里去的。她听我这般讲，就不吱声了。

她对我的评价是：她让好多人都算过了，就我看的最准最细了！这是她的原话了。

后来过了两个月，打来电话讲，她听我的了，给了前夫 40 万，还问我这个钱上还有没有麻烦？我讲，你没钱了不就没事了，你自己说呢。她听了，也哈哈笑开了。

例二：乾造　甲午　壬申　庚申　己卯

3　13　23　33　43　53　63　73

大运：癸酉　甲戌　乙亥　丙子　丁丑　戊寅　己卯　庚辰

这个四柱是我学生看过的，让我又看了下，我就讲这是个至少克三妻之上的命。

这个男命出身高干家庭，这是建禄格喜官煞的缘故。尤其是这个庚金日主，是最喜这个甲字、丁字、午字的，这个四柱中年干财星甲生年支暗官午中丁，这个喜星全逢了，是以必出身富贵了。

可怕的是，这个命是建禄格，本身先天上就已经有强烈克妻的信息了。可偏偏日主庚申自坐专禄，两重禄神，至少克三妻，这还是算正常的。这种命一生不聚财，终生奔波劳碌没钱的。

果是这个人已离四次婚了，第三次结婚后老婆生病不止。这个人也会点预测，知道自己克妻严重，就主动与第三任妻子离了婚。

他和我的学生讲，若不和这第三个老婆离婚，恐怕这老婆的命会保不住的，自嘲自己不要再去害人了。

令人惊奇的是，这第三个老婆和他离了之后，这病竟真的慢慢好了。这种事的的确确是真事，就发生在我们的身边。亲爱的读者朋友，你说这个预测到底有没有道理呢？

例三：乾造　辛亥　癸巳　癸卯　癸丑

4　14　24　34　44　54　64　74

大运：壬辰　辛卯　庚寅　己丑　戊子　丁亥　丙戌　乙酉

这个命是我一个六壬学员（一个军队老干部）的女婿，他和老丈人一起来找我预测的。

我一看这个四柱，就当着其老丈人直言不讳的讲，你的这个妻子定是“两手货”，与你结婚之前已与人有过夫妻之实了。但这个妻子命格是极高的，其本身学识、长相、工作是很好的，不过就是个性太强不好处，娶了她之后你的事业生意会一帆风顺，但和她闹别扭你的生意就会不顺。你们会离婚的，不是由于经济原因，就是双方性情不合处不好。

上述判断果全符合实情，这个老干部就这么一个宝贝闺女，以前在上海读完大学，刚工作时就和一个中年香港人好上了，这个老干部和其老妻可不依了，硬是把闺女从上海弄回到北京，就让这个女儿和这个女婿结婚了。但小夫妻俩就是性格不和处不好，在癸未年离了。可这女婿和丈人倒说的来，虽离异后还是和岳父走的很紧，关系不错。老丈人就希望他们俩复婚，就带他来预测了。

我讲这个命，复婚还是有可能的，但要到丙戌之年才有戏。

例四：乾造　壬戌　丙午　丙子　壬辰

1　11　21　31　41　51　61　71　81

大运：丁未　戊申　己酉　庚戌　辛亥　壬子　癸丑　甲寅　乙卯

这个命是不可以依“壬水辅丙”来讲作贵格看的；为何？因为此命是典型的“水火”战局：这个四柱中的“一半江山”是半三合的火局与“另一半江山”半三合的水局，水火本不相容，今偏偏要相见于一个命中，身主与煞旺双方各恃旺气两相争战，是以平生苦不堪言。

在46岁到50岁之间，壬煞通气于亥字大运，煞旺无制攻身，竟然入狱达七年之久。一生虽然有工作，但是受尽折磨历尽坎坷，惟71岁后甲寅运生身，生活稍为好转了。

这个命一生最大的特点就是六亲无缘，最亲的人就是最仇恨的人，一辈子与妻、儿斗，受尽凌辱，可这老头命硬（阳刃身健）的不得了，活到今天还是好的很。

这个命是个极为少见的硬命，可惜的是妻宫与子息宫合成煞局来攻身，妻之凶悍、子之无礼合成一团来欺命主，命主身强又不那么容易伏制，形成水火交战的局面，可知其人一生一辈子与妻子恶斗，却又离不了婚，大吵天天有，小吵倒成了三六九，日日夜夜没完没了地吵，这种婚姻恶缘是人间少有的。

这种命禀赋之偏执不可形容，这老头的妻子四柱更是一团戾气，命中就是旺食与旺煞战斗，天生就是来与老头作斗的人，一生的精力就是要用来与老头拼命作对的，一吵架就精气神全上来了，数落老头骂老头无所不用其极，完全是彻头彻尾的悍妇，这种命真的是不多见的，我在这儿都不愿多谈了！

“战局”是四柱中最无情的一种凶险组合，一般是凶命者居多。当然，“战局”要视战斗双方的规模与势力来定凶险程度如何，这在实践中是很常见的。

例五：乾造　戊申　戊午　戊申　癸亥

　　10　20　30　40　50　60

大运：己未　庚申　辛酉　壬戌　癸亥　甲子

这个男命是我学生的亲弟弟，其人其命和这先天的四柱是极其符合的，就是一个胆大包天不计手段挣钱，有了钱拼命玩女人的“花花大少”这样一个主。

这个四柱是戊土日主生于午月，正是刃格司令，刃格欲成贵命，定要见官煞来柱中干透支藏方作贵显推。这个命中无官煞之气，自无贵气而言了。

今戊土日干生于午月，日主元气充足，自然身强胆大妄为，什么事都肯干的。命中既无官煞只是现了旺相叠叠之财星，就只有按刃格用财的样式来看此造了。刃格用财本是不美之局，乃是不得已而论之的刃格样式，今局中时上癸亥正财生旺，又有年支日支两申食神来转刃生财，是以这一命“刃格用财”成格的基本要求算是符合了，故可断其人是有好多钱的。

照理讲，刃格的男人都是大男子主义的，对女人较粗鲁的；不过这个男命表象不是这样的，戊土日主合时上癸亥之财，此男一见美女就会装模作样的很有教养很温柔很小资情调，再加上刃格之男本身就是“雄性气”十足，对女人会产生一种动物本能的性吸引力。此人就是具备了这两个优势条件：前者可攻美女之芳心，后者可触发美女肉体之情欲；再加上此人有钱，是以在情场上是屡战屡胜，陪他上床的美女不计其数，不管老的小的、不管辈份、不管是否为朋友妻，总之只要是他看上眼的女人，他就会想法子把人弄上床，成为名副其实的“花花大少”了。而且从命中看，此人玩的美女都是才色俱全的超级美女，都是上档次的女人，享尽了男女之间的床第之欢！不过这人和女人上过床后就会露出“真面目”的，那就是骨子里的大男子主义，自以为是不可一世，对玩腻了的女人就会无情之至，抛在脑后了。

此人原是北京人，后到了加拿大发展专搞坑人拐骗之事，骗取留学生的钱，不管礼义廉耻，挣到钱就万事大吉。有钱后就找女人玩，至今和他上床的女人有多少，就是他本人也就算不上来了！

此人已离婚两次了，都是搞女人搞的太过了的原因。

例六：乾造　癸亥　甲寅　癸酉　癸亥

	3	13	23	33	43	53	63	73
大运：	癸丑	壬子	辛亥	庚戌	己酉	戊申	丁未	丙午

像这个四柱来断婚姻是点难度的，问题是对这个四柱喜忌的确定之上。

这个命若按现在流行的理论去看日主之旺衰，估计百分之百的学命者会视此命癸水日主身旺的很，则此命之少年行运、出身家庭、学业、工作就会很悲惨了。事实上不然，按我的命学思路来看此命，是为此命癸水日主是身弱的，则此命中的酉金印星就是吉神了，自少年行运以来，当都是顺运的。23岁后走辛字印运，则当有好工作单位的啦！

这个命之所以被我认为是癸水日主身弱的，这里的原因就是：癸水日主最怕甲寅木来泄露元神之禀气，现月上甲寅真木纯木吸尽癸水之气，则此一癸水之力就不支了。看到这里，有的读者一定就会问了，这个命中年上、时上两重癸亥水不是就可以帮身的吗？当然若按一般之俗法，则此癸亥水自是帮日主之身的，不过按我之“法眼”看就不是这么回事了；为何？这是因为《穷通宝鉴》中在癸水生于亥月中的说文是这样讲的：认为癸在亥月是“旺中有弱，何也？因亥摇木，泄散元神；宜用庚辛为妙。”这句话的意思，就是癸水此一天干只要见亥水这一支，就不能将此亥水作为癸水天干的旺身之物，主要原因就是亥中的甲木太厉害了，它会在亥中来摇动泄漏癸水之气，使此癸水天干似旺而实弱了。

正是据于上述这般演绎，我就认为这一命中的年时双重复癸亥水不作用于癸水日干的，反而会是两个亥中的两重甲木来摇动癸水元气，让癸水“外刚”而实是“内柔”了，据此则这四柱就必要取庚辛申酉金印星来制木滋水了。

了解了这个原因，我们就自然知道这个命不但不容易有女友，就是有了女友也必是“几手货”了，就是这种女友，也不容易留得着这类女友的芳心；为什么？这就是月上寅中的丙火太旺，癸水日主身弱不胜财，则女友就留不住人了！

不过此命妻宫中有酉金印星，贴身滋水，将来结婚后就定会走鸿运的啦！

例七：坤造　己酉　丁丑　庚子　乙酉

5　15　25　35　45　55　65　75

大运：戊寅　己卯　庚辰　辛巳　壬午　癸未　甲申　乙酉

这个女命是香港人，她在香港书店看了我的大六壬专著《袖里乾坤——大六壬新探》后给我来信，要求我用六壬和四柱给她大致断一下终生，这儿就讲一下这个命的大概吉凶。

本命就是杂气印格，可惜的是命中劫星太重，虽有丁官来生印，不料丁官太弱不济事，丁官弱则喜财星来助官，不料时上的乙财也弱，形成命局身强印旺财官弱的不利组合，则原命之不吉就可想而知了。财官弱而命中比劫重重，一生与人争名争利常吃亏的呀！且丁官为夫星，35 岁前难于碰到命中的丈夫，就是所交男友，也都只能是一般人而已，没有一个理想的有本事的男人会来做她的男友了。

此命还说的过去的是行运还不算太背，虽然 25 岁到 40 岁前都是庚辛金比肩运不利，但还是会有一段人生出头的日子，那就是 40 岁后交巳运，运气会慢慢好转的。到了 45 岁后，才会碰到终身的伴侣与子女，自是人生进入生活的稳定期了。

庚子日生的女命，大都是婚姻不好的；为何？以庚金之天性就是过于刚健，与妇道之大旨“柔顺”是完全背对背的。所以，女人生在庚日就有丈夫气概，没女人味的，没有温情，做事干脆爽快，完全是个“男人”样的女人。如果再是庚子日的女性，坐下子水伤官，则对男人天生就有挑剔性抗拒性，这种女命若四柱中无印星来制伏伤官，则一生铁定不会有好姻缘的啦。像本命还算有救，就是月令丑土可合克子水，则子水之“拒夫”气力就小多了，这样对男人的要求也就会自然降低标准，这样也就容易把自己嫁出去了。

第十六章 财运预测实例解析

例一：乾造　甲辰　丙子　丁巳　戊申

	1	11	21	31	41	51	61	71
大运：	丁丑	戊寅	己卯	庚辰	辛巳	壬午	癸未	甲申

这个四柱是云南曲靖龚先生的命。2005年9月9号在龚先生的邀请下，我从北京飞到了曲靖，专程去为龚先生进行人生全面预测与指导。

在出发的前夕，龚先生就在电话中已把他的这个四柱报给了我。说实话，我对这个命是作了一番较深入研究的，也就是这个命不是那么容易看的。在我这几年的预测生涯中，让我觉得难看的命实际上不是很多，正是这个命的不好算，在我的脑海中就有了很深的印象。

这个命的格局是为煞格无疑的，煞当然是要制伏的，这是看这个命的基本入手点。这个四柱的难点是在于格中月令子水内癸煞旺呢？还是时上的戊伤旺呢？从表面上看，月上癸煞当权又三合水局，煞之兴旺自是不待言矣！戊伤禄于日支巳宫、长生于申字、库于年上辰；这个制煞的戊伤也是元气充沛，那么这个煞与伤到底是何者强一点呢？这就要看年上的甲木印星了，年上的甲木印星是生日干的，可它却是直接克制戊伤的，经过这么一番细思量，我就看出了这个命的关键了。由此推论去看大运，很明显就是在31岁庚辰运上，其人会开始大发了；为什么这样断呢？这是因为一行到庚辰运，庚字就会去制命中的甲印，戊伤脱离甲印束缚就可去伏癸煞了，一煞得制，富贵自成了。后来事实确实证明龚先生就是在31岁开始发财的。

讨论这个命根本不需要考虑丁火日主的旺衰，原因是丁日主坐巳巳自旺了。一般而言，四柱中日主只要身旺有气了，那么在今后的岁运运动中，就不要再去考量日主的旺衰问题了。换言之，日主只要在原局中元气充沛，那么在以后的流年大运岁月中就不需要日主此一因素了。像这种命如果按流行的身旺身弱理论去看，就会确定不了这个日主到底旺衰到什么程度了。龚先生请重庆某大师看过，以为其命身弱，所以认为龚先生的好运要到41岁之后，而却认为31岁庚辰运是人生的最低潮期。这种断命结论是大错特错，完全对不上事实。

这个命有一子一女，完全准确。

记得到了曲靖后，由于龚先生也懂点命理，故问了我很多的问题。他问我，你看我是干什么的？我讲，你的财全是来自土，是从土中来生财的。后他讲，他是搞煤矿的，果是从土中来的生财之道。这个四柱的格局是成功的，所以其人生就是一种成功模式了。搞煤矿的安全生产是第一生命线，从命中可断出，龚先生是有福之人，他搞煤矿生产不会出什么重大事故的，这是因为年上甲木正印高挂，天德星坐于丁火日主之下，又为戊煞之禄，巳为炉火又是矿井之象，天德星入地，自然地下开矿会平安吉祥的。

龚先生的性格可按煞格和丁火日主去看的。他自31岁开始作煤矿老板，一路上来发了大财，现手上有三个矿，生意兴旺，开辆160万的奔驰车，成为当地有名的煤矿大老板了。

在曲靖我还到龚先生家中去看他家的风水，作了一些指导。刚好这几天龚先生家中要想请个财神，我依据其命七煞作将星的特点，让他一定要请武财神关公；为什么呢？关老爷的脾气就是将星煞星的性格，与龚先生的性格刚好是同一类型的，气味相投，按同声相应的易理自当请关公，这样容易会有感应。

事实上，我为人看命看风水都是据于易理而来的，都是有根有据的。当然我本身出去给人看，也要为自己作设计择吉日、吉时和吉方才行动的。像这次到曲靖，本身可提前几天的；但我看9月10号是教师节，所以我就定在9号飞曲靖，这是因为主要活动安排在10号，10号是教师节，尊师重教的气氛这天最隆重，也就是在这一天老师最吃香最受人尊重；我们作为人生策划的老师，当然要取这样的好日子了，可以去沾教师节的光啊！

注：选日子是大有讲究的，既要考虑阴历干支的吉凶，同时更要考虑阳历日子上的意义，这种择日法今后我会在六壬或四柱班上会讲授的。

例二：乾造　壬寅　癸卯　辛亥　辛卯

7　17　27　37　47　57　67

大运：甲辰　乙巳　丙午　丁未　戊申　己酉　庚戌

这个四柱是我的学生李权恒在华泰宾馆吃饭时问我的，他说：老师，你看这四柱如何？由于在吃饭嘛，我就随口讲了三条：

一者：我论命是非常谨慎讲从格的，也就是很少讲从命的。就是论从格了，也只按《渊海子评》的理论仅讲从煞、从财两格。这个命就是少见的从财格了，柱中除了时干辛金比肩一点虚浮之外，这个辛金日主从财神木局的四柱还是较纯粹的，所以这必是个巨富命了。我所讲的富命是以北京的生活水准（年收入）来衡量的：10万以上100万之间是小富、百万以上千万以下是中富、千万以上到一亿之间就是大富命了，至于上亿以上到数十亿、百亿则是巨富命了；所以这个命身价应在数亿左右了。

二者：从财格成立者，都得女人缘，可享尽人间艳福而不会有任何麻烦的。

三者：此人很聪明的，他发财不是正常做生意的，他走的是“官商勾结”的路子。

三点结论是很准的，此人目前是北京通州一个度假村的老总，身价近亿，两位夫人，尽享齐人之福。以前在东北老家搞房产生意，不是去盖房再去卖房，而是利用政府部门的关系去圈地卖地挣了大钱，后来市长换人了，他就把手里的地全变现了也走人，来到北京发展。到了北京还是“故伎重演”走官方路线，搞政府支持的绿色农业与休闲娱乐一体的度假村行业，从政府那里到了大笔资金的支持，然后，再招商引资，在北京又是一路风生水起！

事实上从命中可看出，这个人发达是很早的，27岁丙午就起来了。现行37岁丁未运更是一路暴发，今后运程也是可以的，67岁庚戌运就会收手了。这个命为什么说他是走官方路线发财呢？为什么又说他是27岁丙午、37岁丁未两步好运呢？这种论命的根据是极为清楚明白的，可以讲是铁板钉钉的道理，跌打不破，个中原理不说不明白，说破就不值钱了。不过这儿我还是要说出来给大家，不卖关子啦！

按俗论这个命是从财格，要走财运、伤食运才会大发，这是一般学命者们的一般之认知，这命偏偏是走官煞运发大财的，一般习命者恐就觉得不理解了。实际上，论命一定要跳出身强身弱的怪圈，按格局去看才会找到正确的方向。

这个命是从财格，这个格还是大致成立的；但这个格中还是有“病”的，这个“病”就是时干辛金破局，古命书云：有病方为贵，无伤不是奇；格中如去病，财禄两相随。此命之“病”既在辛金比肩上，那么官煞丙丁火不就是去病之“药”吗？是以此人大运走丙午、丁未两步就发迹了；丙丁为官煞助日主去比肩护旺财，丙丁之官煞就造福日主了，对应的不就是其人大得官方之利吗？至于丁未运远胜丙午者，以丙之合辛虽有情而不够有力，惟走丁字大运，丁火七煞正好“针尖对麦芒”完全伏制辛金比肩了，丁煞极有力效命日主，是以此运大发了。

另外，还可以推断出其人的兄弟缘还是可以的，兄弟会给他打工做事的，为什么呢？官煞制伏比肩，比肩不就会归顺我吗？是以肯如此下结论。

事实上正是如此，其弟就是为他哥干事的，乙酉年哥哥为弟弟还购了宝马车。

例三：坤造　戊戌　戊午　甲寅　戊辰

1　11　21　31　41　51　61　71

大运：丁巳　丙辰　乙卯　甲寅　癸丑　壬子　辛亥　庚戌

这个命是由王万旭提供的，他讲出了这个命，我一看心中已全盘有数了。

甲生午月伤官正格，喜年月透戊财作伤官生财看，喜身旺、财旺、伤旺所以成格，此女为某地级市烟花爆竹（木火之象）之总代理，近几年发大财了。但毕竟全局火炎土燥，故文化不高，性情火暴，土财主而已。

这个四柱是生于午月，局中无水是无秀气难作上命推。夏木见水，是为夏木成大命、上命的必要条件；无论是甲木还是乙木都应如此看的。实际上这个命是有火炎木焚之势，幸柱中有三个甲木参天，一时火势难于焚尽，又喜大运走东方、北方水木之乡，所以这命还作好命看的。

记得台湾梁湘润老先生在《沈氏用神例解》一书中讲解“伤官”一节时，就随意排出了这个四柱以说明伤官生财的格局形式，殊不知我在现实中真碰到了这样活生生的例子，这种命用沈孝瞻先生的理论去看还是很准的呀！

例四：坤造　丙辰　辛卯　庚辰　戊寅

8　18　28　38　48　58　68

大运：庚寅　己丑　戊子　丁亥　丙戌　乙酉　甲申

这个女命是我的一个学生，记得当初我见她第一面的时候，她神情憔悴，气色暗滞。我就当时的壬课上直接看出其目前的困境，财星龙神克命，必有经济纠缠而困惑不已；果然如是。

第二次见面我为她看了命，这个命在《子平真诠》的财格中，它就是财格用煞印的样式，其书云：“有财用煞印者，党煞为忌，印以化之，格成富局”；对于财格用煞印行运的要求，其书又云：“财用煞印，印旺最宜，逢财必忌；伤食之方，亦任意矣”，按此二条去看这命心中自有谱了。

这个命是个早发的中富命，为什么这样说呢？一者：这个四柱是成格之命，庚金生于卯月是为财格，年干透出丙煞，是为财格党煞了；喜庚日主坐下“龙地”，“龙地”透出生气戊印于时干又坐在“虎地”，的确形成了财格生煞佩印化煞的好局；二者：这个命中时日成“龙吟虎啸”之格；此一格在《三命通会》“时日断命总汇”中万民英先生是屡屡提及，视为命造吉祥成功做大事业的一种重要标志；三者：这个命在18岁就走己丑旺印之运，且是贵人运，是为命中的最吉之运，所以其命18岁到27岁之间会闯出一番事业来的。这个命由于丙煞高居年位，故其做事业就会做的很快很大，势如破竹；这种惊人的发迹速度全是命中丙阳煞、寅阳偏财、戊阳偏印“强强联手”的结果，其富贵出人意外。

这个女孩自1999年已卯开始和男友创业做电脑生意，出乎意外的顺利，到庚辰、辛巳两年更是大发了；壬午年就走下坡路了，癸未年因“非典”也影响了公司发展。同是这一年换了大运戊子，昨日好运已成往事。甲申年财星破印又与时柱反吟，公司差不多完了；乙酉年上半年连续甲申气运，因离婚与丈夫闹经济纠纷弄的人憔悴不堪了。

这个女孩认识我后，我对她作了一些指导，帮助处理了她与前夫的纠葛，又让她把手中闲置的大房子租了出去，让其本来要上万元的月供变成每月有万元的租金收入，盘活了一些固定资产。这个女孩也参加了我的四柱学习班，在思想上对人生有了全新的认识。

这个女孩的相是很特别的，人是一个纤弱的小不点，可做的事业不小；生是东北人，可长的像南方水乡的女孩子了，完全是一幅“北人南相”。大凡“南人北相”或“北人南相”不仅在相格要“形似”，更要在心相上“神似”，这方算得上在相法上入格。当然这女孩儿是成格的“北人南相”，可其相格做大事业的“内相”根本不在皮肉形相上。

我观察其多日，才发现这女孩子藏蓄的“真相”，其是活脱脱的观世音菩萨身边的“童女”相。这点在她讲起菩萨时的口吻上表现的特别显著，一口一个“咋样侍侯她（指菩萨）呀”、“我见了她特怕”、“我怕她不高兴啊”，完完全全是个好像在菩萨身边呆过的童女，她这辈子做人就是小孩儿任性犯了过错才投下来的。再加上其母亲是个极虔诚的修行人，所以两人有缘就做了母女。我悟破了这层道理，对她就作了特别的关照指点。

这个女孩的婚姻、六亲、性格、运程等我为其作了大致的预测；并没有为她作详细的人生推测，这是因为“水至清则无鱼”，有些人（特别是有点来头的女孩子）的命是的确没有必要讲得太明白了。

例五：乾造　壬寅　庚戌　丙戌　壬辰

8　18　28　38　48　58　68

大运：辛亥　壬子　癸丑　甲寅　乙卯　丙辰　丁巳

这个四柱是天津老杨亲弟弟的命，当老杨在学习班说出这个命的前三柱，我就连声说，这种命就是不讲时辰也是大命、好命了，等到老杨说完他弟是壬辰时生人，我不禁叹为观止，如此佳造真是天造地设的好局啊，这种命完全称得上是四柱中的“艺术品”，是可以叫一个习命者欣赏备至令人神往的上等四柱呀！

这个四柱之所以出乎寻常，主要还是在于丙火日主在用“壬水辅丙”上成了好局。按《穷通宝鉴》一书对九月丙火的论述思想来看，九月丙火已退气，又被戌中戊土晦光，所以此月丙火欲成大命，先要取壬水江湖辅映丙火太阳光辉，其次要用甲木来制戊土清局，防止戊土浊壬水又来晦丙火之光；只有命中壬甲相辅相成，九月丙火方有可能成上命。可喜的是，这个四柱中壬水高据年干时干之上映射丙火之光，命中甲木虽未透干出头，却妙在其竟然隐于年上壬水坐支寅木之内，真神内藏秀气团结，这个就是本命之所以出类拔萃的关键所在；为什么如此说来？这是因为实际上，这个四柱中有三重戊土藏于月日时地支之内来塞壬水晦丙光，这个戊土就是命中的“病根”，这个“病根”为患之深不是一般的了，幸靠寅中甲木制戊土来护住丙火和壬水所产生的光明格局。

按此思路去看这个命的行运，辛亥、壬子、癸丑早年三步大运全是连环金水，助起命中微弱之壬水，故其少年行运必是一帆风顺，学业上出人头地，参加工作也必定风光无比。不过这三步运途不是其人其命的人生高峰，其人其命最好的运程定是在甲寅、乙卯两步上，这是因为运程上来的强木刚好完全可以去除原局中的重重厚土，“病根”去尽必走运的不得了啦，真的这两步好运是人间少有，不仅会有大名气，还可做出一番大事业来的。

事实上，老杨的这位亲弟从小到就一帆风顺，特别聪明，学习很好，曾是天津市的高考状元，考入清华大学，一路顺风顺水读完硕士学位，毕业后又到美国留学，获得金融硕士学位，工作时直接进入国际上最有名的金融财团，他的一举一动被全世界的金融界所注目，成为当今国际金融界内的著名人物了！

所以当老杨问我他弟的流年运气时，我就打哈哈道，这种好命的流年是不用细看的，命中运中又无败象，大致坏不到那儿去的；除了好之外，这命就没什么多讲的啦！不过也可以再侃二句的，这个命好呀全是祖上积德来的，壬寅年柱在命中起如此大作用，不是祖上、父母行善走正道，何来这样的后代呢？

像这种大命的判断，根本不是也不可能用流行的身旺身弱理论可以看出来的，就是在行运上用身旺身弱俗法来看也只会得出自相矛盾的结论。这个四柱若用身旺身弱的俗法或“新派”去断，都会得出本命身极弱的结论，那么俗法用神必取木火，大运也只有木火运才会好。照此说法就会认为此命前三十年走水旺运来克日主（身弱再逢克制）会活的一团糟，根本不可能会有高学历、好工作、出名气的。由此而知，这种流行俗法命理是何等的浅陋何等的无聊呀。

记得去年在和北京的一些易友聚会时，我拿出了这个命让易友们看，无论是搞斗数的还是搞命理的，都断不出本命的大致层次来。所以我在这里讲，学命人不要自高自大，天外有天，人外有人，命学是有无穷深理的，就是我到了今天这个境地，愈学愈觉得怕，高处不胜寒，这命是真的太深奥了。一个不小心，就会看不清命中的“玄机”，一个四柱就是一部“天书”，就是一个“谜局”，就是一个“人生密码”，要破解“天书”、“谜局”、“密码”不是那么容易的啊！

例六：乾造　辛亥　戊戌　庚午　壬午

1　11　21　31　41　51　61

大运：丁酉　丙申　乙未　甲午　癸巳　壬辰　辛卯

这个命主在2004年国庆之后就来找我，要求我为他预测。当时，我见其人形相枯槁，神情凝滞，一下子就知道其人命运的不堪了，就拒绝了他。到了2005下半年，他又来找我，想购我命书的内部材料，又表示想要参加我的学习班，欲通过学习五行来作为未来生活的饭囊，十分诚心诚意。我看他如此态度，就答应了他，并且学费减半，尽量帮助一点他。

这个命我在学习班上作了讲解，大致指出这命的特点就是“有病无药”，是个较差的命格，一辈子不可能出头，只求人生平安与温饱作目标就是了。

这个命是庚金日主生于戊戌月，正是重土当权之际；再加上日时两午内暗藏的二重己土，这命中的“土重埋金”之象就形成了。这个重土埋金就是命中的“病处”，有此“厚土”作病，自当以来求治病之“药物”，这一“药物”自应是强有力的甲木了。扫描命中根本没有甲木透出，退而求次去找寅木，柱中又是毫无踪影。惟一之甲木只是藏蓄于年支亥中，无从引出；而且更不堪的是这一亥支竟是日家之空亡，甲木之象是虽有若无了，根本起不了什么作用，就此上述分析我就作出了如下结论。

一者：戊戌重印为忌，则必父母缘薄受父母拖累而一生出不了头。

二者：重印作忌，自是出门无依无靠无文化，只能干体力活维持生计。

三者：财星无力又无情，一生无财又无妻。

31 岁走甲午运，虽甲字是假神不顶真事，但毕竟聊胜于无，是以这两年（甲申、乙酉）打工还可稍挣点钱，未来岁月只能随遇而安就是了。

这里要特别指出的是，对于庚辛金日主，一般是不喜土来相生的，不论是身强身弱都是如此的，庚辛金之忌土尤甚于忌火，这是《穷通宝鉴》对庚辛金日主的特殊要求。这个四柱就犯了如此大忌又无吉神救助，是以下命无疑了。

这个命主真的是个苦命人，出身湖北农村，父亲是残疾，母亲是瞎子，父母不但靠不到还要他一个人养，累人啊！以前在老家承包种水果，从银行贷款 3 万元，不料是年发大水全亏了，连借的和自己贴进去的共负债 6 万多元。没办法了就出门到南方打工，活干了拿不回钱，气人啊！在南方混不下了，就在甲申年跑到北京在国防大学的建筑工地做搬运工，每月 800 多元，生活才算有了点平稳与保障。至今因穷未讨老婆，想要成家不容易呀！

我和学员们知道了他的情况，都为他的沉重债务发愁啊。看了他的四柱，又深感上苍的无情，没有出头日子呀！唉！唉！万般皆由命，半点不由人！预测多了，越感觉到这话沉甸甸的份量了。

例七：乾造　戊午　己未　乙酉　丙子

6　16　26　36　46　56　66　76

大运：庚申　辛酉　壬戌　癸亥　甲子　乙丑　丙子　丁亥

这个四柱是我的一个沈阳学生的命，这种命是一般“大师”们看不了的：或作从格看，或作正格看，都是摇把不定，心中无底气。这个命我一见就作好命看的，是为“六乙鼠贵”格。

按《穷通宝鉴》看未月之乙木，不是在其身强身弱之上打圈圈，而是全在癸水上作文章。此一命乙木生于炎夏之际，本是“气退枯焦”，其精神全要在癸水滋润中而现生机活力，此命的“秀气”就在于这个“丙子”时上，有了这个“子”时，全盘皆活了。事实上这样论命似是不足的；为什么呢？就是这个命中年月四重土神会来浊水，此一子字中的癸水好像就没了生存之地。这一命这样大致看是不错的，可此命的关键处就在于乙木坐下的酉字了。此一酉字之功在这个四柱中起到了“中流砥柱”的作用，此酉字可以暗生子字中的癸水，又可将年上的午火炎气转化为未中土气，又将未中土气可化为辛金之气，此一辛金之气就可直接成了子字中癸水的“水源”，如此一流通的话，时上的“子”字实质是全局之气的归缩，此一子中的癸水吸尽了全局之元气，癸水似在命中最弱实际上是最强，由此而促成此命成为佳造。

按上述理论去看本命就一清二楚了：子水是印星是命中的吉神，则对应其人学历文化很高，人特聪明（夏木见水之人，是天下第一等聪明才子），印又代表产业、固定资产，今全局之财气、煞气全化为印绶元气，则其人会有大资产、大公司、大房子等多多财产的。

又酉金是命中的喜神，故我断出身家庭条件很好，从小发展一帆风顺，运气特好，没有什么大挫折的。

2005年甲申这一年，事业有了大发展，是做事以来最好的年份了。

从这个命的未来看，一路走运的很，到了甲子运事业可做到几千万应是没有什么问题的。

这种命若依身之强弱来论，完全是讲不通的。若按身弱来说，则从小到大的庚申、辛酉两步运应是差的不如人意了，不但不应该有工作有学历，而是应多灾多难的；是知如此倒推则依身弱论是对不上号的。

这个命若是依从格来讲的话，则前二步运则是可以说的通，可就是看现行的壬戌大运，特别是现在行的壬字运，就应当运气是很滞的；可事实却是就在 26 岁壬字上公司事业开始做大了规模。从现景上看，未来只会越来越好而不可能栽下来，是以知按从格也是说不通的。

所以学命者真要看自己水平如何，这个四柱就是一个很好的“试金石”。

例八：坤造　丙午　乙未　己卯　甲戌

	4	14	24	34	44	54	64	74
大运：	甲午	乙未	丙申	丁酉	戊戌	己亥	庚子	辛丑

这个命也是个杂气格，问题是这个四柱的取格到底如何去定？己土生于未月，日主之气已足无疑。未月中藏有乙木、丙丁火，今天干上丙丁火与乙木全部透出，就要比较乙木与丙火即本命中印与煞的力量到底谁轻谁重了？这个未月之中，乙木是得其墓库之气，丙火是得其余气，两者之力旗鼓相当；但此命中丙坐午自旺，又半合火局（午戌）、支六合火局（卯戌），显是丙印之力是远大于乙木七煞力量的。据于“从重者论”的预测总原则，就自然可以知道这个四柱中对日主影响力最大必是丙火印星了，则本命就作杂气印格看了。

既是印格则命中就喜见官煞星，妙乙木煞星通根归禄于夫宫卯支清纯有力，这其女之事业发达必得老公相助而奏大功，也就是夫妇两人联手可打天下做一番事业的。

这个命印格见官煞混杂是不忌讳的，这是因为印星之气太重大有脱泄官煞之势，故此命行运喜财旺、伤食之乡、官煞运也可，身旺运、印运则是一般般了！观其人走运，24 岁是丙申、34 岁是运丁酉，一路顺风顺水，54 岁后开始走北方水地，其福更在老年，事业不可限量啊！

此女本是一中学教师，在 90 年代初闯深圳做生意掘得第一桶金，后与丈夫两人联手做房地产大发横财，至今兴盛不衰，风光无限。

我的学生对她的评价是：富姐、能干、旺夫旺子。

例九：坤造　辛卯　庚子　壬寅　乙巳

3　13　23　33　43　53　63　73

大运：辛丑　壬寅　癸卯　甲辰　乙巳　丙午　丁未　戊申

这个女命一看就是个款姐，是个有钱的主，财还发的挺大的呀！从命理上断本造，就是刃格用时上偏财的局，妙在壬水日主坐于寅地，寅中暗含三阳真火，转生时上丙火阳偏财，是以格成局清呈富命了！

这个命之所以成款姐，一者月日时都是阳干极有力；二者大运走东南财旺地；三者就是壬水日主用寅中甲木食神星；此甲木食神星在十干食神中是最富活力的，其生财能力较之一般天干食神星更见吉利的。古人曾经屡屡讲到：壬骑龙背喜风云；就是指壬水日主见辰字（龙背）或寅字（风云）就会成大命中的上品，其格之大是尤胜于常格的！像《滴天髓》书中的“何知章”在讲“富”命时就举到了同此四柱类似的命造：甲申　丙子　壬寅　辛亥；也是壬寅日生在子月，不过此命所见之丙偏财在月干上，本命则丙财在时上巳宫中，两者的取格论命的大纲是相像的，所以我在这儿特地的来表出。一个学命者一定要真正注意到“壬骑龙背喜风云”的干支组合特性。

这个四柱的命主是个女强人，在文化部门工作，有暗财几百万。

例十：乾造　己酉　甲戌　壬申　庚戌

6　16　26　36　46　56　66　76

大运：癸酉　壬申　辛未　庚午　己巳　戊辰　丁卯　丙寅

这个命是我新西兰的六壬、四柱学生杨彬在京跟我学四柱时提供的。当他说出这个男命时，我就一眼看出是命的价值所在，这种四柱就是商界之英雄、企业之才俊，是一种开拓做大市场的顶尖四柱。

壬水日主生于戌月，又年上露出官星，时上也是庚戌内藏煞星，全局就是官煞混杂，喜日主自坐申金印星流通煞气，时上庚印透出，形成煞格杂官用强印生身的好局，这种命就是富贵之造了。照理说，煞格成功者当是官场中人，但此命中不见丝毫天乙贵人、天德、月德等秀气，是以不会在官场中混，定是企业界中的一流人才了。

我见过好多在商界打天下、挣大钱、坐到集团公司高管位置的人，其四柱中大多是有煞作用神或相神，这种煞有力效命于日主的格局，在市场上有特别巨大无比的竞争力，可以战无不胜攻无不克。像这个命就是这样的人，当集团公司在某地市场上面临巨大竞争与挑战时，此君出马便就能迅速扭转形势开创一片天地，各处救火，立下赫赫“战功”，其业绩征服每一个人，其地位也就直线上升了。

这个人到今天已是深圳某知名企业集团的常务副总了，北京航天航空大学毕业，父母是北航教授，年轻有为，是商界少见的精英人才。其人的发迹不仅与个人运势有巨大的关系；并且从命中可看出，他的成功也与其妻的作用是分不开的。

此人与我学生杨彬是大学同学好友，大事上都听从杨的指导。

例十一：乾造　庚戌　戊寅　癸酉　乙卯

4　14　24　34　44　54　64　74

大运：己卯　庚辰　辛巳　壬午　癸未　甲申　乙酉　丙戌

这个四柱的主人是我新西兰的六壬、四柱学生杨彬，他是北航毕业，后到上海、广州、香港等地工作，曾在香港媒体上搞过命相方面的专栏，有一定的名气。他本人很是聪明，学易也有了很高造诣，也见过很多国内外成名的各类术数大师们，所以对国内外易界的水平有着较多的了解。

2003 年国庆前夕，他到京拜访了我。我为他占了一课，因准而折服了他，由此开始他跟我学习六壬、四柱，至今有二年了。对于他的命，我为他细细看过断过的，除了少些细节有点失误外，基本上全对。事实上，他让过好多人看过他的命，几乎没有一个说的像样的。当然个中原因我是清楚的，不了解这个四柱癸水日主的特性，的确是看不清本命的机窍所在；而国内外命学大师们现有的水准（徐乐吾式的东西）自是弄不明白此命的啦！

我在这里不惜泄露真东西，特来说说这种命（这类命）的基本断法之奥妙。

在我的论命思想中，十个天干作为日主是不能仅依身旺身弱此一法去简单化一刀切的看，而是应该要按十天干的各自特点性情去作为论命的基本入手点。像本命癸水日主就要按癸水的先天本性去作论的。

按照古人的看法，癸水作为“雨露”之水，它的禀性在十天干中是最弱的，它是“三千弱水”是“至弱”之水，所以无论癸水生在任何月份都是喜生助忌相克的。就算癸水生在子月建禄之时，癸水也是要有他物来滋生它的。当然，如果癸水再生在失令之月，则癸水要他物相生相助更是急中之急了。这个原理就是本命论断取验的中心思想所在了。

这个命是癸水日主生在寅月，正是“值三阳之后，雨露之精，其性至柔，先用辛金，生癸水之源，次用丙火照暖，名‘阴阳和合，万物发生’；辛丙两透，金榜有名。”据于如此《穷通宝鉴》的论述，可知此命癸水日主生于寅月失令之际，则必要印星庚辛金来发水源为断本命之首务；至于用丙来照暖癸水，则是定要在癸水有了庚辛金印星之后方可论到；只要有了这样的中心思想来看本命，则此本命中其他十神的吉凶之性就可定出来了：

庚辛金作印星自是本命癸水日主的大吉神。

戊己土可生庚辛金，此是其吉之一面；戊己土可克日主，此是其凶之一面。

丙丁火因克庚辛印星而必呈其凶，特别是丁、午火直制辛，其就是命中的大凶神了；丙火克合庚辛印星是其凶，但丙火可耀癸水，则又是其吉的一面。

甲乙木本是泄露癸水之气，但其在命中受制于庚辛金，则不呈其凶反见其吉了。

按上述之大观去看此命就可大概断出此命的主要情况了。

显而易见，此命年上庚金印星和妻宫酉金印星就是其命中的至吉处，对应的就是其父母辈必是知识分子有才华，惜庚金不得地，则父母虽有才华恐一生不得志。至于妻宫酉金贴身生日主，则平生必得妻子相爱相助了。也就是讲，此命之富贵荣华跟妻子是分不开的。

观其大运14岁走庚辰，庚坐辰地较有力，此运开始想好好念书了，一鸣惊人，竟考取北京航天航空大学（其母曾请当地的预测先生看过，以为其不是读书的料）。至于24岁换走辛巳运，命中两大至吉之神（辛金、丙火）併临，认识贵妻并且结婚、抄股大发财、在广州购房子、在香港搞命相专栏、术数水平大提高，皆在此运中完成，一舒平生之志而扬眉吐气，如此一路走来，全在气运主宰之中。

34岁刚交壬午运，准备移民新西兰，结果在35岁甲申年申月（是我断的出国时间，一点无误）就顺利出去了，也就是在甲申、乙酉两年跟着我学六壬、四柱两门术数宗法了。

这个命叫人忧愁的就是马上39岁走的午字运，恐有性命交关之厄；为何？这儿不是俗说中因为身弱再见财星的缘故，而是午运会命中寅戌合成火局，则午中丁火大旺来直接克制命中之酉金，酉金是本命癸水日主之依赖，此酉金一伤，则本命定然全局震动乃至有崩溃之险，对应的人生命运就必有大灾了；还喜运干壬字盖头可一定程度上去伏火，则此火局财星破酉印的损害会有所牵制，故断虽有生死之灾还是可以过去的。

对于这个命的细算，是杨彬在2005年从国外特地来京学习四柱时，在东三环的华泰宾馆中我为他算了半天：人生之事业、情感婚姻之变化、六亲之缘分、学术之变迁、流年之得失、大运之否泰都作了全面细致之推算，十分到位，就像帮其回忆自己的人生历程一样，通过四柱预测重复了一遍。

对于这个命的论述，我在这儿只好大致列出以上之断命大纲，详细处只能请读者们自己揣摩了。

例十二：乾造　庚子　己丑　己亥　丁卯

10　20　30　40　50　60　70

大运：庚寅　辛卯　壬辰　癸巳　甲午　乙未　丙申

这个命是己土日主生在腊月，天寒地冻全无生机，年月日三柱全是湿泥寒冰，一片萧煞气象，万物不能舒泰。当此酷寒之际，挽回造化者只有一轮红日；惜此命中毫无一点丙火真阳之气来鼓动，则其命之不吉就可想而知了。

大凡四柱推命之原理乃是据于“天人合一”之大法，是由“言天”而来“知人”的过程。具体的讲，凡四柱五行所描述的万物充满生机活力、欣欣向荣、风和日丽、繁荣昌盛的自然景象，则其对应的人生就必是一帆风顺、兴旺发达的命运；反之，若四柱五行原局呈现的是万物干槁、枯萎、消退、残败的自然景象，则其四柱所对应的人生就定是多灾多难、困苦非常、六亲无缘的命运格局了。

据于如上思想来断本命，则年月日之“自然景象”就很惨了，这一片“自然界”中冰封千里人烟无踪，命中之土、金、水、木所象征之万物全要太阳火来才能发荣，则全局方会“生动”起来，可叹的是命中无此太阳，只有时上一点丁火“炉火”之光来暖局，惜乎此一点丁火在“解冻除寒”方面不能大济，则此命一生做事必会吃力异常，一生之宿命就是要在“困境”中来寻找“光明”。这个命中的丁火是为己土日主之印星，此人之奋斗必是想通过知识来改变人生命运的。

事实上，此人是个西部穷困山区的农村校长，专办家庭图书馆，曾被评为“全国农村十佳青年农民”，受到过国家领导人的接见。

例十三：坤造　辛未　庚子　己巳　丙寅

4　14　24　34　44　54　64

大运：辛丑　壬寅　癸卯　甲辰　乙巳　丙午　丁未

这个女孩今年16岁了，就是上面农村校长的闺女。这个女孩虽家庭贫寒，但是这孩子特别争气，就是读书特好，出色异常，看来前途远大；现在我们就从命理角度上去看这个女孩的造化到底是如何的。

己土日主生在子月，是个天乙贵人当令的偏财贵格，此命又喜身主自旺；是以可作成格推了。不过可惜的是，年月两柱上的庚辛金与子水形成的就是“金寒水冷”大象，则这一女孩的家庭经济就不免会很困窘的啦！换言之，这个己土日主纵然身旺，也是不得年月伤食生财之福的；也就是讲年月上的庚辛金食伤生月令子财的本象就是“金寒水冷”，它是不会给己土日主带来福禄的。

大凡金水相生作福于日主，必要金水成“金白水清”或“金暖水温”之象方可；若金水成“金寒水冷”之象；就是命中金水有官印财食之名，也是难于造福日主的！本命就是这样的：年月庚辛金作伤食来生月令子财，是有财逢伤食生助之名，但此财食带“寒气”，则此财食就成了四吉神中的“假神”了。

这个命要成好命，就是必要柱中有丙火太阳光来温暖全局，妙在时上丙火坐寅底透露，全局立时“生动”起来了；又喜大运东南木火阳明之地，则本命就有了“生发之机”，此命日时上和大运上的木火官印之气就可来鼓动原局年月上的金水之气，使原局中的金水就有了交欢之象，“金寒水冷”就可成为“金温水暖”，至致则此命就会大发了。大运可享受官印之福，此官印还可击发原局中的财食之气，则日主又可得此财食之利益了。这种命理对应的命运现象就是：此女长大后会因读书出色而有事业名誉，同时会嫁得一个发达的如意郎君，如此一来人生就可青云直上了。此女发达之时，也就是其家运发达之时，父母兄弟们的运气也会好起来，日主至时还会得家庭之助力了！

从上述分析来看此女孩，这一女孩未来命运还是会有出头发达之日的；且有好的姻缘等着她，这是铁定的气数必应的。一个山区贫困女孩能有如此造化，还真是令人欣慰的呀！

我的大量经验表明，一个积善之家，其后人必有发达者。尤其是父母一辈子辛辛苦苦做穷教师的，其子女出人头地的人真是很多，这样的人我见了不少。

例十四：乾造　乙酉　辛巳　癸卯　丙辰

3　13　23　33　43　53　63

大运：庚辰　己卯　戊寅　丁丑　丙子　乙亥　甲戌

这个命的主人是我的小姑父，为什么要在这里讲他的命，就是我姑父在当地也算是一有能耐的闻人啦！

这个命按《穷通宝鉴》中对四月癸水的论述，可知此命之吉就在于这个四柱中的癸水日主有了“辛母”依靠，惜乎本命中无壬水，否则本命必成富贵极品的大格了！当然有了“辛母”就不一定必是成格的，即是辛金作用神，则克合辛金的丙火、丁火就会成大忌神了，特别是丁火只要有力来破辛金，则败格之极，《穷通宝鉴》对此下的结论就是“贫无立锥”，如此这般严厉的断语，可想而知此一辛母见到丁火破格之危害程度会何等地厉害了！

当然，辛金也是忌见丙火的；但此一丙火的为害程度就浅多了，它只会大大贬低本身命格的价值而已。本命中就是时上丙火出来现身来破合辛金的，对应的就是妻、子拖累本身的发福。

癸水即是用辛金作用来生身，则辛金偏印的机智聪明就会突现出来，对应的就是其人精明非常。我的姑父是个木工，跟我的大姑父（就是他的连襟）学的手艺，一出师就名气大振，以其手巧做的活特好。

他在行丑字运时（上世纪 80 年代初），就在全村盖了第一幢楼房，买了村里第一台大彩电，牛的不得了。

43 岁行丙子运，他又做服装生意，做了很多年，但未能挣到大钱，以其过于胆心谨慎了；事实也就是丙财滞合辛金之原因。

53 岁后运行亥字冲月令巳财，我姑妈生病，事多不顺；服装生意也做不下去了，就重操旧业，还是去做木工好，但就是这么大的年纪，因为的确有水平，在苏州做古建工程。

到了去年乙酉本命流年，辛母有力，让人请到泰国去做古建，老来还出国，很有风光的啦！

这个命之所以特别有悟性，这和其生日癸卯为“日贵”是大有关系的。

大凡癸卯日主只要见辛字或丙字，都是有一定名气的人。我的外公今年已 81 岁了，他是四代看风水的传人，我的风水主体思想就是继承他的，他在我们当地也算是一方名人（看风水）。外公的生日干支也就是癸卯，命中也是有辛母的。巧的很，我也是生在癸卯日，年柱上也是有辛母的，所以也就有了一定的虚名啦！

我的外公叫张祖兴，他的风水是跟其父张益生先生学的，也就是我的外曾祖父。张益生先生是跟其老丈人张士林先生学的，也就是我外公的爷爷。外公的爷爷张士林先生生了两个闺女，没有亲生儿子，大闺女就招女婿上门，这个上门女婿就是张益生。张益生上门后，老丈人张士林就传了他看风水、择日等本事。

据我外公说，讲他的爷爷张士林先生水平高的不得了，在常熟县城君子弄摆摊测字，号称“张铁口”，名燥一地。我今年（2006年）过年回家，就亲眼看到了张士林先生为教女婿本事、方便女婿学习而特地在古书《地理辩正疏》上加了红标点，这本书《地理辩正疏》（此书是海盐张心言先生为蒋大鸿先生《地理辩正》书作的疏解）是光绪戊寅年出版的，到今有128年历史了，还在外公家中珍藏，实在不易呀！我由看到了外玄祖父张士林先生手书教诲外曾祖父张益生先生，想想这些我的老祖宗们，不由怀念之心、崇敬之心就油然而生了。

外公讲道，他所知道的他爷爷张士林先生是跟其父亲张德新先生学的，这张德新就是我外公的曾祖父了。也就是在张德新这一代，就在外公现在的村子里（名金家桥的村落）开始卜居的，到我大舅小舅这一代，就丁财两旺了。我按蒋大鸿先生的《水龙经》去看金家桥这一村落，确是合乎蒋大鸿《水龙经》原理的。由此线索上看，张德新、张士林两位先生确是按蒋大鸿先生的风水思想来实践的。

因此到了今天，我的风水思想还是很重视蒋大鸿先生的学术体系的，这不仅和我的个人认知有关，更和外公由其先辈四代传承是大有关系的啦！

附：江苏省常熟市尚湖镇河金村金家桥组张家四代风水传承家谱（以我外祖父张祖兴往前推）

曾祖 张德新 （我的外玄祖父）

祖父 张士林 （我的外高祖父）

父亲 张益生 （我的外曾祖父）

儿子 张祖兴 （我的外祖父）

第十七章 官运预测实例解析

例一：乾造　壬戌　丙午　庚申　丙子

6　16　26　36　46　56　66　76

大运：丁未　戊申　己酉　庚戌　辛亥　壬子　癸丑　甲寅

这种四柱是我的学生郑立在面授班上提供的，她让我看这个命，按格局理论视之，我自是胸有成竹。这不过是一个大老粗做了大官，一辈子官运亨通，功成身退，是“张飞”式的有福人而已。

学生当即反馈：此人小时候家贫困，读书少；戊申运早早参加了八路军，解放后到交通部工作，长期担任交通部海洋打捞局局长，负责处理过国内外许多重大海难事故，文化不高，官位不倒，副部级待遇。

这个命是标准之正官格，月时透出两丙煞，全局就是官格杂煞的形势，这种官格混煞之局（据于取清之原则）可简单的看做作七煞格，这就是要命中有食神来制煞伏煞。这个四柱刚好如此：庚金日主坐禄自旺，年月地支半三合透出二丙煞，可喜可贺的是年干壬食高据岁位，通气于日时申子半三合水局，命造形成身健旺食制旺煞的组合，就丙煞壬食两个水火半三合局的“轻重较量”，还是煞之气有余，食之气不足，妙在16岁开始一路西北方金水连环补食神壬水元气，自是竟有60年之官运，不可思议，其官运一直到75岁气数方尽。此人行运气势之强十分罕见，我断之就是“十年文革”中其也不会倒台受罪；果然如此。“文革”结束之后，其人走壬子大运，开始走上个人权力顶峰；到了66岁癸丑运，照理说其人应该退休了，可此人仍然在职掌权，可想而知其人官运之强了。

这个命一生是有大福的，为何有这样说法？四柱内的丙煞很明显是命中的大凶神，可此大凶神上偏偏赋上了月德吉星，所以从旧社会到新社会，这人竟没吃过什么大苦，这种奇数真是少见稀有啊；这种“画龙点睛”式的吉星大大提升了本命的福气。要知道的是，在官场上混的不倒台，除了本身的才智之外，更要有点专主吉祥的神煞来烘托命局。做官人第一要有福，第二才要有本事；有了这两点，才会在官场上无往而不胜了。这个人是胆大包天，谋尽私利，根本不忌什么人言可畏，很多人对他有看法，他却官位巍然不动稳如泰山，这就是他的福份啊！部长有事找他谈话，也要对他敬之三分；遇到不利之事，他就装傻，部长对他也无可奈何。这种人工作是真有大魄力，任何单位都不能没有这种人；再加上资历又老，上至部长下至小卒，无不把他当作“元老”看，他呢就怡然自得，风风光光的活了一辈子。

例二：乾造　庚戌　庚辰　戊寅　甲寅

3　13　23　33　43　53　63　73

大运：辛巳　壬午　癸未　甲申　乙酉　丙戌　丁亥　戊子

这个四柱是河北某县县委书记的秘书，是出版社编辑介绍他认识我的。

我一见其人，二看其四柱；就对他讲了二点：一者你这个命就是天生做官的料；二者这种命做官是“东方不败”笑到最后，永不会倒台；无论你酒色财气沾染多少，无论背后有多少人想整你，你永远是官场的“不倒翁”。

另外，你 33 岁必然转运，是你人生仕途的重要点。答道：太对了，就是在 33 岁开始任县委书记的秘书。文才一流，极有权威，很受书记的宠信，做事雷厉风行可担大任，可为老百姓做很多事，不过这样树敌不少，所以背后经常有人想整你，但你后台硬不怕，只有你整人家的份，好出风头，官场的习气很重，会周旋搞关系，一生做官会节节上升，可做到副市级的职务；53 岁后要注意财色之事，恐有风波，但可以过去的。

命中一子，大男子主义，好色好酒，活的潇洒。

以上全部推断，基本合乎其人事实的。此君胆大敢作敢为，仗着书记的信任，在其县呼风唤雨风头出足，做了不少工作，惹了不少争议。

去年河北一地因征地出了农民械斗之事，惊动了高层。原书记就地免职，河北省委欲把此君的上司书记调往该地作一把手，此君因要跟这位书记去，所以找我来问事。问我去了此后会如何？我讲，自古以来朝庭叫人做官的第一宗旨，不是要你弄出多少政绩来造福老百姓，而是首要确保地方上不出乱子，这样朝庭才会放心，这也是做官的基本责任。所以你去了之后的重心就是要“安民”、“养民”，化解各方矛盾，平息各方争议，要建设“和谐”社会呀，这是我“代表”党中央给你的“嘱托”啊。此君听后，哈哈大笑开了。

这个四柱的算法，事实上也是很简单的。戊土日主生于辰月戌年，是极厚实的板结之土了，又类似建禄格；故而急要七煞甲木来制月令比劫疏通厚土了，好在这个时日上俱见三个甲煞来制年月日主三个戊土，形成身煞相停之局。请注意：四柱中身煞相停之局，就必要食神出现来权衡七煞，这是一个原则。这个命中是三个戊土、三个甲煞、二个庚食，全局是身煞之气已足，食神之气不及；大运 33 岁甲申出现一申补足食神元气，是以此运做官开始出头了。

这个命四柱纯阳，又是阳食制阳煞，格局洪大。但七煞主酒色财气，月令比劫主仗义哥们，所以此人沾染官场习气很重的；好在有食神制煞可驱煞化恶扬善，所以此命虽然是“强权”式的人物，虽然做官的毛病不少，但还是有很强的工作能力，还是可以做点好事为百姓服务的。

例三：乾造　乙酉　辛巳　壬辰　己酉

6　16　26　36　46　56　66

大运：庚辰　己卯　戊寅　丁丑　丙子　乙亥　甲戌

这个四柱是河南一易友让我看的，这个命一报出来，我就注意到了这命的不平凡处：壬水日主生于巳月啊！一般的四柱学命者可能不理解我讲这句话的意思，容我一一道来。

在四柱论命的格局中，我们知道都是以日主对照月令来定的。但如果结合神煞中的天乙贵人，那么就有月令地支则好就是日主的天乙贵人，这种月令作天乙贵人的格局自然就比一般之月令格局高贵多了，这些天乙贵人作格的十干月令组合有这样多：甲戊庚日生于丑、未月，乙己日主生于子、申月，丙丁日主生于亥、酉月，壬癸日主生于巳、卯月，辛日主生于寅、午月；这些贵人作月令的格就是“贵格”的一种类型，也是评论命运高低的一个重要指标之一。

这个命壬日主生于巳月，就是“贵格”之象，这是此命的第一个不同寻常处。这个命的另一个不寻常处，就是这个壬水生巳月的特殊性：巳中有戊土是为壬水日主的偏官、巳中有丙火是壬水日主的偏财、巳中有庚金是壬水日主的偏印；《三命通会》的作者万民英先生对此三者，谓之是壬水日主的“偏三奇”，认为这是大富大贵命的最重要的佐证之一。当然与之观点相类似的就是《子平真诠》中所认为的壬癸水生于巳、午月者最易富贵双全，这就是取这两个月内的藏干，刚好就是壬癸日主的财官用神而已。

按《穷通宝鉴》的简易法则“金水命生夏天金水旺”去断本命，就会十分之简单：柱中只要有壬水比肩助身，辛金印星发水源就作大命推了。依之标准去看这命，柱中并无明透壬癸水出来，只是壬日主自家直接坐在辰地水库之上，此一水库虽不如明见壬癸水之有力，但毕竟聊胜于无，这样一来这个壬水在这个巳月就不会再有被熊熊烈火洪干之扰了。其次，这个命中的是透出了辛金印星来发水源，此一印星可谓是“根深蒂固”是极有力，所谓“根深不怕夭风吹”是也。

事实上，从干支性情角度来深谈，壬水生巳月只有柱中有根深之辛金，就可大致作上命看。但是壬水生于午月则必要有壬癸水助身再见庚辛金方作上格断的，癸水日主生于巳、午月与壬水日主可同论；为何有此论法呢？个中是有真理的。我们知道的是，巳月之中实是丙火当权，午月之中实是丁火司令；对于庚金或辛金而言，庚金在此两月若无水济是难于存身的，这是因为庚金见巳月之丙是煞攻身火熔金，庚金必难逃销熔一劫；庚金见午月之丁，丁来铸此庚金，此一庚金也难安身；是以庚金欲存于巳午两月，必要见水方可成大命；若无水必要见土晦火养金，但用土者只是常命者居多了。辛金在巳月就不同于庚金在巳月了，因为辛金是不怕丙火的，反是丙火逢辛而怯，也就是讲辛金可使丙火炎气消融，也就是辛金不见水就可以在巳月存身起功用的。但辛金在午月就大不同了，辛金在午月不见水必成凶命（后有实例），为什么呢？这是“辛金珠玉，最怕炉火”了，午月中丁火司令正是天地烘炉之际，代表温香软玉的辛金在此月若无水救，必然是死无葬身之地了。

按照上述观点去看本命就会清清楚楚了，这个壬水日主生于巳月，月干上辛金透出，且年时两见旺禄之根来生壬水日主，此一辛金之有力之有情不胜言矣，况且此一辛金还是此月的天德大吉星，这种厚福真是令人赞叹不已呀。日主逢此等真神，是足可依之托赖“终身”而成富贵双全之大命了。

这种财格佩印的好命，一生大得益于印之好处无穷：一者，本人有祖荫之德；二者，一生事业前途必有长辈提携而发福发贵；三者，本人学识渊博丰富定是好读书人；四者，一生可自创家业，有无穷之固定财产；五者，一生事业稳当不会有什么大灾大难；六者，可享高寿；这种印之吉象真是好的不得了。

事实上，此命是某省的副省长，主管全省文化、教育、体育等行业。此人出身大好，一生大得其伯父提携，其伯父是原中顾委内的核心人物之一，所以在仕途上发展的特别顺畅。其子在父亲的帮助下做生意发了大财，家业兴旺。

这种四柱真的是好得不能再好了，一般人是很少有的。人人都想有出息想成功，可生的命不行，定然一事无成。古人讲：不怕生坏相，就怕生坏命；真是有道理啊！

例四：乾造　戊申　庚申　庚午　己卯

3　13　23　33　43　53　63　73

大运：辛酉　壬戌　癸亥　甲子　乙丑　丙寅　丁卯　戊辰

这种四柱由我的学员李若九报来，一听这个命就知道其是个地方的小官而已，这种人做不成什么大事，只是求名逐利之辈。果是如此，其是一地方上的派出所所长，因手脚不干净惹出麻烦，就来请李若九去帮忙。

看这种命是很简单的，庚生于申月建禄，正是刚金锐锐之时，极要丁火来锻炼成器，喜庚金坐下就是午支，此一午中丁火正是命中至急至需之用神，此一午火又未受到任何伤害，反有时支卯木财星相生，是以可作小贵命推了。

这个命之所以只能是“小贵”命，这和出生的时辰大有关系的。此命若生于戊寅时，则此一格局就大好多了；为何？丁火作为红炉之火，最要的就是甲木来作燃料，则自然可以“炉火纯青”，庚金日主逢此丁甲辅佐，就会成上品之大命。这个四柱不见寅字甲字，反见卯字来生丁火，表面上也是财生官星；可事实上这种卯中乙木生午中丁官，里边是有毛病的：乙木是花草之木，内含水分太多，就有了“湿木”的嫌疑，用乙木来生丁火，就有点勉为其难的感觉了。《穷通宝鉴》一书悟破个中真理，故提出了“湿乙伤丁”之说，可见是书的独到之处。所以按此角度去看这命，此人若贪财，就定有官星动摇（官位坐不稳）之事。

按上述理论去看这一造的行运走势：

3~12 岁　辛酉运，这一个运自是不好的啦，家中穷困是必定的！

13~22 岁　壬戌运，这个运开始好转了，尤是后五年，必是学业有成参加工作了。

23~32 岁　癸亥运，这步运全是伤食之气不利于仕途的发展，工作累死人，好在命中有戊己印护官星，开始有小职位了。

33~42 岁　甲子运，甲字命中至吉出现，前五年中就出任所长了。不过到了 38 岁也就是乙酉今年，这个运就走子字伤官运直冲午字导致手脚不干净，五年内这位置就险了，下来是铁定的事啦！

不过从后运看这个人，还会在公安系统内混，43 岁后还是会有小官当当的。

例五：乾造　庚子　甲申　乙酉　戊寅

	5	15	25	35	45	55	65	75
大运：	乙酉	丙戌	丁亥	戊子	己丑	庚寅	辛卯	壬辰

这个四柱是浙江胡海洋告诉我，说这个命本是她们当地的县委书记，为

官清正，做了不少好事，打击不少贪官污吏和地方黑势力，政绩卓著，现已升到市委书记职务了。我讲，这种清官是我们这个社会的正气，一个国家有了这样的好官，人民才会过上好日子，也只有这种做官的，国家才有发展。

对于这个清官的命理，下面我们进行讨论。

乙木日主生于申月，此申乃是日主之天乙贵，年上庚官清晰透出，形成格正局清十分纯粹的正官贵格。正官之成格要求，必要如是三条：一者官星带财；二者官星佩印；三者日主要强健；此三者俱全者就可成为官格的上品了。对照此三条看本命，时上戊财透出的是官格见财了；年支子水暗藏癸印可视为佩印；这个命中的缺陷是乙木日主好像身弱，妙在见甲木透出，乙木日主自可“背靠大树”了。令人更绝的是此一甲木就是可以伏制时上戊财的，此一甲木的作用，就是其人为官不贪财的命理原因了。另外，此一甲木还是乙木的“贵人”，也即就是其人可靠的“政治后台”，此人之升官做事就是在官场上必有“大树”作为“靠山”，所以可以在官场上就有杰出表现了。

这个命中的惟一不美就是乙木日主坐下酉宫暗蓄辛煞，此一煞星攻身在妻宫，所以这个人作官处事上恐有妻子方面的困扰。幸 25 岁后走北方、东方水木之乡，煞星落于无气之所，难有发挥的机会，对此命局不会有大的阻碍。这个命仕途上艰难的是在己丑此一步运上，是一生中的多事之秋；到了 55 岁庚寅大运，可以更上一层楼，地位大显了！

不过要特别指出的是，这个四柱中有最明显最典型的严重“车祸”信息。命学中四种最应验的车祸之象，在此命中已有了三者，一逢岁运庚寅击发，定会发生大车祸的。

例六：乾造　乙丑　辛巳　丙午　壬辰

5　15　25　35　45　55　65　75

大运：庚辰　己卯　戊寅　丁丑　丙子　乙亥　甲戌　癸酉

这个男命是我学生提供的，一写出来我就惊叹不已，如此之命实是“富贵极品”，命格之高贵不可胜言。

丙火生于巳月建禄，若用壬水辅丙，则就是贵不可言的极品命格。请看

《穷通宝鉴》对四月巳火的论述："建禄于巳，火势炎炎，宜专用壬水，解炎威之力，成既济之功。如无壬水，孤阳失辅，难透清光。得庚发水源，方为有根之水。壬庚两透，不见戊土，号曰'湖水汪洋，广映太阳，光辉显著，文明之象'，人合此格，不但科甲峥嵘，必有恩鎡封荣。"

这个命中虽无庚来佐壬，却有辛金来助壬，大同小异；日照江湖，气象万千，格局之尊贵不可形容。像这种大命的出生，必是世代积德之家方会有此后人。特别是壬水辅丙之成格者，这种非同一般的文明气象不是那么容易想有就有的，都要有上辈人积大德方才有可能产生。我见过数十例壬水辅丙的成格者，无论是大成功者或小有成就者，其上代人大都有世德，只有这样这种家族才能把天地间至清至贵之气一脉相承传下来，成为人世间造化"钟灵毓秀"所偏爱的精品了。

事实上，这个男命是清代林则徐（林文忠公）的后人，一直在中央军委办公厅、总参任职，担任重要领导工作。

附：林则徐命　乙巳　甲申　癸酉　壬子

例七：乾造　辛丑　庚子　壬寅　戊申

10　20　30　40　50　60　70　80

大运：己亥　戊戌　丁酉　丙申　乙未　甲午　癸巳　壬辰

这个男命是山西某县的卫生局局长，是我的学生介绍后特来北京找我看的。在北京劲松桥旁的华泰宾馆中，我打开了电脑一扫这四柱，心中洞若观火，极有把握了。

这种四柱最是好看了，无论是从《穷通宝鉴》角度来看还是或从《子平真诠》格局角度来看，都是一清二楚的。

壬水日主生子月，水势浩荡一泻千里，急要戊土"大堤"来拦截。从十神角度看，壬生子月是为刃格，务要官煞来制伏的。从这两条线索来讲，这个命中时上的戊土七煞确是全局的核心了；可惜的是戊土这个煞在原局少了丙丁火财神支援，所以只能是"小贵"命了。不过40岁大运走丙字，必有贵人在此运上保荐而升官。我就讲你就是40岁坐上这局长位子的，果是极准。

这个命年上辛金正印自旺，但金带寒气，母亲一生清贫但人必十分贤惠的，是积德人。这个命主一生受母影响极大，且是正面的道德说教，这也表现其人心有仁义。

这个四柱中显而易见的缺陷就在于其人的妻宫上，日主坐下寅木正是戊土煞星的对头，这就是命中的“病处”；为何？从日主往上找到月令，由月令推到戊土七煞此一格中之“用神”，故而针对此一戊土煞星就可用“病药”说来看这个命中的喜神、忌神之所在，戊土煞星是这个格局的核心“用神”，克破戊土者就是命中的“病神”、“忌神”，护戊土煞星者去除“病神”者就是命中的“药神”，至于生助戊煞者就是“喜神”；由此上述理论我们就可定出这个命中的所有十神之吉凶性质了：

戊土七煞是格局中用神（相当于《子平真诠》中的“相神”）

寅木妻宫是破戊煞者，就是命中的凶神。

丙丁火财神生助戊煞者，就是喜神；命中虽不明见丙丁火，大运流年见之仍作大吉论。

命中的庚申金可制克寅木，是为命中的“药神”，但它也可生助壬日，对于日主来仍不作喜神看的。

从上推论可断出，其人必娶凶悍之妻；其妻会对他的人生事业（工作、官运）会造成比较大的干扰或负面影响，幸局中有申金和天干庚金可制服此一妻宫的寅木，故虽有妻星搅局，但不会对其官运有大的妨碍。这位局长听我如此一讲，大为服气，其最苦恼的就是婚姻了，老婆很凶常干涉他的工作，令他无可奈何。他问我会不会离异？我讲，你的命中就是有此劫数的；很难离的，将就着吧！

这个命中的子星暗示，其人必有一个儿子一个闺女，儿子在身边生活，与父母冲突很厉害无法交流，只能与姨、舅说得来；一个必在外地远方。这种断命结论是我的一时“神来之笔”，果然奇准。局长有二个孩子，大的是闺女在沈阳读大学，小子在当地读书，偶回家就绷着脸与父母不说话，一开口就冲撞人，弄得夫妇俩没法子。这小子就住姨、舅家，与他三姨、大舅无话不谈特说的来，这局长夫妻俩实在整不明白这个中什么原因了。

局长最关心的是官运如何？我讲道，你的官运特点是很平稳，就是升迁慢一点，一辈子在官场不会跌下来的，纵然沾染官场的酒色财气，也不怕的，这是命中所注定的。

40岁开始升为局级，这两年政绩卓著；明年后年就有二次升迁的机会，宜掌握之，一生可做到副县级的官职，再往上走不太可能了，会正常退下来的。60岁后有人生一劫，寿尽于壬辰运。

这位局长是中专毕业，在县委当办公室主任有十多年，直到40岁才升至局级做了局长。这两年政绩卓著，做了好多事，特受书记的重视。去年他管的卫生局还在全县几十个局级单位中被评为“优秀”单位，这一荣誉名额全县仅有三个局级单位获得而已，卫生局就是其中的一位了。明年、后年刚好党委、政府要换届，所有干部上有大调动，所以对他来说就是两个机会之年了！

这个命我还讲了他的出身、性格、学业、私生活、身体等多方面的事，面面俱到，十分详尽，这里就省略不讲了。

这个命我算得极准，主要是我对这种命局各种关系看的十分清楚心中极有把握。这位局长十分信服，对我非常客气尊敬。

例八：乾造　丙辰　辛卯　乙丑　丁亥

7　17　27　37　47　57　67

大运：壬辰　癸巳　甲午　乙未　丙申　丁酉　戊戌

这个四柱是天津老杨儿子的好友，老杨讲，我看这个命是一般的啦；我一看这命，就说：非也，此命是蛮好的，中年可做到师级之上的官职，出身也好，就是做官的料子，上司定会把这种人作为培养对象的，所以其人未来官运亨通，有“中贵”之显。

这个命是用格局去看的，若按《穷通宝鉴》就说不通了。《穷》书是命家中的“绝学”，无深厚功力者自不能驾驭自如，学《穷》书的人，不懂格局之宗法死循其书之条条框框，就会学歪《穷通宝鉴》一书的。

乙生于卯月是建禄，现月上透辛煞又通根库旺于日支丑地，是辛煞有力有气了；辛煞生旺就当用丙丁食伤来制，现丙丁透出于干头，是以格局成矣！

乙日主用丙伤伏辛煞是为所有伤官驾煞组合中最成功最有力的样式，我是屡试屡验。对于本命来说，丙伤成了制煞的“第一功臣”，是日主的大吉神，现丙居年柱，祖上父母定然贵显。日支妻宫作财星成煞根，必娶贵家女而大利升迁。这个四柱内是用丙丁来伏辛煞，丙辛成威权之合，是以这人性格必十分内敛机警，做事滴水不漏，极有城府，天生做官的料。中运走甲午、乙未两步，辛煞伏制用神足为我驱使，升官进职不待言矣！此命若生在乙酉时，则是极品之贵了。

这个孩子实是天津某市长的公子，在部队中当兵，目前是上尉军衔。为人冷峻刚严少年老成，城府颇深，天生有做官的威仪，真的是未来前程不可限量。

例九：乾造　己酉　癸酉　辛亥　丁酉

	9	19	29	39	49	59	69
大运：	壬申	辛未	庚午	己巳	戊辰	丁卯	丙寅

这个四柱是命主的妻子来找看的，她急得不行了，为什么呢？是因为她的先生像中了邪似的，一定要从就职的高检辞职，到一网络媒体去做网站生意，放着好好的工作不要，难怪其爱人急得不行了，找了我的学生作介绍，一定要我指点迷津。

一看这个四柱，我就知道个中是怎么回事了？这是个明显的才子命做官，放浪形骸不拘一格，喜自由不喜人管，有点恃才自傲有点失意，但他的四柱就是古人讲的“御史”命，最适合从事公检法行业了。

按《渊海子评》的理论看这个命，就是书中讲的“时上一位贵格”。月令建禄无处取用，就取时上丁火七煞作用，时上一煞得用就是贵命。此命时上丁煞长生于酉字，星星之火十分微弱，惜命中不透甲字，此格就小了好多；若命中甲字透出，就是公检法系统内的“一品大员”了。这个命是不但不透甲木反而透出了癸水，形成了“癸水灭丁”之势，导致官场的失意与仕途的不畅。这个癸水和命中的亥水可以泄辛金之秀成“金白水清”，这就是其人的“才情”之所在。这个人琴棋书画样样精通，写的一书好文章，和太太两个人办了“家庭报”，一期期的出，一家人自娱自乐，特有创意和想象力，中央电视台还对他家作过专题节目呢；由此可知其人的才情是如何的好了。

可另一面这种癸水和亥水所代表的才情，同时也代表了其人的“傲气”，这种“傲气”是不利做官（丁煞）的；那么此人为什么还是在高检这种单位做事呢？这就是年上的己土偏印可以在一定程度上克制月上之癸食来救时上的丁煞，四柱形成了年印制月食护时煞“败中有成”的格局，故而其人走午字运庚辰年进入高检工作，连续数年走南方火地，刚上班还是可以的。可到了今年乙酉，就运气大不样了；地支酉金叠叠比劫争官，年干乙木财星克破命中年上己印形成贪财坏印，己印受制则月上癸食就可肆意去克剥时上丁煞了，癸食主想自由凭技艺做生意，癸来灭丁，就是要辞职不想做官了。

我看其人马上到 39 岁运走己巳，刚好是己印再现来有力制癸食，运支又是巳火驿马星动，明年又是丙戌正官主事，全是官煞印旺运，大利仕途升迁，所以估计其人不会真正辞职的。况且妻子极力反对，也恐怕难于如愿。从命理上看，妻宫长生之甲木是为辛金日主之财星代表妻子，此一甲木可生助时上丁煞，可见其妻对先生的仕途与发展会有正面的帮助。

像这种命要想在官场上有好的发展，就必须多听听贤内助的话，不要一意孤行，做官要沉得住气，一步步来；何况像高检这样的平台，不是一般人想进就能进的，更要珍惜这样的机会。从这个四柱来看，此人本身就是苦出身，从外地到北京混到今天，实在是不易，人要知足，路是慢慢走出来的。

这个妻子是真的极担心先生从高检辞职，说着说着就流起了眼泪。我劝慰她，不用急，回家后与先生用点技巧好好沟通，是可以峰回路转的。针对这个命的特点，我告诉了她一些与先生沟通的特殊技巧，帮助她扭转这个目前的困局。

事实上，这个妻子也是个才女，与先生都是山东人（注：妻子命是木火通明格，先生命就是此金白水清格，两人之命可谓是绝配）。后来先生在京工作，她就为了先生从老家公安局辞职来到了京城，做记者做编辑采访了好多高层人士，也有了一定的名气，两个人抱成一团心，家和万事兴，这几年小日子过的红红火火。可这先生因一时流年的不顺，就不想在高检干了，如此孟浪轻率使性子，真的让妻子愁坏了。

后来，妻子回家写了封很长的情真意切的电子信，发给了先生的信箱，先生读了很感动，与妻子心平气和深入地交流了一次，并且说出了一定要辞职的原因。原来这位先生2005年刚过春节出差到下面某地的基层检察院去，在朋友的介绍下到当地很有名气的寺庙中找了一个“大师”看过，说他今年不辞职的话，到了年底就有会在大灾。这个大师的胡乱“预言”就成了这个先生的“心病”，再加上机关中人事关系复杂，就导致先生萌生了退意。妻子听后就把我的话转述了先生，先生听后欣然接受，两个人的心又紧紧的贴在一起了，表示一心一意在高检好好干，相信明天会更好！

这个妻子在我的指点下，与先生和好如初，对我十分感激，还专程过来看我。

例十：坤造　癸亥　戊午　戊寅　壬戌

1　11　21　31　41　51　61　71　81

大运：己未　庚申　辛酉　壬戌　癸亥　甲子　乙丑　丙寅　丁卯

这个四柱的主人还健在，曾现任全国政协高职，还曾担任过某部部长。这个四柱是她的女婿给我的，问我看看这个命如何？这种四柱一报来，其价值连城的品质自然逃脱不了我的“法眼”，我答之二字：大贵；果然不出所料。

这种四柱无论是用《真诠》或是《穷通》来看，都是富贵逼人的大格。

要知道的是，《真诠》与《穷通》是子平家认别四柱真假优劣的“火眼金晴”，其准确性之高出人意料。《真诠》是子平家中的“理气”宗，论命之体系建立于严密之逻辑推理，一环套一环天衣无缝，其“天书”般的思想架构非上根者不能驾驭；自民国徐乐吾误注此书之后，学命者是“天下乌鸦一般黑”，当今世上能掌握其真谛且能灵活应用之为人看命者不超出五人。

至于《穷通》一书更是“天才”之作，其作者绝对是子平家中隐于江湖以耕读为生的“天下第一人”，其书可视为子平家中的“形势”宗，其立论根于现实中司空见惯之常象，于平常处上见不平常，大音无声，演绎出命理中的盖世绝学，其境界之开阔、思想之精深、招式之平易堪称独步古今，学命者从中学得一招半式，就足可“笑傲江湖”了。当然欲想掌握其最上乘功夫，非穷究终生恐不可想象；环顾四海，真正可与此“第一人”可对话者恐怕除了子平家开山祖师徐子平先生有资格外，再无其他后来人了！呵呵，我等俗辈对此中命家真圣贤只能是“景仰之心似滔滔江水”了。

这个命用《真诠》来看格局，月令刃格当用煞制，日主坐下就是寅宫甲煞，贴身有力而有情，此煞弱而喜财，这个财神居年时来助煞，31岁后运走北方水地、东方木地全是煞星之垣，是以30多岁就开始出人头地，终生富贵荣华至老不竭，何也？命也！时也！运也！

按《穷通宝鉴》来看此命，也是殊途同归“英雄所见略同”，午月之戊土是“仲夏火炎，先看壬水，次取甲木，丙火酌用，用癸力微；壬甲两透，名‘君臣庆会’，自然桃浪先声，权高位显。”这个命中首透壬水通根于年支亥，日下坐寅见暗甲，做官虽然不能大显（缘甲不透），也足可以作大贵命看了。

像这种上命，不但是权高位重，更可贵的是家庭、六亲缘也特好：夫宫甲木真神得用，婚姻自然和美；时上财星通于年柱，出身也是富贵门第；子女虽是常人，但人也好；这种命集人间富贵、功名、道德、事业于一身，真是“五福俱全”的完人啊！

这个命在《正解》中曾谈到过，这里就说的仔细一点了。

例十一：乾造　辛巳　戊戌　戊寅　壬子

6　16　26　36　46　56　66　76

大运：丁酉　丙申　乙未　甲午　癸巳　壬辰　辛卯　庚寅

这个四柱是一学生因有疑问而来问我的。他问道，老师，这个人是我们当地的市工商局长，刚退休了，我看这个命中比劫重重，不肯作好命看，这到底如何断此一四柱呢？我听他报出这个命，毫不思索地开口说了以下数条。

一者：此命月劫当权重重厚土，自要用甲煞来制劫疏土，此一煞星坐于日下有情，又无伤食来坏之，却有财神来支援，是以作“小贵”命是当然了。

二者：此命出身贫困无疑了；为何？年月伤劫不仅是日主的四凶神，更是七煞甲木用神的忌神，按此二条看，出身穷人家是必定的了。

三者：此人虽做官，但人品端正，有古君子之风；人长的不高大，可特结实，寿元高；极准。

四者：此人兄弟多多，有四五人，都是富贵中人；果然如是。

五者：此人诚是有福之人，妻贤惠，子发达，足可慰平生了。王讲道，这人夫妻关系是较好的，儿子考上了清华大学，在地方上考入清华的学生是真不多的；我深以为然。

这个命的解析是可与上个命来对比着看的：上个命是午月之戊土，用神是先要壬水再要甲木；这个命是戌月之戊土，用神是先要甲木再要壬水，两者为何有如此分野不同呢？请听我慢慢道来。

上个命是五月之土，正是火旺木死之乡，只有了壬水来去火，甲木煞星才有立足之机会，这个时候甲煞方可以效命于日元保驾“护主”于荣华之地。这个命是九月之戊土，是月火气已退淹淹一息了，正是戊土最为高亢积实之时，这时急要雄壮之甲木来疏土，壬水则退而其次了。

至于上个命是“大贵”，此命是“小贵”，个中不同之玄机又在哪里呢？这就是因为上个命先要之壬水通透于年柱，其力尤大；此命之壬水局限于时上，只能作福丝微了；上个命年为福德之乡足可上赖祖宗之恩光，这个命却无一点祖荫庇护；出身之不同就自然有天壤之别了；上个命运程是一路青云直上，这个命是中年运平淡无奇一般而已；运气之不同则鱼龙之分就出来了。综此三者，自是人生别有风景了！

当然，这个命之所以是妻贤子孝，全是命中注定的。此命从二个角度看妻缘、子缘都是好的：一者从宫位断，此命用神就在妻宫与子宫，两宫未遭破坏，是以妻子有福了；二者从十神看，甲木为煞星代表子女居妻宫，自然子贵了；壬子水为妻星居子女宫自旺，自然是妻贤了。这个命是好有意思的，子星不居子宫反去寄妻宫，妻星不居妻宫反去寄子宫，妻星、子星互换宫位都成此命中的喜神，是以平生家庭生活美满了。

例十二：坤造　庚寅　丙戌　庚辰　壬午

1　11　21　31　41　51　61　71

大运：乙酉　甲申　癸未　壬午　辛巳　庚辰　己卯　戊寅

这个四柱从格局角度来看，就是杂气丙煞用时上壬食制伏的格局；显然命中杂气丙煞之力极甚，壬水微弱妙在进气，又大运走南方火地，全靠运干壬、癸、庚、辛之字来生助壬食的；由此可知此格还算成功。但地支禀气不清，丙煞用神不显（庚金日主欲大显，必得丁官甲财方有机会；庚日主用丙煞成格者，富贵多出于勉强，且用丙煞者大都是富过于贵）；是以此命只能成小富小贵了，可做小官，且仕途不畅，难于大发。

此女是北京市卫生系统内的人事干部，全北京市医院的干部人事任命主要系于其手。此女是我学生的同学，我学生根据其命和现走大运庚辰，刚好是日主的伏吟运气，就断她升不了官啦，叫她再呆个数年就准备退罢。她也信命，了解自己的情况，讲自己也不想升了，就是再干几年活吧，干完就回家。

关于这个命的日主，就是庚辰日是可以当魁罡推的。我们知道庚辰、壬辰、戊戌、庚戌此四日是魁罡日，按古法看是不喜财官而要喜魁罡叠叠且要身强的。我对魁罡日的理解认识是这样的：魁罡是刑克气极重的“刚煞”，是极要身强旺的，方可能成为大命。但由于魁罡日极刚极刑极强旺，所以原则上魁罡要成好命，必要强力之官煞来有力之克制。也就是讲，我所认识到的魁罡日的性质刚好是和古人所论是相反的：古法以为魁罡恶财官，我之见解则刚好倒过来，就是魁罡作为凶神恶煞原则上就要财官、财煞来制伏为妙；要财之目的就是用来助官助煞，使官煞强有力地去克制魁罡，只要身主有气，官煞出现有力，就可作好命看的。但是魁罡日大都土气太重，不免有混浊之气，是以发福清贵者不是很多的。

庚辰、庚戌两日用丙煞不如用丁官来的显贵，丁火为文明之火，是以用丁官可化掉庚金并魁罡日的孤煞之气，故而庚金是最喜丁火的；丁火是最喜甲木的，这是因为丁火是“红炉之火”，一见甲木，则丁就成“有焰之火”，炉火有焰，则自是炙手可热了。所以，庚金日主只要见丁火甲官有力者，就会成为炙手可热大富大贵的“红人”了，可以红极一时显赫威威了。

壬辰日喜戊煞，但要会申金子水成局，再透戊煞，多是大命。

戊戌日之七煞在甲木上，只要甲木强健有力，则发福尤大尤速。

第十八章 灾厄预测实例解析

例一：乾造　戊午　辛酉　乙酉　丙戌

6　16　26　36　46　56　66

大运：壬戌　癸亥　甲子　乙丑　丙寅　丁卯　戊辰

这个四柱是我命书的一个读者的，他发来短信讲：烦扰徐师！本人刚读大著《正解》，对本人乾造难断：戊午 辛酉 乙酉 丙戌，七煞成群，经年行在南方困顿不已，实在此生走投无路之感，不知此命尚可救？去北方谋生可否？万分祈求先生指点迷津，拜谢。

我回的短消息是这样的：你命财生煞攻身，只有留在南方有点生机，一至北方，疾病牢狱难免，重则凶亡，切记莫到北方。南方做点苦差事尚可生存，别因妄动做非法事。

这个四柱确是不好，命中辛金煞旺，伤官丙火也是，若是乙木日主也身健，就可以适用伤官驾煞的格式，应当作好命看了。可怕的是，这个命中是乙木日主无气，无法去驱使丙伤来制煞；徒然成煞星与伤官两者之间的“战局”，丙伤又难于伏辛煞，命还是成了“身轻煞重”的贫贱之格。古命书云：身轻煞重，不贫则夭；由此而论，此命一生恐怕失意多多了。

这个命受过俗师的指导，以为去了北方水地就可以泄煞气转生日主，这样就可以趋吉避凶了。这种俗法完全不明命之真谛，当知这个命最忌的就是水了；为什么呢？我的论命思想中不是完全一根筋的全是围着日主强弱来的，这个命之所以没有夭折，就是还是要依赖丙伤来制辛煞，26 岁前大运走壬戌、癸亥，若按身强弱看，日主弱逢水印运，当是好运了，为何会混的狼狈不堪呢？按我的看法则是运走水印之乡，这个印运不仅不生身，反而去克制命中日主不得已只好依靠的丙伤，丙伤一受印制则伏煞之力大减，煞一得势就猖狂克主了，这个运就很惨了。26岁换运甲子，乙木日主见甲字（大树）就有一定之依靠了，不料27、28这两年是甲申、乙酉两太岁，日主这流年又是不利，自然这个日子不好过了。

这个日主因不得不依丙伤而存身，所以我以为其留南方尚好点；这是因为丙煞在南方还可得些地气相滋，是以在南方还可有点生机的。这种官煞太重攻身的四柱，最易有失业、病症、牢狱之事非；故我嘱其要安贫乐道。这个四柱和袁树珊的命格有相似的地方，所以此人也有点穷知识分子的失意了。

不过话不要说死了，这个命中年运走丙寅、丁卯两步，还是可有所作为的。

例二：坤造　壬申　戊申　甲子　戊辰

9　19　29　39　49　59　69

大运：丁未　丙午　乙巳　甲辰　癸卯　壬寅　辛丑

这个女孩是我学生的一个远房亲戚。

甲木生于申月标准七煞格，年支月支伏吟为重煞攻身，此命有二大奇特之处：一者子中癸印流通申中庚煞之气而极其有情；二者月时戊财生重重庚煞极其无情；导致全局形成财星破印局生重煞攻身的凶险组合，导致其女患孤独症、狂燥症，几成废人。

这个女孩之所以得这种病，事实是和她的家庭是大有关系的：父母整日吵架，这就是命里的“财印相战”，这个四柱中水印为母、土财为父，财印俱旺两者战斗不休，父母吵闹很凶谁也不让谁，大吵过后就是长时间的“冷战”，谁也不理谁，这种家族氛围就造成了这个女孩的双重病象：父母狂吵不休的不良信息遗传在孩子身上就形成了狂燥症，父母吵过后长时间的“冷战”就导致孩子的封闭自我保护式的孤独症。

这个女孩因身体不好，勉强读完了小学，中学就不能再上了。现代社会如此低的学历，可想而知今后其人的命运了。

例三：乾造　癸卯　戊午　辛丑　乙未

7　17　27　37　47　57

大运：丁巳　丙辰　乙卯　甲寅　癸丑　壬子

这个男命是某报社一位女士的弟弟，这位女士也懂术数，会看手相，在单位中小有名气。我的学生郑立和她是同一单位，听说我之后就和郑立过来拜访了我，拿出了这个四柱让我看。

这个命辛金日主生于午月，本是七煞并天乙贵人，是个贵重格局。但贵格所主的厚福不是一般人所能承当的起，特别是这种煞格尤是如此，一旦日主身弱，则这种月令之煞就会化成鬼，鬼攻身就会灾祸连绵不绝了。可惜的是这个命就是这种情况，煞格不成反成鬼攻身，为何如此说呢？这个四柱中辛金日主生于午月，正是午中丁火七煞，此一大凶神居于月令之乡，首要就是要见水来制化煞气，大忌财再来生煞，这一个命就是犯了如此忌讳：年上癸水本可制煞，却被月上戊印合化牵制，水势几乎灭迹；局中无水也可退而求之寻土印来晦火生金，这个命日主坐于丑地，却让时上未支冲破；月上戊印本可生身，却让时上乙木通根于年支卯来克制，所有可以挽救辛日主的线路都毁了，此命就必是大凶命了，寿命都会有问题的了。

事实上，这个男命是患了尿毒症，已换了肾，花了大钱暂时保了一条命。我讲道，像这种命得尿毒症，必是缘于母亲来的；果然如此。原来此一男本身在性上就有先天缺陷，后来母亲逼着儿子娶妻，妻不久就离了跑了。母亲就让儿子天天吃壮阳类的药，硬生生地把个肾吃坏了。

我讲，这种命得尿毒症全是命里烈火烘熬癸水之故，这命平生最忌的就是母亲和女人了，不娶女人还好可多活几年，一讨女人是女人留不着钱花精光，最后就是一场空。从宗教角度看这个四柱，像这种命实际上是犯了“天条”从天上打下来的，就是受劫的命；这辈子在人间受尽罪后，还要往下走的。你们一定给他烧香许愿做尽了，我说肯定没用的，缘这种命本来就是犯了“神灵”惹来的，求神必无戏，神灵不会宽恕他的呀！

这位女士讲：她家的风水也不好，在她奶奶下葬的时候，一掘开地，原来爷爷棺材中的水就像瀑布一样的喷泻出来了，她们也没作大的处理，还是把奶奶与爷爷合葬在一起；她凭直觉就感觉自己家的祖坟风水不好了。

算完这个命后，我脑子中全是关于她家的风水。第二天凌晨3点多，我特别睡不着，满脑子就是这个祖坟风水与这个命。后我猛地悟到这男命之所以得肾脏上的毛病，确是与这风水有关的。风水中大忌就是水浸棺材，也就是所谓的“腐骨烂棺”了，这种地是“绝嗣”之地，也就是断子绝孙的坟地。这个坟地既然是犯了煞，那么自然其后人就有“水”上的毛病，这孙子患的是肾上的尿毒症，不就是人这个小天地上的“水”的毛病吗？这个坟地不迁，其孙之凶亡不久也。想到这里，我有点毛骨悚然了，这风水真的好可怕的呀！然既是水之为患，那么其后人之中就必有淫乱、婚变、流离失所之事了。

早上天一亮，我就给郑立打电话，让她转告这位女士一定要迁坟地的。同时，也知道了女士姑妈家的事，其家十分淫乱，小辈长辈之间都瞎搞的呀。郑立同时说，昨天晚上她和这位女士在回家路上，这位女士一直在发抖，说我讲的话句句直触她的心窝底，她也觉得她弟这事就是好像和神灵天上有关的，她有感觉说不出来，全让我给捅穿了。

事实上，这位女士是十分聪明的，从相上一看就知道的；同时她的相是有点“仙气”、“灵气”的，自眼角梢处稍些露出，这个相征自她进我家门我一眼就察觉到了。我就对她的水平有了把握：术数功底一般般啦，就是感觉好，所以为人看个相算个事还是挺灵光的，碰到自己身上不免就犯糊涂了，不过只要好好学，还是会很厉害的哟！

例四：坤造　癸巳　癸亥　丙寅　丙申

9　19　29　39　49　59

大运：甲子　乙丑　丙寅　丁卯　戊辰　己巳

这个女命是我学生的母亲，这种四柱一报出来，我就说：这种命是最易出名最易成功的大命，是个女强人，太厉害了。29岁走丙寅运开始发达，可接触大量权贵声势惊人；接下来39岁丁卯还是好运，可挣大钱享大名。不过这种命是四孟俱全，六冲中又逢三刑，又是时上财星破印生月上煞星，最易遭不测之灾，一定要注意保寿元，恐活不长呀，不然空有富贵有啥用，到头来人生还不是一场空！这人中年一定要保命为主，定要和老公在一起方可有延寿之机会，否则必中途弦断人天永隔了！

这种命的兄弟姐妹众多，以前风光过，如今多不行了：个中有离婚的、生病的、犯事的，此人的兄弟姐妹们与此造是同样命运曲线的，一荣俱荣，一损俱损，此一时彼一时，如今风头已过，只能守拙为妙了。

以上所断全符合实情，此人29岁开始出名，在沈阳乃至国内都有影响力，挣了很多钱。49岁走戊辰运合时上申又成水之煞局，壬午年阳刃逢合官煞混杂攻身，遭人抢劫几乎丧命大受惊吓，癸未年脑溢血九死一生，医生以为无救，后命大竟活了过来，医生讲这个情况属千分之一，就让此命碰上了。当然此女保命其老公付出无穷心血来作了精心护理；甲申年竟恢复得很好了。

这个命之所以说大命，就是因为丙火日主生于亥月，亥为丙之天乙贵人，亥中壬水正当令来“辅丙”自是不同寻常之“壬水辅丙”，这格局就大了。但是这种丙火日主生于丙申时的命局，就是《渊海子评》一书中讲的四种最验的短命信息之一，正是根据这个我就断其中年要保命为上了。

在我的记忆中，清代曾国藩、左宗棠都是丙火生于亥月之命，因丙生亥月是所有七煞格中最显贵的格局组合；再加上两命都是成格作品，是以曾、左两人在历史上都创下了盖世功名。

附：曾国藩命　**辛未　己亥　丙辰　己亥**

左宗棠命　**壬申　辛亥　丙午　庚寅**

例五：乾造　庚辰　己丑　丙子　甲午

	2	12	22	32	42	52	62	72
大运：	庚寅	辛卯	壬辰	癸巳	甲午	乙未	丙申	丁酉

这个四柱的命主是当代易学大家，他所开创的现代奇门遁甲研究在当代

易学界掀起了学习奇门的高潮。同时，他提携易界后学才俊不遗余力，对当代易学界研易用易的发展作出了巨大的贡献。

这里就他的四柱命局作个学理上的研究，这是因为了解这个人的气运，在一定程度上就能了解中国易学界未来几年的发展趋势了。

丙火日主生于腊月天寒地冬，按《穷通宝鉴》的看法是丙火在此月已是“气进两阳”，可以“侮雪欺霜”了。当中的意思就是腊月丙火身已不算弱了，也就是讲此月丙火的身弱身强不是命中所要讨论的急切问题了，所以看此命的主要目光就不在日主身上了，而是要转向去看命中其他的问题了。

我们知道的是，丙火作为太阳之光辉，其并不畏惧壬癸水的官煞攻身，最忌的反是戊己来晦火使丙火日主毫无光彩，这个命生于己丑月辰年，年月三重土之晦光，又再上“贫寒”之气极重，是以出身不免穷人家了。好在是，年上庚财是月上的天德月德星，其象父母祖上之德行是必好的。

知道了这个命的“病处”，我们就很容易找到治病的“药”了。这命中主要是己丑寒湿之阴土为忌，则制化之的甲木、乙木、寅木、卯木就是“良药”了；大运流年逢此四字必是人生之高峰，甲、乙、寅、卯皆是丙火日主之印星，则其人在此四字年运中必有文化、学术方面的好事了。这个命中最吉的就是乙、卯字，以乙、卯字伏制己丑土最是有力；甲、寅木也不错，但其克合己丑土不免过于“有情”就乏点力了。

按此思路去行运：少运庚寅、辛卯运虽是天干庚辛盖头，但地支就是寅卯印星字，是以在求学期间学习就很好了：读高中时就发表文章，1960年考入北大中文系，全是在卯字行运上，这样年纪轻轻就考入北京大学这种名校真是不容易的，没有好运支撑是不能想象的。

壬辰运前五年正是壬字运，壬水辅丙大放光芒，正是名校学习之象；但壬字是煞，必身体上有病不好。

自壬辰运的后五年的辰字运到32岁开始的癸巳大运，先是重土晦光，自是人生不利的时运。特别是在癸巳大运此十年中，伤官见官，工作事业是多事之秋，更易因人事原因导致的工作变动多多了，同时也必是子女多了而有经济上的困扰。

42 岁行甲午运了，是其人走向人生好运的转折点了（1981 年刚好是其人 42 岁调入某出版社）。甲木是为印星，正是在文化行当工作，在这十年之间，著作不断，同时帮助邵伟华先生成功出版《周易与预测学》一书，掀起解放后中国的第一次易经热。

52 岁运行乙未，是其人开始出名成为易学大家的十年。1994 甲戌年（甲木流年）成立省周易研究会，当选会长。自此开始研究号称“帝王之学”的奇门遁甲，1999 己卯年大运运干乙木通气于流年卯支全部伏制命中己丑土，用神出世一举成名，出版奇门专著《神奇之门》轰动海内外，成为中国当代学人研究周易的又一时代高峰！

62 岁走丙申运，流年壬午与日主天冲地击，壬煞有气阳刃逢合，在午月因病做了大手术；癸未一年人休养，甲申年又出专著《开悟之门》，在国内外影响巨大。

这个四柱按格局看当是伤官格兼用财印的样式，也是以印星持权时主出书出名；在丙丁比劫伏庚财星时主名利双收！

这个四柱的惟一缺点就是命中全是四凶神，是以一生病灾多多；又丙火在原局中晦光无神彩，是以一生常感中气不足精神不支！

这个命从四柱的“气温”转移上可看出其人一生的运气了：年月寒气十足，天地间的“寒冷”对应的人生命运就是“贫困”与“苦难”了，幸时柱代表晚年就是甲午，午时正是“日丽中天”之时，对应的人生命运就是兴旺发达了，就此年月时的气候变化，就可断出其人其命是从苦难中走向人生的兴旺发达。当然时也代表子孙，是时上午火可以“暖局”的，也表示其人其命晚年可得到孩子们的孝顺与家庭温暖了。

此人的人生主要轨迹路线大体全与四柱中的提示对得上，这就说明一个易学大师本身也是有其个人命运的。

最后要特别说明的是，这个四柱若用身旺身弱的理论去看，也会取甲乙印星作为俗说之用神（丙日主弱，故用甲乙木来生身故作用神）的；但它这个俗说“用神”与我这儿的“药”神虽在字面上是一模一样的，但个中所用的意旨理念是完全不同的：我用甲乙木是去克制己丑土的；而俗说用甲乙木则是去生助丙日主的；这两者的理法完全是两嘛事的。

另外，这位易学大家研究奇门遁甲，奇门遁甲中的甲与乙丙丁三奇全是此人命中的喜神，所以他在奇门的研究应用方面有所成就了！

例六：乾造 乙未 丙戌 辛未 丁酉

10 20 30 40 50 60 70

大运： 乙酉 甲申 癸未 壬午 辛巳 庚辰 己卯

这个四柱一出来我就以为其命大不吉利：不犯牢狱之灾，必有疾病缠身；且此人品不端，中年更会失业，受尽人世困苦。如此推断，果然一一如是！

本命从格局上看，就是杂气官格，不料官格忌混煞，此四柱就犯了这个大忌；更可怕的是年上财星自坐库地有气来助官煞攻身，构成了一个“身弱煞旺，不贫则夭”的大凶格，如此造化，就注定要受罪了！

这里要说明的就是关于杂气一格的用法，凡日主生在辰、未、戌、丑此四个月者取格皆须按杂气格的基本要求去论四柱的。

杂气一格分为四种：一者就是杂气官格；二者就是杂气印格；三者就是杂气财格；四者就是杂气伤官格；此四格取用的原则有二条：一者，按透干会支来定用神所在；二者，按从重者来论取用神；结合这二条就可定出日主在此月此四柱中的格局属性了。

这儿讲的“透干会支”中的“透干”就是指辰、未、戌、丑此四个月令中的藏干在柱中的透露情况，至于“会支”就是指辰会合申、子字成水局，未会合卯、亥字成木局，戌会合寅、午字成火局，丑会合巳、酉字成金局。杂气取格的第一步就是观察四柱中天干的显露情况及地支是否三合成局，接下来就是按“从重者论”来取用神定格。

“从重者论”就是考虑到杂气的藏干与会支在柱中同时透露出现，这个时候就要比较不同用神的“轻重”了，从中挑出一个力量最大的用神来作为用事之神以之定格，由此确定命造判断的基本方向。

像本命辛金生在戌月，戌中藏有丁火、戊土、辛金此三者天干，现柱中干头上透出丙火、丁火、辛金，地支不会火局则就不须考量“会支”的情况了。只要在丙火、丁火、辛金此三干中较量取用神了；今辛金是为日主则自不取格了，此丙火透出自坐戌地较之丁火有力，又得年上乙木财星生助，则自然命中就是丙官之力大于丁煞之力了，则此命就成为杂气官格了。杂气官格的论命要求与一般正官格是一样的，都喜官星带财或佩印，都忌杂煞身弱或或见伤官，此命既是杂气正官就忌混煞了，可就是丁煞出现在时干上与官争斗来攻日主，日主身弱逢此一官一煞夹击相攻，自然就是寡不敌众了，其结果就是受官煞之苦了，对应的人生命运现象就是失业、牢狱、疾病等不如意事了！

这个男的出身还行，也是当官人家。30岁前运走乙酉、甲申两步，学习工作生活各方面还算可以的，不料中年后运程突变，得了精神分裂症，人也就此完了。

大凡得精神病者，多是命中丙丁火作祸为殃的结果。比如木被火焚者、火炎土焦者等是最易得此精神病；为何？火在五行中主神明（即精神方面），火一旦为忌，就会犯此方面的疾病。这一点在命学实践中是屡屡得到验证，有很高的可信度。另外火又代表神明、神灵，凡命中火为忌或作官煞害命者，都是获罪于神明，求香火之神来禳解就不管用了。退回来讲，凡命中喜火者，有灾难求告于神仙、神明、神灵就会常常“显灵”的。更进一步讲，凡命中有水可伏火者，则神灵必钦服于其人！

例七：坤造　甲午　甲戌　戊午　丙辰

	7	17	27	37	47	57	67	77
大运：	癸酉	壬申	辛未	庚午	己巳	戊辰	丁卯	丙寅

这个女命的四柱本质上是个极偏的造化，幸亏少年运走西方金水乡还来救天赋之偏，不然定是夭折命，这种就是注定的气数！

戊土日主生于戌月，本是高亢厚土了；不料更是午年午日辰时，命中厚厚叠叠的重土已形成了“顽土”，如此“顽土”定要见强健之甲木方会成疏通之势。这个命中的是见了年月干两甲，可怕的是这两甲“中看不中用”仅是“假神”，在柱中无根可托，此二甲就不济事了！更可恨的是，命中还见了三合火之墓局，此一火局之危害不可胜言：一者来燥土；二者来焚二甲木；此火局之无情就是造成本命之所以极凶极恶的“罪魁祸首”。据此而推，此一命的“生机”就在于时上辰中的一点水了；但此命由于天生的偏颇，故而天生这一命就是苦命了，一生多灾多难，时时刻刻要保命为主了。

命中土重木折，必主有先天的筋骨病；又土重为患之人最易会得种种癌症，所以这种命一生会百不如意。惟一可慰的是还会有老公、子女的，会有家，不过这人的命运一辈子就是“不在愁中即病中”了，多可怕的命！造化既如此，感慨又有何用呢？

事实上，此女天生身腿有残，吃尽苦头；如今年纪不大竟又得癌症，可叹上苍之无情呀！

推这个四柱绝对不可依《滴天髓》的从强论，以为此命27岁后就会大发了；以为此命之甲木所象之夫星是命中的忌神，则其女的婚缘就不好了；以为此命因从旺则火局之印就成了吉神，对应之的母家就大好了；若按此从强论的喜忌来断，则上述所言全是大错特错了！此命本质上就是“土燥不发”之凶格，一生贫病交加出不了头的！此女命出身就不好，命中的甲木夫星虽是“假神”不济多少事，但毕竟聊胜于无了，对应的人生就是还是能嫁出去有人要的，嫁的老公虽能力不行也有点残疾，但还是对命主有点感情的。如此去作论，还可以算对合乎命运事实的啦！

特别要强调指出的是，《滴天髓》一书中的从强、从旺格大都是任铁樵术士的一面想象之词，信口开河不足为信的。我从2001年开始悟通四柱命学真谛，心中就确立了以《渊海子评》、《三命通会》、《子平真诠》、《穷通宝鉴》、《神峰通考》五本书为理论框架的论命体系，对《滴天髓》一书为代表及其所开创的晚清以来的现代流行命学（徐乐吾式命理学派）一直持批判与否定的基本态度，以为其非为地道之徐子平之古典（宋明）命学体系，其只是“任铁樵命理”、“徐乐吾命理”的余脉而已，根本上未掌握徐子平古法命理的精髓，故而其只能是命学中的末流而已！

就是到了今天，我仔细反复研究《滴天髓》一书，就算是其书中不乏

"真知灼见"，但我对是书的基本态度并没变。此书只是学命中的一本参考书而非必要书，它的很多"渲染"极具欺骗性，一般学命者根本看不出其中的"真假""优劣"之区别在哪里；其结果就是学命学了《滴天髓》，学会了"高级命理"就是算不对命，成为赵括式的"命家高手"，这就是当今中国学《滴》书研究者们的真实写照！

在我所知道的学命者的人当中，迷恋、迷信、超级崇拜、痴迷《滴天髓》的人真还是不少，有死背《滴》书者、有抄《滴》书者、有把《滴》像"红宝书"一样分秒不离手者，这样的人是真多，这帮人视《滴》书为神明，以为学了《滴》书就会成百发百中的"神算子"了。可事实上恰恰相反，这些人中没有一个预测有点像样的，反而学的像傻子似的，真是可悲可叹呀！

想当初我也有过如此类似的经历，所以深知个中之敝端与痛苦，苦学苦研《滴》不知花了多少心思，最后就是一无所成，反而对学命搞的没信心了！现在回忆 1994 年我在安徽一县城地摊上第一次买到《滴天髓》这书时，真是如手获至宝，像打了"强心针"似地一个通宵未眠读《滴》书，以为学了这就会成"活神仙"，结果是期望值越高失望就越大，弄的自己灰头灰脸，这种当初一厢情愿的肤浅臆想，现在想想真是好笑极了！

例八：乾造　己卯　庚午　甲戌　丁卯

9　19　29　39　49　59　69

大运：己巳　戊辰　丁卯　丙寅　乙丑　甲子　癸亥

这个四柱若从格局上看，无疑是个伤官带煞的局面。

对于伤官带煞的格局，在《渊海子评》中是如此说明的："且如甲乙日主生，寅午戌地支全，若干头有庚辛，则借庚辛为权，火制之为福，最要行旺运，忌见财，得中和为贵。"对于本命的看法，就可依此论来阐发。

上述这段文字的要点是：一要甲乙日主要身强；二是命中庚辛官煞也是有根；三是忌财；对照本命，则此命就不是了：一者身弱；二者庚煞也弱；既是庚煞弱了就喜财星生助了；所以此命中年上己土财神就不是忌神反而是喜神了；则此一庚煞也可有一定之用了，但还是弱的，故就是做官也必是小小的啦！这人是个地科院的小干部，搞地质工作的，是个很平常的人。

事实上，甲木用火局来驾庚煞，都是文人做官的材料；为何？木用火来通明，则主有文才，用火驾煞，就是用文驭武掌权当官了。但要说明的是，木用火通明就是要在木极坚固的前提下才成立；像本命之木火就不是了，因为本命就是可怕的木被火焚之凶格；所以其人不但没有任何才华，反而是元气不足胆量小的很，一生未做成什么事情。

本命甲木生在午月干头上出现丁火，地支又成火局，甲木之精神全让火局泄耗了，此时命中必要有壬癸水来灭火生滋甲木；可怕的是命中竟无一点水气，则此甲木日主之生存就有了危机（当是夭折之险），此命之所以没有夭折，全靠的是年时两卯木来支撑的，又好在大运行在东方之地，是以没有少、中年夭折掉；但大运走到了甲子运，流年乙酉冲战年时两卯阳刃，是年竟然一病不起死了！

这个命之所以在乙酉年死亡，就是酉字冲掉甲木日主之根（即甲木日主之惟一之命根），这就是阳刃逢冲之凶；有的读者到此必然会问，此人以前也有好多逢酉金的流年：比如1993年之癸酉、1981年之辛酉、1969年之己酉、1957年丁酉等，此等年份也是酉金太岁地支来冲此命中之阳刃卯木，为何这种年份不见其凶呢？个中秘密是这样的，这是因为乙酉流年的年干就是乙木，此一乙木就通根呼应于命中的卯刃，如此一呼一应，则酉金一冲卯刃则呈大凶了，如此这般就夺去其命了！

例九：乾造　壬戌　丙午　己卯　己巳

　　4　14　24　34　44　54　64

大运：丁未　戊申　己酉　庚戌　辛亥　壬子　癸丑

这个四柱是许女士问我的，她说：老师，这个孩子是吸毒的，能否活到2008年呀？我答曰：难乎哉！难乎哉！

这种命一眼就可看出其是出身富家的宠儿，娇生惯养任性自由，不是成器的料，还怕的是活不长命呀！现把这个命的大致判断思路列于下面，供学者们研究。

己土日主生在午月建禄，正是火炎土燥之时，不料此命还生在巳时、戌年，日支卯木又合年支戌支成火，命中一片火海来灼烧己土，则己土就不免有成焦圻之势，则此己土命危矣！本命如此大火烈火之中，己土之所以还能存身，全赖年上一点壬水来扑火“救命”，则此年上此一壬水可谓是“价值连城”了，对应的就是其家之大富了。

照理讲，此一命中的壬水也是浅弱之极了，也有火灼水热之忧的；为何其命还是可以长大成人的？这就要从其人的姓名中来看了，这孩子小时候肯定请高人看过的，看出命中的偏颇来了，所以在其名中加入了大量的水来救“己土”的命。大家想想，地球上的什么样的水势最为浩荡广大？此名字中就全用上了；为什么？就是这个命主的大名中就是这样的：某海洋，就是其命主的名字中用上了“海洋”两个字，所以我就认为此命之所以成人，必然是得助于名字中的文字意象之诱导力的。

很明显，这个四柱在丁未运是肯定不好养的，必多灾多难的。

到了戊申大运，戊字直克壬水，就是在此一戊字运中不学好染上了吸毒，幸后走申字运，申字是壬水之长生，所以一条小命还能保的住；可一交己酉运，则会情势大变了，己土是可克壬水，而酉字则冲克卯木，则卯木受制不能去伏土，则己土呼应命中的重重旺土来围攻壬水，则此壬水必然克尽；且此酉字运还是壬水之败地，综合推论，此一运中其命必亡的！

今年丙戌，就是其命之一大关口啦！

这个男孩之所以去吸毒，全是四柱中火神太旺“作祟”的原因了。大凡火太旺在命中作忌者，就必有如下事象的：没文化、凶暴、性燥、神劲亢奋、幻觉、不知礼仪、火灾、精神病、高血压、中邪、吸毒、烫伤、电击触电等凶事的若干事象就会在命运中体现出来的。

例十：乾造　壬子　癸卯　己未　庚午

2　12　22　32　42　52　62

大运：甲辰　乙巳　丙午　丁未　戊申　己酉　庚戌

这个四柱是我过完2006年春节回到北京看的第一个命。

这个命的主人是北京郊区延庆一个姓李的易友，他打来电话说，他看了我的《正解》后很有感觉认为极是有理，就想跟我学命，说自己也去参加了国内好多老师的班，包括山东“万代宗师”的班也学了，但就是学不好呀。他讲，能不能先给他大概看一个四柱，让他有个直接的认识。说实话，我一般是不会在电话中给一个陌生的读者看命的；但他就是北京本地的，说话也谦虚，他希望我理解他的心情，我说我知道的。在心血来潮之下，在缘于对自己断命的高度自信下，我就破例的对他说，好吧，你说四柱吧！他就报出了如上四柱，我一看这命就一目了然，下面我把和他的对话大致意思写出来，让大家看看真预测的功夫！

断命必要按格局走，这是一条颠扑不破的至理。看格局者，必以月令为主；月令是论命之一个根本之中心。

己土日主生在卯月，正是七煞之凶格；七煞当令就要制化乃是原则，大忌生助。现看本命，月令中的乙木七煞受年月壬子、癸水三重财星生助，则财来党煞，煞势更为猖狂攻身，日主岌岌可危了；好在己土日主坐未自旺又归禄于时支午火，则己土尚不至于会夭亡。这命要成好命，在身旺、煞旺的情况下，就必有伤食来伏煞，形成身、煞、伤食三者俱旺相均，则格就成好命了。对照此理，本命中的确是身煞俱旺，时上庚伤也出现了；可惜的此一庚伤坐午自败无力只是“假神”而已不济事的，则此庚伤就没有能力去伏煞了；既然庚伤不管用，则本命就成了身旺、煞旺两者相战之局；故我毫不犹豫地断此命绝不是好命，则是个劳碌命而已，一生多灾多病，工作运也不会好的啦！

李问道：请老师看看其大运走乙巳如何？主要的突出年份在什么时候？

我答道：乙巳大运是不好的，乙木七煞从命中月令上透露出来攻身，此运当中必有疾病之灾的发生，不好过的啦！要问具体年份，我看就是甲戌、乙亥年最易出问题的！

李又问：那壬申、癸酉年呢？

我说：此二年是年财生煞，自是大凶了；生病会很重的，不过地支申酉能通气于庚伤，虽有大凶还是可挺过的去。

李接着问：会有什么样的病灾呢？

我答：必是由肾病引发，导致脾胃肠道与肌肤上有病不好的。

李又问：老师再看看这个四柱的六亲，好吗？

我讲：出身一般般的，父母没有给此命有大帮助的；为何？以年上财星去助煞神也；不过父母双全，可活寿命很长。

李再问：此人的兄弟缘如何？

我讲：七煞司令，必克兄弟的啦；兄弟之中必有夭亡者的，活着的关系不行，命运也不好的。

最后，我作了个总结，认为此命要好点运气的话，则必要到了戊申运才会有人生转机。

断到这里，李好像有事了，就匆忙地表示感谢，还说占用了我的一些时间，就是没说此四柱是到底何人的命，也没说我算的如何，就挂了电话。

过了十分钟，李给我小灵通发来的短消息，其云：徐老师，你刚才断的基本准确！如参加函授，一般能达到什么水平？后来李见没回信息，就给我手机又发了一条，我抽空给他回了话，告诉他，只要认真努力，找对学命的方向，是可以学的和我差不多的啦！

这个电话断命的真实事例说明，只要命学功夫过硬，断对命是家常便饭的事，是很容易的；不过这种“容易”是要经过苦学方才会拥有的。

这里再讲点断命的技法，我的论命体系中是以日主、月令作为两个中心点去看的：对于日主而言，就是身强身弱的问题：身弱者则喜印绶、比肩；身强者则喜财煞官伤食；这一条也就是俗法命学的主要论命思路。另外对于月令而言，就是月令用事之神吉凶之不同要采取的不同措施；月令是四吉神，就要柱中有十神来生之护之；月令是四凶神，则要柱中有十神来制之化之。我的论命思想中，由这两个中心点的论命方法是要平行进行的，是两条腿走路。

像这个命中，是己土生在卯月，七煞司令之时。对于日主而言，己生在煞月必是失令的，也就是一般会身弱，则在此日主身强身弱方面，当然是喜印绶或比肩的；而对于月令卯木中的乙木七煞而言，此是大凶神，就要伤食制之或印绶化之为妙。如果兼顾到日主的强弱，我们会显然发现这个命中印绶星最好的。为什么？这就是印绶星在日主身弱方面可起到生助之作用，同时印绶星在月令七煞当令的情况下，是可以化掉七煞之凶气的。所以讲这个命中的印绶在日主（身之强弱）和月令（格局）两个方面是一举两得左右逢源的，故而这个命若是生在己巳日，也就是己土日主自坐于巳支，则此命就会大贵了。惜此命之印星居在午支时柱上无情无力，则此午就如同虚设了，此命就不作好命看了！

从上述思路可作一定之推论，凡伤官格中见到印星大致是作好命看的；为何？伤官格中身主由于失令就弱了，就喜印星来生身（符合身弱要强之要求）；伤官是凶神要制伏为好，则印星又可来格局中去制伤（符合成格之要求），如此一来印星就起到了两面的好作用，则就是伤官佩印成格的原因了！

所以，学习我的论命思想体系，就是要分两个中心点去的。俗法中的“身之旺弱”的论命要务在我的思想中都已全部包括了，俗法（现在流行命学理论）只知此一法而不知格局之另一端，就不免浅陋了呀！

第十九章　岁运论

人的一辈子注定于生辰四柱，变化引动于流年大运。

大运是原命月令的运动连续，换运相当于换一月令。一令代表一命，一命代表一令，故大运本质上是换令、换命、换格的表达。大运能否产生作用，要和四柱原局进行较量。运受制于原局，则运难起作用；运生助于原局，则原局会发生变化。

流年是四柱中最重要的动态因素，流年至高无上，影响人生全局。

笔者流年的讨论，一般流年之研究，则在于前五年后五年流年的判断。

判断流年大运必须与四柱中的“三主四限”去联系起来看，每柱所管几步大运是有严格规定的。

一般而言，大运起运转运的岁数是很严格的，其是人生运程变化的节律性表现，就好像是大天地中的二十四节气一般，是有很强的规律性。

看大运吉凶当以“病药”说来定最验最准的。

大运在和命局的推算中，应以五年来分前后干支。看前五年天干时兼带地支，看地支五年时天干可不计。

流年与大运结合时，大运干支是管十年的，不必要一定分前五年后五年的。

流年可直接与命局计算，在某种情形下是可以忽略大运影响力的。

例一：乾造　壬午　癸丑　庚寅　丙戌

大运：丁巳

流年：癸亥

这个四柱的命主就是《三命通会》作者万民英先生，此命是为杂气伤食带煞之贵局，主掌兵权。大运丁巳正官运干主事，流年癸亥伤官主事；年冲克运，伤官制官，削职去官；岁制克运，所以丧母。

这儿要说明的是一个断父母生死的秘诀：太岁为君可像父，大运为臣可像母；故而太岁受伤就会克父，大运受伤则会克母。本例就是典型的大运被太岁制克，大运受伤严重，大运象母，故而是年丧母了。

上述这种占断父母生死的绝妙用法，是我独悟之“心法”，当我把此秘法在四柱面授班上讲给学员们听的时候，有些学员对此大有体悟，以前他心中一直有数个疑惑的丧父母的四柱流年，按此法去看就一清二楚了。

中国四柱命学之真正传承有个大致规律，那就是每三百年出一“大家”来继承发扬广大命学正法；个中传授大致路线是这样的：五代徐子平先生创造四柱，中间经过复杂传承到南宋出了个徐大升，大升先生作《渊海子评》而四柱始真成显学广播开来，从子平先生到大升先生大致就是三百多年时间了。《渊海子评》书成之后，研究者层出不穷，经元代至明代中叶，万民英先生横空出世，其命学巨著《三命通会》被共认为是子平家的集大成之作，影响更为深远。从大升先生到明代万民英先生，个中时间大概也有个三百多年的间隔了。明代承平太久丛病集生，导致李自成农民军造反，结果是清代占了个便宜坐了天下，自是太平盛世达百年之久，四柱命学更得蓬勃发展，到乾隆时代命家真才子沈孝瞻先生（进士）著《子平真诠》书，其书弃繁就简直握《三命通会》之精要，禀承《渊海子评》之大旨，追踪徐子平辈之法脉，成为子平家最纯粹之“精品”书，重开子平真门户，一条命家真路重新坦荡开来。从沈孝瞻先生倒推到万民英先生的生活时代，当中相差大概也是个三百多年的历史了。现在是到了二十一世纪初，距离沈孝瞻先生也将近要有三百多年的时间跨度了，新时代命学大家“真命天子”尚未出现，学界只是一片乱哄哄的“浊世”，奇谈怪论与歪理邪说盛行，不知当世何人可堪当此大任来拨乱反正传承命家真法脉？

例二：乾造　辛亥　庚寅　甲子　壬申

1　11　21　31　41　51　61　71

大运：己丑　戊子　丁亥　丙戌　乙酉　甲申　癸未　壬午

流年：甲申　乙酉

这个四柱甲申流年，日上庚煞逢两申禄支，冲克甲木日主，主上司责难，职务下调。乙酉年正官得禄，又主升职之象。事实上，此男命甲申岁与老总冲撞，被发配至外地分公司任副总一职，乙酉年老总又提名其任分公司总经理一职。

例三：乾造　丁未　乙巳　己丑　癸酉

大运：壬寅

流年：丙寅

这个四柱中厚土太重，最喜甲木疏通；大运壬寅流年丙寅，正官正印主事，大运命局与流年干支无明显冲克，即当以吉论，是年必升官提职。

例四：乾造　丙午　乙未　丁亥　癸卯

4　14　24　34　44　54　64　74

大运：丙申　丁酉　戊戌　己亥　庚子　辛丑　壬寅　癸卯

流年：癸亥　庚辰　辛巳

丁生未月成木局透乙印便成杂气印格，一般而言，木成印局太旺极喜金财来削伐，但此命大不然；为何？丁以乙为印，月干乙印生于夏月正是火炎木焦，乙印似旺实弱，况且本命乙印又被年柱丙午来焚，木性更是干枯虚焦，极喜壬癸水来滋润恢复生机；是知其命极喜水而大忌金也。

事实上也是如此，癸亥流年生起乙印，成为某省高考文科状元；辛巳流年与日主天克地冲，更忌的是辛金直制乙印，一败涂地，多年事业付诸东流；奈何乎？命也！

此命颇具深理，若无一定功力者，绝对难于剖明；为何？以俗法议之，身印俱旺，自是喜金也，不料偏偏大败于庚辰、辛巳两年矣！不究格局正理，如何看得出此命玄机乎？

关于流年之探讨，实是论命中之关键。笔者的实践证明，流年推算之准确率当有九成左右（指不知任何已知信息，仅凭四柱计算）；若结合面相等其他已知信息再结合一定的技巧，恐怕准确率会更高。当然，流年之诀很多而且珍贵，在本书的好多例子已有所涉及了，读者只要用心去参悟，定会大有收获的。

第二十章
命学占卜化的研究

传统四柱命学研究的根本就是解释人生的基本大格局，即人生社会角色一辈子的大致演化，也即人的富贵贫贱层次。关于人生大格局的主要情况，古人是绝对重于四柱命局来分析的。

古人论命是有着绝对轻重主次的：极其重视命局，次重视在运，对于流年则是对重点流年加以特别关注而已。今人论命之思想已完全悖离古人之线路，尤重于流年（尤其在批终身时强调一年一年的“流水帐”式推算法），次事命局大运。换言之，古人论命重在大局，主要通过四柱来了解人生的主要情况；今人论命重在细节，特别强调一些琐事细节上面的研究。从古人今人论命的演化对比来看，古人讲命断大局胜过今人，今人在人生整体格局上的把握常会发生方向性的判断错误，特别是以身旺身弱来看命是会常常牛头不对马嘴。但是，今人论命讲琐事推算则是完全胜过古人的。事实上，今人推命的方法（大众之认知）已经不再是古人纯粹的论命体系了，更多的是一种命学进行占卜化研究的模式型态了。

将四柱进行占卜化研究，就是从四柱中推算出种种人生细节与琐事，固然这种推算绝对不是四柱古法本身所重点研究的问题，但这种推算的实用性很强，故而对它的研究也是有必要的。笔者所研究的四柱命学体系，特别强调的是从一个四柱中看出其人人生的大体主要情况，大方向一定要准确；在此前提下，方可以进行一些细节琐事的推算；前者为本后者为末，本末兼顾方是正途。

实际上，四柱命学占卜化推算就是将各种占卜理论移植到四柱中去换算，所以六爻卦法、梅花易法、奇门占法、六壬占法等算法都可以和四柱结合起来进行占卜化研究。由于六壬是四柱命学源头出处之一，它和四柱的亲缘性尤强于其他占术，故而笔者所讲的四柱占卜化，实质上就是四柱命学壬占化。所谓四柱壬占化，就是用六壬中干支的“万物类象”来换算四柱中四柱和岁运支干来看细事。

四柱命学壬占化要注意二条基本原则：

一、天干化支论；将四柱中的天干化为地支看待，这种“化法”就是壬学中的“寄宫”诀：甲等于寅、乙等于卯辰、丙戊等于巳辰戌、丁己等同于午未丑、庚等于申、辛等于酉戌、壬等于亥、癸等于丑子。

二者地支换神论；将四柱中的地支中以用壬学中的十二神来替代化议论：子字可当作神后象意推、丑字可当作大吉象意推、寅字可当作功曹象意推、卯字可当作太冲象意推、辰字可当作天罡象意推、巳字可当作太巳象意推、午字可当作胜光象意推、未字可当作小吉象意推、申字可当作传送象意推、酉字可当作从魁象意推、戌字可当作河魁象意推、亥字可当作登明象意推。

四柱壬占化的研究，要求术者要大致懂一些六壬的常识内容；一旦把六壬和四柱融合贯通的好，就可以推算出效果来。

例一：乾造　辛亥　庚寅　甲子　壬申

1　11　21　31　41　51　61

大运：己丑　戊子　丁亥　丙戌　乙酉　甲申　癸未

这个男命从六格看，显然是小富小贵之命。但其人必然十分好色，其有许多“地下情人”不为人知。并且，此个男命定然会常常嫖娼寻欢作乐，但其风流快活不易被人发觉。这种细节的讨论，就是从壬学十二神来推的。

例二：乾造　癸卯　癸亥　甲申　己巳

10　20　30　40　50　60　70

大运：壬戌　辛酉　庚申　己未　戊午　丁巳　丙辰

这个四柱从四个地支来看，可以看出这个男命中年后会从事交通运输类行业，为何？年支太冲值事、月支登明值事、日时传送值事、时支太巳值事；又甲日主化寅，寅申为天地往来之道路，命中又见太冲车辆之神，四孟会太冲，就会有从事交通运输行业之象。事实上，该男三十岁之后，一直从事货车司机职业。

例三：乾造　辛亥　丁酉　己未　甲戌

8　18　28　38　48　58　68　78

大运：丙申　乙未　甲午　癸巳　壬辰　辛卯　庚寅　己丑

这个四柱中月支酉月所藏辛透出，辛酉为太阴主艺术才华，酉又为兑为信息，主拥有传播信息口才艺术。未为太常坐妻宫，太常主礼义生活美满，女喜美容打扮，讲究吃穿，身材丰满成熟，故其妻必有如上特征。又时支戌居乾宫，主生儿子。其人实为京城某电台节目主持人。

例四：乾造　癸未　己未　丁酉　乙巳

10　20　30　40　50　60

大运：戊午　丁巳　丙辰　乙卯　甲寅　癸丑

这是四川老头的命局，丁生未月，局中火旺土燥，其人个性必然冲动。又丁火日主让己未食神晦火，是为命中大忌。食重之男命本身先天上易克子，与子女不和。本命在癸丑运，与己未对冲，常与子女发生矛盾。在戊子流年，癸亥流月，竟然离家出走，喝农药自杀。为何命中其人会以如此极端方式结束自己的生命？就是丁晦于己未之故，己未为食神，未为太常，皆主食物、药物，己未混水，就是表农药之象，丁晦于己未，又受流年癸煞攻击，是以命主走上极端，以这种方式完成人生，可悲可叹啊！

例五：坤造　己丑　丁丑　丁巳　己酉

5　15　25　35　45　55　65

大运：戊寅　己卯　庚辰　辛巳　壬午　癸未　甲申

这个女命是我学生郑大姐拿出来的，她问我，老师，你看此人如何？我回答道，此人有病，定是肿瘤、癌症，必是妇科方面的。郑大姐听我这样作答，急问我是如何断出的？我笑道，大凡丙丁日主不忌水之为煞克害，最怕的就是土重晦火，此命丁日主晦于年月三重己丑食神，且此腊月气凝，土寒凝结，必是肿块癌症之象。己未食神，代表女性的子女，女性身上与子女有关的器官不就是子宫与乳房吗？现食神作忌，显然是主女性子宫或乳房上的癌症。大姐当下反馈，此女就是得了乳腺癌。又问良性或恶性？我笑道，当然是良性之肿瘤，做一手术就没事了。

本命与上述命例，全是丁火日主晦火于己土之食，而作出不同之断定，乃是结合不同之人事作出的灵活判断。

例六：乾造　己酉　戊辰　甲戌　甲戌

8　18　28　38　48　58

大运：丁卯　丙寅　乙丑　甲子　癸亥　壬戌

这个四柱虽是个富命，可全局显然是土然木折之象。甲子大运，丙戌流年，被人用砖块在头上打了个大洞，幸救治及时，保住了性命。现从此命中可以发现，此人之所以发生如此大灾的命理原因：甲为头为其人，今流年丙戌冲起局中戊辰，戊辰、戌皆为硬土，得丙火烧，则戊土成为砖块象，以戊土重重折伤甲木，正是让人用砖块击伤其人头部之象。由此解析可知，人生命运之定数全在四柱布局之中矣。

例七：坤造　戊戌　庚申　戊辰　壬戌

4　14　24　34　44　54

大运：己未　戊午　庚申　辛酉　壬戌　癸亥

这个女命中戊土日主，土厚叠叠，我一见此命，就断为：不是夭折之命，就是残疾之人。果不其然，此女就是个小儿麻痹患者，一生痛苦。对于此命的断定，缘是本命中土重太旺，已成土堆、土块之势，土对应人身就是肌肉，土太重成块象，则其人身体也就是一个大肉团、大肉块之象。此女全身长满肉，是个大胖子，坐在轮椅车上，就是个大肉块之象，完全对于命局之象。此命若命中庚申不与辰支暗成水局，则必是早夭命了。

一般而言，早夭命与先天残疾命，在命局是有极清楚的标志，只要命成偏枯，其凶必应。

第二十一章 当代命学发展的若干问题

影响当代命学发展的若干重大问题，主要在于如何将传统命学继往开来，使此一绝学在人类社会中真正发挥其巨大之价值，而不再被世俗视为“迷信”学者视为“荒诞”。

真正认识和研究四柱命学的价值，必然要对此一术数的立论原理进行透彻的解释分析；笔者在《正解》一书中已基本论述了四柱命学的构建原理，但失之过简而不详备。事实上，从“天人合一”角度去解释生辰四柱原理都是相对的；为何？这就涉及到干支的发明与历法、人命之间的协调问题。

星象、历法与干支建立是中国传统一切术数的总基础，脱离它们一切都无从谈起。当代有些术者都已把视野涉及到了这一块内容之上，但对它们的构建（干支如何发明、干支又如何与历法对应协调、支干又如何跟人事关系对应），感觉到十分迷惘；似乎以人类之智力无法洞穿此一块内容上的真实内涵。

关于这些本原性的问题，实质上涉及到藏在术数体系之后的术数哲学观，这些哲学观与思想就回答了一些本原性的问题。

中国传统术数文化的最大特征是：术数哲学化、哲学术数化。传统术数是传统哲学的“实证”演算形式，反映了传统哲学的数理化与实用性特征；传统哲学是传统术数的思想源泉理论依据，反映出传统术数深厚的文化底蕴与价值观。因此，研究传统术数一定要研究传统哲学，如果脱离了哲学，传统术数必然是无源之水无根之木而失之于肤浅庸俗；如果研究传统哲学脱离传统术数，其结果只能是纸上谈兵高谈阔论而乏亲切近人的实用性。当然，传统哲学的重大指导经世价值绝不是仅仅局限于术数此一小道之上的，但传统术数这一小道似乎最能凸现传统哲学的实用性价值。

当代研究中国传统术数，在术数范围内的研究只能是技术问题。一些涉及到术数原理乃至本原性的问题，就必须深入到哲学层面去认识，这就是当代术数研究务须注意的方向性问题！

第二十二章　命理研究随笔

第一节　四柱命运原理谈

一、四柱宗

在各类传统术数中，无疑是四柱预测术位居老大之地位，其对人生的断定起着根本性的作用！

命相卜诸术中，门类众多，学习者不一，都以为自己所学为重为要。事实上，术数研究者本身之以为是无权威的，世俗众生对预测的痴迷就说明了一个事实：术学再多，四柱为大！

相可决人一世，但其是从象的角度去走，对习者的要求很高。了解的人很多，学精的人很少，所以相术对社会影响虽大，大家都了解但大家并不是很热衷的。

卜法当中，现代研究者最多就是算卦，也就是六爻卦。此术上手容易，所以常见全国各地摆地摊者也会胡乱侃之，基本上算是术数中“普及”到江湖的“大众”文化了。

卜法当中，名气最大要算是上六壬与奇门。习者常高高在上，自以为自己学的可以通神啦，自信者上大多会上升到自狂的地步，天天口不离壬遁，真以为天下之人不如己了！

事实上，壬遁之学固然精妙，但它所算也不过一时一事而已，这就是它身的局限性所在。学了壬遁什么事都来用壬遁来套，好像这壬遁之学真是“万金油”，神通广大无所不适，这是习壬遁之学最常见的毛病！

命法当中很多分类，不过四柱是最常见常用的，真学精了其取验一定程度上不比壬遁之术来的低多少。而且，这个四柱算是终身一生，面也很广，所以宋代此术一发明，就红火起来常盛不衰了。

为什么讲四柱要比壬遁、算卦等来的重要呢？主要还是这几门术数的应用范围程度所决定的。壬课或遁局算的一时一事，无论凶吉都不是特重要的：课局之凶，不过是一时一事之凶，时事过来，不一定还有光明前程；同理，课局之吉，也不过是个一时一事之吉，此事吉了成了，并不保证你今后事事皆如意大吉大利的。所以，本质上课局只不过是占时之学而已！

可四柱命就不一样了，它所看的是终生。一命吉了，虽一时局课凶也不怕，终有出头之日；一命凶了，这就真坏事了，纵一时占的壬课或遁甲局吉利，也不过是一时之快而已，就怕明日新愁重来了。

从实践中来看，用四柱预测的确占了主要。像我现在的实践中，竟然用四柱方法为人算事占有七八成，用壬反而少了；这真是我当初学壬时所未所想到的！

就个人的经验而言，如果从实用主义角度出发，学术数真是最好先学四柱，再学占卜之术。在实践中，也要以四柱为主，以相术、占卜之术为辅；如此一来，在实践当中灵活运用各种方法、技法来针对客人要求来选用各种法则从而方便去解疑断事。

二、四柱立论之基本原理

有人说四柱学理全是以“公认的假设”来推出来的，不就是认为四柱命学是没有理论依据的吗？这种说法是很无知的！

四柱命学的基本立论根据就是“天人合一”理论。这种理论以为：当一个人（小生命）出生一刻就是一个“小天地”的诞生，据于天人合一的原理，当下一刻的小生命“小天地”定然对应当下的“大天地”，这个“人”“小生命”“小天地”生来的“天赋”（五行的组织、成分、分量、结构、关系等）就可以从当下“大天地”内所有的阴阳五行情况来同步反映出来。这就是古人由“知天”来“知人”的过程，也就是“天人同构”的实质内容！

至于大运则是在“天人同构”的基础上，古人运用“天人同演”的原理来从大天地的演化中去了解“人”这个“小天地”演化（命运变化）的过程！

总而言之，中国传统术学（包括四柱）都是古人根据“天人合一”这个大理论从不同角度作不同演绎设计出来的。中国古人不是白痴也不懂什么“公认的假设”，他们自有他们的理论依据！

三、命运能否改变?

这是在我的UC聊天室与大家讲的“命运可否改变”这一话题，下面是我对这个话题的一些简单看法。

1. 要谈命运能否改变这个问题，先要定义“命运”本身这个概念。只有对命运这个概念有了认识之后，才能可以来讲命运能否“改变”这个问题。

2. 宗教（佛教）命运观是将人生命运作三世联系起来看的，所以，宗教命运观一般是认为命运是可以改变的。这就是命由心造、业力可以来起作用。了凡四训就是这种宗教命运观的最佳说明。

3. 术数（四柱）命运观强调人生命运，主要包括在生后死前这一段时间内，不涉及生前死后。所谓的人生有命，就是指一个人生到这个世界上来，都是受命（使命）而来，在一生中在这社会上充当某种角色，这就是生而有命。到死了，就是这一使命完成了，就要归根复命了。这里讲的复命，也就是人从那里来，要回到那里去。这里讲的那里来那里去，不是宗教的轮回理论，而是易家的生命哲学观。人生受命本是无中生有，人死复命就是从有到无，归根到底是从无中来，回到无中去。命运就是指生后死前的所有人生现象总和。

4. 宗教命运观主要立足于人生的内心世界，强调人生意识的能动性。命由心造，境由心生，自然将命运人生取决于个人了。术数命运观主要讲是人生现象的客观性，就是重在表达一个人一生在社会上、世界上所有发生的变化现象，它不关心人的内心感受与心灵世界。

5. 术数四柱命运观的注定与不可改变性，就由于四柱天命有四重数据层面上的不可更改性所决定的。

6. 术数命运理论虽然可能解释人生命运现象的大体，但是还是有神秘的命运客观现象的存在。所以，宗教命运观就有介入术数命运观中可能性的价值。

7. 术数命运观讲修德不是宗教家的修德造命说。术数家讲行善积德，不是讲前世后世命运的变化，而是讲上代、下代之级的命运变化。一个人行善积德，对于个人的天命富贵贫贱是起不了多少作用的。但对于子孙命运的确可以起到影响性的决定作用的。行善积德对于术数家来说，可以让你的人生命运中有好子孙来，好子孙有了好命运，那么，相应的你的人生命运在最后因为子孙命运的改变而有了改变的机会与可能性。

四、谁能改变命运?

盛世一星：自然的规则是相当的严密的，小小的改变都会影响到整个自然界，若不然，也就不可思议了！关于择时，窃以为还是“人算不如天算”。“同归殊途”，“一致百虑”，故“何思何虑”？今日斗胆说两句。

运气不好的人，在行事期间内，偏偏就是没有吉利合适的奇门格局供你来选择！万般皆有命，何必强求！

徐伟刚：很有道理的，没错，实践中是常有这种措手之事！

盛世一星：自然的规则是相当的严密的，小小的改变都会影响到整个自然界，若不然，也就不可思议了！关于择时，窃以为还是“人算不如天算”。

“同归殊途”，“一致百虑”，故“何思何虑”？

徐伟刚：上论真是有体悟之语。所以，有时我会开玩笑讲，真正可以为人择吉生子成功的人，只能是乾隆皇帝这样的人啦！为什么呢？他是“天子”呀，天能定人命，天子就是代天牧民之人，天子发话也就是代天发言了，此言一出，天下皆服！

武则天为什么在冬天传令百花开放，这百花就真全“开”花了，为什么呀？其是天子，代天行令，天子之心就是天心，天心者天意、天命也。其令一出，相当于百花逢春；令到了，不开也不行。

五、事业成功与方位的关系问题

说明：这是我的一个博客读者提的问题，主要是想问人的成功运与事业方位的关系，我作了一个简答。供大家参考！

请教徐师的一个问题，盛世一星 2006-07-12 23:04:28

徐公，您好！

夫大人者与天地合其德，与日月合其明，与四时合其序，与鬼神合其吉凶？

先生集术数之大成，易学造诣必然亦深，试问欲成就事业有无地理四维八方之别，吉凶如何？

徐伟刚于 2006/07/13 12:45:42 回复到:

你好：

《三命通会》上讲“位者时之定在，时者位之妙用”，其中深意可细量。一个人能否成大业，命中有时必然有，至于什么时间到什么方位去发展，命运之神自会到时推动你到该到的方位去的。人为选择有时会有效，但更多是瞎凑。

只有命运之神的推动下，才会出现因缘自然凑合让你到什么地去做事，这种情况下才会成功！

六、为什么富贵命总是少数?

五星书《乾元秘旨》中就讲到过这个问题的：

“凡大富大贵之命，往往世不偶生，而贫贱者恒层叠出，何欤？盖天地精华，独酝酿于此一日，发泄于此一时。譬诸祥麟彩凤，原不多见，若泛泛化生于阴阳五行之内，不啻吠犬鸣鸡，何地无之。”

事实上，人生在世，好命者总是少数。以命理而言，所有想成好命的格局总是有很严格的要求，不是想那么容易满足命理条件的！

七、研究经典、尊重经典

在中国五千年的历史长河中，有着无数的百家经典传承给后世后人。在易经术数研究中，也同样有很多经典值得我们后人去重读、去研究，去感受先人的智慧与经典永恒的真理。那么，如何才算是去作真正的研究经典、尊重经典呢？这里就谈谈我的一些粗浅想法。

（一）什么是经典？所谓的经典，就是人类历经千锤百炼永恒的真理。何谓“经”？经就是恒常、经常；何谓“典”？典就是模范、典范。经典就是讲述人类真理“恒久的模范”。它的价值与意义与天地共存，与日月共明，与人类同行，千秋万代永远流传。

（二）研究经典、尊重经典就是要去正确理解掌握经典的基本理论、观点、原则与主要精神，而不是去将经典读歪，曲解经典，甚至将经典支离破碎，作为个人创新“理论”的外衣，让经典曲从于我意，甚至将经典作为我见的“注脚”，这都不是研究经典、尊重经典的正确作法。

（三）研究经典、尊重经典是要理解经典的本意、原意与主要精神，但也不是以为经典字字生根、句句是真理，拘泥经典，将经典绝对化、教条化。要知道，研读经典是要去掌握经典的的主要精神，而不是去否定经典或将经典教条化，要让经典的主要精神与时代响应。

（四）作为后人，研究经典、尊重经典的主要目的是长自己见识与智慧，提高个人的素质，这也就是易经所讲的“君子以多识前言往行，以畜其德”的过程。研读经典不是要将经典作为“皇帝的宝座”，将自己的屁股搁在上面，依研究经典的“皇上”自据，就可以“君”临天下，目空一切了。一个正直的人，一个真正尊重经典的研究者，是不会有如此下三滥的作法出来的。

（五）研究经典、尊重经典，就是要将经典所阐述的真理流传推广开来，让更多的人去了解经典掌握经典，让经典更大范围内的有益于世道人心，而不是挟经典而自重。宣传经典、推广经典这才是真正的研究经典、尊重经典者。

（六）易经与术数界的经典很多，研究这些经典同样也要有上述基本原则与精神。只有真正研究了易家、术数家经典，我们的学问才能真正做到树之有根、河之有源，才可以将真正传统的血脉从我们手中一代代的流传下去。

总而言之，研究经典、尊重经典，就是尊重先贤、尊重文明、尊重真理的过程。

八、何谓数术正统的若干标准

中国术数学一直是中国传统易文化的一个重要组成部分。从古到今，研究术数学的人不计其数，今天的中国，研究术数的人较之古人是更多了。

研究术数的人多了，不代表研究水平肯定会上台阶。这是因为，研究当中也是会有很多歧路的。

我一直强调研究术数的主流与主干，其说就是要研究中国术数学中的大宗法、经典法。按我个人研究观点以为就是：四柱学研究天命、六壬学研究人事、风水学研究地理，相学研究人生，这数门就是术数中的大宗之法。当然，像遁甲术也是术数学中的宗法之一，也是值得人去大力研究的。至于其他如：测字、金口诀、斗数、神数之类，虽也是中国术数学中精品，但它们在中国术数历史上从来不是主干，从来没有流行成为过主流术数的。所以，这几门数术品种是难于归入术数学内的大宗法中的。

在研究术数内的大宗之法当中，我也有个观点，就是要研究大宗之法中的正统路线，不去对大宗之法去作偏门研究。

所谓的术数正统研究，我以为有以下若干个标准，可以与大家谈一下的。

（一）术数正统的研究路线，第一就是尊重传统，强调古今学术上的一脉相承，做到学术有源头，有根据，继承古人、前人的路子走过来，而不是挟古自重，或以古人为招牌为自己挣钱骗人来做服务。有些人学术数没几年，就敢自己创立门派做祖师爷，比如什么某人某氏命理、六壬理法、风水大法，全是骗人的术数假冒产品。因为这些人自己搞的门派，其目的就是自己要做祖师爷，本质上就是要否认学术的传承性，否认先人的研究功绩，也就是不认自己研究术数的祖宗。这些忘本的术数研究自大狂们，就是要走术数研究中的歪门邪道，而不是走术数研究中的正大光明之路。

（二）术数正统的研究路线，第二就是尊重经典。任何一门术数能够历经千年传下来，必然是有经典为其传播的主要载体的。像六壬、四柱研究中就有很多经典作品来支撑学术在历代的传播与发展。经典很多，不会只有一本或数本。我的六壬、四柱、风水、相学研究，一直是以经典为中心来展开的。任何研究者不以经典为主，或者去攻击经典、或者去依所谓秘本为主、以口诀为主者，基本上全是术数研究中走偏门者。这是因为，经典之所以为经典，就是其肯定讲述了学术的大体与主干了。如果有研究者来否定经典而去讲什么其他秘本之类者，其实质上否定了学术的主体性，所以，我们同样视为其不是走的术数研究的正统路子了。

（三）术数正统的研究路线，第三就是要尊重名家。从古到今，术数研究者人才济济，名家在历朝历代不断拥现。要知道，一个名家的出现，不是偶然的产物，其也就是一门术数本身发展过程中的产物。术数发展到什么程度与层次，就必然会出现相应的研究人物。所以，一个术数名家的出现，一方面是其本人命运在起作用，另一方面也是术数自身命运发展的结果，两者是同步统一的。所以，研究中国传统术数，要走正统路子，就是要去尊重历代名家，去研究历代名家的研究成果。一个时代的术数名家，总是与这个时代的术数研究发展过程统一的。如果要去研究历代四柱、六壬、风水的情况，我们就必须要去研究历代相应的名家去了！像宋壬，就要去研究邵公；像明壬、就要去研究陈公献先生一般。因为一个时代的六壬名家，就代表了一个时代六壬的发展主线！所以，研究中国正统术数，就必要去研究历代名家了。那种或否定一切时代名家者、或自以为是者，或者宣称得某无名高手秘传者，基本上都是术数研究中的“野牌子”，旨在惊世骇俗，引世人注意，想实现一些个人企图而已！

（四）术数正统的研究路线，第四就是理论完全经得起实践的检验。任何术数研究就是要学以致用，要理论可以与实践完善统一。任何理论都要落实到实际层面，才是正统研究！如果理论仅资于空谈，没法应用，那么，这种理论就是歪理空理。如果若干实践灵光而无法上升到理论层面，那也仅是小法，不足于当作基本法或基本性理论来作研究者，也是空说空话。只有研究的理论或实践统一相互印证者，那么，这种研究才是正统研究了！

综上四点，也就是研究术数的正统法门所在。只有走准研究的路线，才有可能的光明前程，如果走错了方向与路子，那么，一切努力全是白费心思了！

九、构建完善四柱论命体系

在我的四柱学研究过程中，一直是想要寻找想要构建一个有理可据、有法可依、有章可循的四柱论命评判体系。当然,我是决不会去想要凭空发明什么论命新体系之类的，我所要研究构建的四柱论命体系，就是要在传统经典的基础上，兼收并蓄百家之长，正本清源、融合各种论命技法，从而构建起一个相对有章法、有规范、有内在逻辑的四柱论命体系，使四柱论命不再是一个四柱公说婆说，似乎各自有理的混乱论命状况。

正是出于这种想法，在我的研究四柱命学的过程中，对所有的古典重要四柱命书与现代名家各四柱流派都作过深入的研究。就后者而言，对于以日主旺弱为中心点的老派与新派命理我研究过，对于号称瞎眼四柱盲师比天天研究四柱的明眼人更厉害的“盲派”也作过深入研究，对于以否定日主论命而依年柱论命的七柱论命法作过研究，对于一柱论命法或二柱论命法也作过研究……这些丰富的学习研究命理过程，使我对于命理研究有了比较深刻的认知。

就我的理解而言，这些命学“流派”的根本目的也是想要构建一个完整的论命体系。当然，从现在看来，这些“流派”的这个目的肯定没有完成，这些命学研究“流派”，到现在最终还是坠落在四柱技法局面研究当中去了，并没有能力真正构建起了一个有理可据、有法可依、有章可循的四柱论命的规范评判体系。

以身之强弱论命的传统老派与新派，它的基本观点仅仅是立足于日主一者之上，以为日主的偏强或偏弱就是论命的基本依据。这种观点的出发点就是：四柱以日主为主，日主的强弱就是四柱不平衡的根本原因。所以，日主太强了不好，日主太弱了也不行。这种论命的逻辑极限就是在日主不强不弱的情况下，论命者是必须一定要强分出个日主略弱或略强，如果日主真的分不出强弱，则这个四柱就无法看了，也就无法子来给人来进行论命了。事实上，日主偏强与偏弱的确是日主层面的问题，是要对此日主旺衰方面存在的“病”进行“纠偏”，但是如果日主不旺不弱力量中和的情况下，则此日主就没有任何旺衰方面的“毛病”了。那么，这时候论命的目光就不能再在日主身上作“文章了”。

“盲派”的流行，事实上有一个荒唐的逻辑在给自身作证明：那就是盲师的“口诀”胜过传统经典命书，明眼人不如瞎眼人，天天研究四柱的人不如有了几个“口诀”就可以“无敌”神算于天下的人，有知识的人不如没文化的人、行万里路的四柱明眼研究者不如整体呆在山村终生偏守一角的瞎眼盲师水平高……这种内在荒唐的逻辑之所以有市场，主要就是抓住了人心相信神话、神奇的本能。事实上，民间没有像样的盲派存在过，就是盲师之间有传承，也是局于一个小地方上，若干个盲者之间的传个混饭吃的“本事”而已。从现代明眼人作为“盲派”的“领袖著作”来看，完全是明眼人打着“盲派”招牌的产物，技法层面上的“花招”百出，概念与内在逻辑混乱。但是，现在“盲派”这一“品牌”已有了“著名度”，其明眼师傅作为中国“盲派领袖”自然“声誉四播”了。当然，这也是“盲师领袖”本身有其命运，我们只能祝福他们财运亨通了！

对于依年柱代替日主论命的七柱理论，这个研究者是个可爱的四川老头，性格很倔，“想象力”丰富。他的著作我全部研究过，作品是有创见，但整体理论显然牵强附会，不成体系，其攻击以日主论命的观点更是极其偏颇，显然无法服人。他所强调的神煞论命与优劣干支说，只是很有价值的技法观点。

一柱论命者主要是以日柱为主，二柱论命者主要是以年月两柱来作论。对于一柱论命或二柱论命，我觉得国内外的研究者真是聪明之人，虽然不是真命理，却能推算出一些东西来，真是了不得。这两者论命方法当然没有完整规范的理论系统，但作者对六十甲子的研究的确给我们开拓了认识干支特点、性情、关系上的新视野。

但是，对上述这些命学“流派”的研究，并没有给我的命学研究带来真正的全面的帮助。真正让我认识到比较有规范的论命系统，还是《子平真诠》与《穷通宝鉴》两书。

《子平真诠》一书所提出了格局论，以四柱全局为一整体，以月令中心为提纲，以年时为辅佐，简洁规范，对所有四柱提出了一个普遍适用的论命研究思路，对四柱之间的关系可以进行逻辑推理。本质上，格局论就是一个论四柱的普适方法论，有章法有规范有条理，对四柱之间的干支所有关系(八个字之间字与字的基本所有关系）作出了共性的研究，使四柱命学走上了一个可以用逻辑推理的理论体系。

《穷通宝鉴》如果一书所提出的调候论，是以天人合一之道论命的杰出典范。调候论重视月令气候，强调天道、地道、人道的统一性，强调天地之道是人道的“底本”，没有天道、地道，也就没有了人道，只有合乎天地之道，人道才能吉祥和顺。调候论重视干支本身特性与干支之间的特殊性情配合，都是立足于天地人三道统一而来的。如果讲格局论提出了研究所有四柱的“普遍真理”，那么，调候论则就是这个四柱研究的“普遍真理”与具体月令与四柱中具体干支结合的产物。比如：甲木生在酉月与乙木生在申月，按格局论看此两者，都是正官格，对此两者的论命要求，也是按照相同的官格规则去看的，这就是格局论的“普遍真理”的适用性。但是如果深入问下去，难道甲木生在酉月与乙木生在申月，真的是没有任何区别了吗？当然有了：首先甲木与乙木日主阴阳的不同；其次，辛官与庚官用神格局阴阳属性的不同；再次，是甲木与辛官、乙木与庚官用神之间的不同阴阳组合不同了。像这种深入情况的研究，就是调候论的问题了。所以，讲格局论，它是论四柱干支关系的共性规律，重视干支关系的共性，它是普遍规律而已！调候论则是特殊规律，强调月令气候与干支性情的个体性，不讲究干支关系中的基本共性。所以，通过这样的讨论我们就会知道，格局论是研究四柱的基础性理论评判体系，调候论同是研究四柱干支特殊性情关系的理论体系，此两论互补而又可以统一，这也就是我近年力推调候论的原因之一。

我所要想象构建的相对完善的四柱论命体系是这样子的：依日主身强弱作为论命的基础学说，依格局论（六格论）、调候论（穷通论）为主要理论体系，依神煞论、日时论（通会的720日时论命法）为论命辅佐学说，吸收百家技法“花招”，从而真正构建出一个相对完善规范的评判论命体系来。

第二节　命学正理论

一、《八字正解》纲要

1. 讲述了四柱命学立论的根本原理，从天人合一的角度理清了预测的本质意义！

2. 全面分解格局的真谛，在中国大陆命学界首次澄清诠释《子平真诠》确实含义！

3. 讲述了岁运的相互关系，强调流年的绝对重要！

4. 规范了六亲的原则判断方法，把当今从四柱看六亲的种种混乱思想拉回到《三命通会》一书中的主流看法中！

5. 在当代命书中独树一帜的讲女命必须独立于男命之外议论，绝对不可以男女命来混看的！

6. 提出了52万种四柱类型的模式化思想。

二、四柱模式论

四柱研究事实上是有一定模式可寻的。古书上提出了好几种对52万种四柱进行整体全面研究的预测模式。

1. 是真诠书的格局学说；

2. 是穷通的调候学说；

3. 是三命通会中的120首十干四季论命诗诀体系；

4. 是神峰通考中的金不换断命诗诀体系。

四柱模式主要是由此四个体系组合丰富而成的。要想真学好古命法，就定要在此四本书中下功夫！

三、四柱论命大要

本次“五一”四柱命学面授讲课中的若干要点：

原理方面：一个四柱在天成象，在地成形，在人成命，在命成事！

论命纲要：格局论命、格局论运、格局论流年

穷通论命、穷通论运、穷通论流年

神煞论命、神煞论运、神煞论流年

断命技法：干支性情、天干成象、星宫变化、六亲代换、十神正义。

断命捷法：三奇四吉法、时辰秘法、贵人禄马法、神煞法、调候要法。

四、万民英先生学命观点

万民英先生就是著名的命学经典《三命通会》的作者，他的这部命学巨著堪称四柱命学之辞典书、集大成之书。凡是真想学好四柱命学者，必要深究此书！

万先生在《三命通会·星命总论》中就曾经谈到过如何学命的问题！他是这样说的，从来研究四柱命的流派很多：

有专以纳音论者，有专以纳音取象论者，有专以五行论者，有专以禄马论者，有专以神煞论者，有专以格局论者，有专以化气论者，有专以财官、印绶、食伤、羊刃论者，虽所见不同，其理则一。

万先生对于这些流派及如何看待、如何学命中提出了自己的观点，那就是学命要做到如下八个字：

博观、详求、通会、达变。

在上述学命基础上，再分出个主次来：

以徐子平之说为主，而兼尽诸家之长可也！

很明显的是，万先生所以为的“徐子平之说”，就是四柱命学中的六格

论；现代习命者大多是不了解这个以“六格论”为基本核心的“徐子平之说”的。现代学命者只了解的是“徐乐吾之说”、“任铁樵”之说。这些人说起徐子平来，会问：徐子平是谁啊？噢，他是四柱预测的祖师爷呀，可再问下去，那么，这个预测祖师爷说了什么呢？这些现代习命者就会说不下去！

我的四柱命学体系就是以“徐子平之说”为骨架的，是从万先生那儿一脉相承的。我没有任何的老师，所以，我也没有任何的派别！如果一定要说我有什么老师？有什么派别？我就是以古人为师，以经典为师；我就是书房派！

四柱命学的书房派就是以徐子平为祖师，以徐大升、万民英、沈孝瞻诸先生为一脉传下来的！书房派代表的是正宗知识体系的传承没有变质，书房派就是四柱命学的中坚与主干！

五、六格大纲及其他说

自民国以来，中国人在四柱学的研究当中，基本上是以日主旺衰为中心来作为命理研究的入手点与核心，这一传统风格就是一直到邵伟华先生的命学研究出山也没有大的改观。只是到了2004年以后，拙著《正解》一书的公开出版，方才开始改变当代中国四柱命理研究的基本路线。

在《正解》一书出版之前，除了台湾少数有识之士研究认识到了四柱论命格局理论中的真谛之外，中国大陆几乎没有人真正理解到或掌握到讲格局的《子平真诠》一书的本来如实意义，只是有了《正解》一书的公开发行，中国命学界的一些有眼光的人士才真正开始认识重视古命书中的格局理论，自此在网络上讲格局的人也慢慢多了起来，传统论命的六格说也有所开始风行。当然，除了一些冥顽不化的命学教条主义者们要硬说格局无用之外，大数人对格局是感兴趣或认可着来学习的。

六格论是我近年来研究命理、论命的基本理论，是我命学体系的一个中心点。我的所有实践与断命都是以六格论为基础来铺开的来看的。当然，从实践的角度去看，《子平真诠》一书所讲的理论是极好的，但此书本身所引证说明其理的命例却是不足的。我的好多实践命例本质上较之《子平真诠》一书中的原例更有说服力，或更能确切的去证明《子平真诠》一书所讲述的格局论命的逻辑体系。我的四柱新著全是此中个例的收集与整合，所以，我对我的四柱新著看作是《正解》一书的现代实例阐释书，是《正解》一书理论应用的一本实践书、工具书。

事实上，我的四柱论命实践体系中有二个套路的：一个就是公开发行的格局论，还有一个是到现在没有完全公开的穷通论，如何完善地将此二个套路结合起来，就是我四柱新著中的闪光点，相信我的四柱新著的出版发行，会进一步推动当代命学研究向传统正途去的。

四柱论命断人生大局有着绝对之正确性，一个人一生的基本情况很难出乎四柱的约束。有些研命者一天到晚去讲相同四柱在现实中的不同情况，然后用尽心力去作“研究解释”，在我看来，这些尽是一些命学“书呆子”可怕而可笑的“研究”，必然是毫无结果的。讲实话，我从不研究相同四柱的不同命运属性，也不去花什么精力去研究所谓的国运对个人四柱命运的影响，当然也不去研究讨论什么台湾人疯想出来的什么冬至换年柱、什么昼夜子时等无聊的命学“伪命题”。要知道，现代好多人所谓研究四柱命学的理论问题，绝大多数都是研究上的“伪命题”，花精力去搞这些无用的东东，只有一个结果，那就是浪费青春而已了！

四柱研究对研究者的要求实际上不高，只要是有点较强的理解能力与变通能力而已，并不是说什么要一定有很高的悟性了。四柱是个很稳定的体系，你可以天天研究它，四柱不像占卜，特别强调现场的状态与发挥。事实上，占卜是难于四柱的，占卜的随机性特别强，而四柱就不一样了，你可以没事就去看它去理解它，从而去真实掌握它整个四柱体系由内在的逻辑关系而表现出来的整体效应。

四柱是中人之学，占卜则不是一般人所能学好的啦！学好占卜的人肯定可以学好四柱，但是，学四柱很好的人却不一定就能学好占卜。所以，学壬的人不少，学好者只是很少；学四柱的人当然很多，学好的人还是不少的！

所以，学术数者学四柱是最稳健的起步法子。学好了命，了解了人一生的大体以后，再去学占卜再来了解人生的过程与细节，这样一条路，可能会让人学术数的效果更理想一点！

六、格局大成

命学主要之整体理论就是格局论。

格局论主要是包括两块：一是正格论；二是外格论。正格论也就是六格论，就是以月令用神作格论之主轴，由此展开全局的讨论。外格论主要包括年格、日格、时格此三方面，其中以时格论为最主要内容。

正格与外格如何分别，是有一定之论命原则，并不是从心所欲、自由心证的。正格为经，外格为纬；正格主常，外格主变。

学习命学之全体，必从正格入手。然后，介入外格论。最后，融合正格与外格来统一论，从而来了解何时用正格断、何时用外格断？

《正解》与《子平真诠》书主要是讲六格之正论。四柱之面授教育，就是立足于正格与外格来统一展开的。

七、命理正道

现代多少人能知道天命、性、理之区别！ 四柱命学根植于宋代，其立论之渊源来自理学，当今多少四柱研究者去钻过理学？ 邵康节先生在《皇极经世书》中讲：天使我有谓之命，命之在我谓之性，性之在事谓之理！四柱是天命所体现者，首先反映的就是人性（性格）。相同之四柱很多，就说明其人禀命相同，自是为相同之性格类型也！

看人之性格，要从五行、十神、六格、神煞多角度进行“去留舒配”看的。“去留舒配”是六格论命的主要方法，何位先生来说说其定义？《渊海》中有之，当今之中国术数研究者，有何人好好想过？

用神中的“用”字在四柱中有二个层面的意义：

一者是使用的意义，比如《三命通会》和其他古命书中常讲什么“甲木用辛金为正官，用己土为正财”之类的语言，这儿的用字就是使用的意思。

二者是功用的意义，是指四柱中的十神是否有气无气可否有用没有，比如《通会》中讲“壬癸水用丙丁戊己为财官，若生于夏天和四季，则财官有用”，这里的“财官有用”中用字是指十神的功能性来讲的。四柱中的用神原义当从这两个角度去理解！

月令和天命究竟是什么关系？

日主与月令的关系是四柱全局中的轴心关系，是传统六格立论的基础！当今四柱流行理论中认为月令是决定日主旺衰的主要因素，这种思想是违背古人发明四柱命学原意的！换言之，日主的旺衰跟月令是没有任何关系的，月令的任务就是来说明四柱全局的重心与性质所在，它决定其他字如何组合为吉为凶的关系！

另外，月令中的“令”字是要跟预测中的“命”字联系起来讲的，它可以从平常生活中上级“命令”下级的角度去理解它的真实的原始的“预测”“天命”的含义！

《三命通会》中讲“月令者为命”就是这个意思！命是令的主体，令是命的流行与执行！四柱中的月令就是天命的体现！所谓“预测”的本义就是要看四柱中的月令，这个字禀受了什么样的“天命”！月令只是加在日主身上的大框框，就是讲月令可以决定日主最重要的人生事象！

另外，看四柱中日主及其他十神的旺衰，古法命学中有四种方法：

一者：时旺，是指天时的得失；

二者：自旺，是指天干与坐支的关系来看的；

三者：引旺，是指天干与另外地支的交错关系来看的；

四者：局旺，是指三合局来看的。

这四种名词和判断旺衰的方法，在《渊海子评》、《三命通会》二书的古命例中可以见到很多！

另外，四柱原本的看法不是仅以日主的旺衰为原点来搞两边的平衡，在六格的看法中是要多角度多方面综合平衡的！

比如：月令七煞格，则就要有食神来制伏，这时就要日主、食神、七煞三者均旺且要有三角平衡，这才当作好命看！何者力量不足岁运就要补之，何者力量太过岁运就要损之！

换言之，四柱中的十神要“共同繁荣，和平相处”始为好命看！

《通会》云：年月日者，造化大纲之所在，时辰则关乎一人之终身！

时辰不定来谈四柱，无有是理！

八、当前命学研究流派

四柱命学作为术学中的大宗之法，自古以来研究者众多，自然研究流派也就多了起来。一个学命者要想有所成就，则一定是要见多识广的。

现把当代海内外研究四柱的大致流派作个大体的分析与梳理，个中观点仅是我的个人看法，谨供大家参考而已。

（一）拥有最多研究人群的就是传统命学研究的“老派”或所谓的“传统派”、“俗派”，此一命学研究流派主要依民国徐乐吾的学说观点来进行命学研究与实践，就是以日主强弱作为惟一中心点，作为划分出命中的用神与吉凶神从而来断命。这一流派在日主明明显有强弱区别的情况下尚可断对一些命，但更多的命局此法是看不透的。所以，此一流派作为入门知识学是可以的，但想凭借此一流派之简单学理，想深造命学功夫则是基本不可能的。

（二）当代命学研究中的山东“新派”，此一“新派”的崛起就是利用当代邵氏“老派”理论预测“神话”（就是用“老派”命理真的算不对很多命的无情现实之后）破灭之际打出的命学“创新”理论。“新派”命理从学理上讲基本毫无价值可言，它所谓的算法预测只是成了纯粹的“技术切割”，当中充满了个人的经验主义、教条主义与自由心证（就是想咋说就可以咋说），臆想色彩浓厚。此一“新派”的主要特点是有“创新”精神，此一“精神”就是肯说肯想，否定学术的传承性，竟然敢于打倒所有的命学先贤与传统，说古法命理一无是处，上千年下来只有“新派”才是对的，如此疯狂的自我标榜的一个主要目的就是要推销此一“学术”来挣钱。挣钱本身无可否议，但作为易学研究，如此疯狂炒作自我者，自古以来是绝无仅有的。

“新派”预测的可信性很低，一些较长时间的命学研究老手是可以一眼辨别出此派的“道行”之深浅。只是，一些初学者（这些人大都是由于环境所限不知易学界之动态信息者）常会对此派充满欣赏之意念，所以，学此派的人就不少了。

(三) 当代的命学研究之“盲派”，本来命学界本无此一派别，只是有心人研究江湖上的“盲人”们的预测技法之后来推销给世人，遂就形成了今天所谓的“盲派”。

关于“盲派”之研究，首先是要去看此一派的“主人翁”“职业从事者”，就是一些民间盲人预测先生的一些基本情况。

自古以来就有一些盲人来从事这一项的工作，这些人的普遍特点就是迫于生计才开始学预测的。他们的主要共性就是无法看书、无法行千里路、都处于封闭的乡村或其他环境中，他们的预测法子就只有师傅传的一些有限的招术。正是由于这些客观条件的限制，就注定了盲人预测师在命理学术修为上的巨大不足，同时也让盲人预测师就是从业之后本身也再无多大的可能性来提高个人的预测水平。因为一旦其师傅死了，盲人预测师一不能看书；二无人交流；惟一的路就是只能搞个人的揣摩来进行命术的“研究”了。如此情况民间盲人预测师到现在多没有大的改变，所以说盲人预测师有“神仙”一样的人物，基本上是不可信的。当知，一个预测“真神仙”的出现，必会轰动国内外。但是“神仙”从来也不是天生的，一个预测先生成为预测“神仙”，也是要天赋、学识、胸襟、见闻等多方面的“成仙”因子综合在一起才有可能性的。

在江南地区，盲人预测师的文化相对较高一点，但是算得极准的人几乎没有。当然，个中也有若干个算得真的很准的故事。但这并不说明什么，一个从事几十年的盲人预测先生在如此漫长的职业生涯中算几个准得不行的命，也应该是正常的。

对于从古到今的盲人预测先生的生存现实状况的客观理智的认识之后，就会对盲人预测技法有较清醒的认知了。在命理的学术层面上，盲人们所有的文化水平与学理水平肯定是不行的，也就是讲盲师们不可能有真正可以成为“流派”可以有流行的一套命理体系的存在。换言之，所谓的“盲派”事实上在民间是不太可能有的。

当今“盲派”命理的出现，不是说明民间真有一个完全独立的“盲人四柱预测体系”的存在，只是让学命者要认识到，民间是有一些盲人预测先生在用一些预测技法来给人们预测着，真研命者们也要应该去重视民间这些盲人预测先生的这些预测技法。所以要说一下的是，真要去学“盲派”的东西，就要去跟着真正的“盲人预测师”去走才是正道。要知道，真正的“盲人预测师”出过“盲派”的命理书嘛？从来没有过的事！现在的“盲派”书，也是一些明眼人研究了一些“盲人预测先生”的技法后的研究总结，大家是都可以去学习的。但这些书“炒作”“渲染”的色彩是很浓的，炫耀“神奇”，学理上牵强附会的东西也不少，少了平和气，这点就是当代看“盲派”书的研命者们所要剔除的糟粕了。

（四）传统格局派，或者说是真正的“书房派”。预测界好分为“江湖派”与“书房派”什么的，说什么“书房派”理论好实践不行，“江湖派”则是实战水平高理论不行，不同的人处于不同的位置说不同的话。可事实上，“江湖派”中的确是下三流者居多、不学无术者居多、骗子多、流浪者居多，真正的“江湖高人”几乎没有；就是有的话，也不会常常混迹于江湖地摊上。“书房派”的整体素质远远高于一班江湖人，所以整体命学水平也必是远远高于“江湖派”的。至于说“书房派”只好理论搞实战不行，则纯粹是胡说。“书房派”的学命者学了预测理论干嘛的，不也就是为人看命吗。所以，书房派也是大搞实践活动的。自古以来，都是书房派作书来传承命学的，也都是书房派来推动命学发展的。至于江湖派看不起书房派，全是没知识人来眼红有知识人的妒忌心理。

格局派就是以《子平真诠》一书为理论框架来进行阐发的，有着严密的命理逻辑论证体系，其命理之可靠性与应验性极高。所以，此法现在并始也流行起来了。

格局派的好处是可以包容传统“老派”的所有理念与技法，它是传承命学先贤接受传统命学真理的集大成者，是“书房派”的中坚力量！

“书房派”的命学理论实际上说明了一个事实，学术继承与发展的主要工作还是要依靠有知识有文化的研究者们来承担的，它是学术的主流。不但命学如此，其他学术也都是如此，学术的东西只有呆在“书房”中的知识分子或好学的书生们才能继承、推动与发展！

以上所讲，只是当前命学研究中主要有影响力的一些学术流派，其他不成气候者就不谈了。

九、四柱研究的三大歧路

在当代四柱命学研究中，除了对四柱本身所预测的终身命运此一本职功能，现代很多“聪明”者在四柱应用方面有了新时代的“发展”。

这些“发展”主要体现在以下三个方面：

（一）“先天四柱说”、“后天四柱说”，以为四柱有先天四柱、后天四柱之类。关于先天、后天一说与四柱理论相联系起来的，主要见于《三命通会》书。但通会一书的四柱中的先天后天说的本义是这样的：四柱是先天之气，大运则是后天之气。先天四柱不足或太过，则可以由后天之气——大运来纠偏。其说不过是强调了四柱本身的先天固定性与后天变化性的一种可能关系而已，并没有说明先天四柱不好了，可以找个后天四柱来代替之类的混乱思想，这是一种命学原理上的胡乱说法。

（二）四柱风水说。将四柱与风水联系起来进行研究在民国之前是没有这样一种思潮的，这一说主要源于上世纪80年代后港台术界。现代国内也有风水好事者（主要是玄空学说风水研究者）热衷于四柱命学与风水理气进行联手，以为这是最先进的风水学理了。事实上，这是最无知的浅薄。因为，风水的最基本理念是：风水决定了人的命运。而命家的观点也相类：出生时间决定了人的命运。现在风水与四柱联系起来的一个说法就是：四柱决定了风水的吉凶与好坏。具体的表现就是：一个四柱中的吉凶神，是可以成为风水吉凶方位的选择标准。这不就是四柱决定了风水嘛？如果这样的话，风水就根本没有任何价值了。风水与四柱联系起来本身就是胡乱联系。风水是风水，四柱是四柱，两者的根本理念是对立的，是无法调和的；将两者联系研究，完全是“杂交”的歪理。

（三）四柱占卜学。此一说就是将四柱当作占卜术来研究，就是用当事人问事之际的时空四柱来占卜所问之事。这种歪理胡说现在也有若干人进行

“研究”，这种发明是根本无理的。四柱是立足于天人合一而来的，一个四柱就是天地历法的一个点，都是一只整个大天地当下的“气禀”，这个当下的四柱就是表达当下整体天地的全面信息。它与问事者所问的若干事没有一一对应的必然关系。它包含天地万有，而问事者一点点小事安能等同于当下全体大天地呢？是知，此说无理之极了！

以上三个当代命学研究的歧路，其背后的实质就是研究者们对四柱命学功能的无限扩展化，以为通一门四柱就可以通吃天下了。这种自大心理在其他术数研究中也同样存在着！

十、当代命理研究新课题

当代命学的研究，已从“单细胞动物们”所以为的日主强弱一线向复杂性研究进步了。

六格论就是当代命学后天理法研究复古、回归传统、正本清源的发展主要方向！

至于穷通论则是传统命学先天立象研究的古典经典学说。

如何将六格论与穷通论结合，就是当代命理研究的新课题！

我的四柱面授教育，就是重点讲述四柱论命理法、气象两层次上融合与统一。

比如此1923年生人一女命：

坤命：**壬戌　辛亥　丙戌　戊子**

若按理法格论，则是女强人之富贵之命！可按命之先天立象而言，则是下下贱之无知识之悍妇。

所以，格局论是理法论、后天法论命；穷通论则是象法论，是先天法论命；此两法统一，才是论命之完整法！

十一、用神真义

在四柱格局论中，用神一般就是当令之物。这个当令之物作为用神，也就是定格局的基点了！一般人学习格局，这个用神就会仅成了格局之代名詞，其实不然，对于日主而言，月令中的用神却是有着至少以下两层的含义：

一者，日主与用神的“两者”性关系，也就是“主用”说。

二者，日主与用神的“所用之神”之关系说，也就是俗称的“体用”说。

只有深刻理解了日主与月令用神的本质关系，才有可能在以日主中心论的流行俗说命理和以格局为中心的六格命理中找到统一融合的可能性。

格局论的本质异常深刻，不是现在网络上所流行的一般性理解所能真正可以深入的，论格局从日主到月令，再到格局配置上，是有讲究的！

十二、《子平真诠经义解》写作缘由

《子平真诠》一书是研究格局论的经典作品，可惜此书被民国徐乐吾一注解，让多少研究者读歪了此书的本来真实意义。当初我研究出四柱格局论，就是从徐乐吾氏的误导中走了出来，直接从《子平真诠》的原文中去阅读理解沈孝瞻先生用神格局之论，由此书之基本理论而构建了《八字正解》一书的基本框架。

《八字正解》一书主要是依《子平真诠》的理念作为全书的理论框架，以《三命通会》中论格局年月日时之分论为基本网络，从而构成了《八字正解》一书中心篇“六格大义”的基本写作形式：以月令格局为主，以年日时用神为辅的理论体系。《正解》一书已出版近四年了，国内研究格局论的人已慢慢多了起来，在网络上则早已是流行成风气了。这种可喜的局面，不能算是《八字正解》的成功，而是古法正统六格命理重现于当世的胜利，是近人向传统命理正法回归的标志，是传统经典于当代命学研究的重现指导价值的表现。

《八字正解》一书告诉我们，研究中国四柱命学，一定研究传统命理；研究传统命理，一定要研究格局命理。现代中国大陆格局命理入门书当首推《八字正解》，要想了解掌握透彻《八字正解》之底蕴，则必要研究《子平真诠》原本。《子平真诠》一书是清乾隆年间沈孝瞻先生的大作，由于其是古文之作，自民国以来，很多现代人限于不懂古文而读不明白本书的本义。徐乐吾氏由此作了评注本，旨在让世人了解《子平真诠》之义，惜徐乐吾本身没有搞明白《子平真诠》格局论本义，徒以日主身强弱之取用神法来混沈先生之格局用神义，方向全错，误导天下所有研命者矣!!

为了帮助今天研命者了解格局论的本旨，同时也为了宣扬沈先生《子平真诠》一书的伟大价值，我于2008年戊子年特地找出时间来给沈先生《子平真诠》一书作评注，意在将沈公的本义宣达于当世以及未来，让所有的研究格局论者找到学术之本源，学有所本，理有系统，让格局论大明于天下!

《子平真诠经义解》这本书的书名取法，缘于我对《子平真诠》一书极端之尊重，此书之价值在命学史上完全可以称得上经典作品，故谓之为“经”是理所当然的，我所作的评注与解释，就是要将此书作为命学经典推给于世人，将沈公的命学理念永远传播下去。

《子平真诠经义解》一书的写作，也是对《八字正解》一书的提升与补充，结合近四年来对格局论的理论研究与实践经验，正本清源，对《子平真诠》作出一个完美的阐释，让格局论在经典的基础上踏实前行。

《子平真诠经义解》将于近日修正完稿，也将会作为我教育四柱命学的重要教材，为格局论的推广作出一份新的努力!

十三、相神论

沈公四柱著作《子平真诠》之所以伟大，其因有二：一者其说明明白白的理清了古往今来所有四柱经典书中的格局理论，从此格局论清晰条理，大白真相于天下，一扫历史上命家在格局理论上的模糊不清，后之学者依沈公所论，可以方便直接地掌握着格局论之本质。二者，沈公在清晰明白传统格局论之时，将传统格局论进行系统深化，其提出的成格与败格论命两条路线，堪称经典。特别是沈公所提出的“相神”概念，更是将格局论引入了直接可以操作的技术层面，使论命有了一个根本性、方向性的基本思路。可以这样说，沈公之格局论，本质上就是“相神论”，所有的格局讨论变化理论，实质上全是对相神的各种情况进行研究。一个四柱格局一定，也就是日主与用神关系一定，那就无可更改，而此中可以变化的就是成格的“相神”字了。相神成，格局就成；相神败，格局就败；一部格局论，就是一部“相神论”而已。

——录自《子平真诠经义解——论相神紧要》

十四、定格研究的歧路

自我的拙著《八字正解》从2004年出版以来，格局论慢慢流行起来，研究者也慢慢多了起来。但是研究者一多，自然又是“百家争鸣”了，各种歧见叠出，格局的正理也会在某些格局“研究者”手里会“变质”、“变味”了。

这里我先谈一下还是格局论的基础，这就是定格的问题。

本来，一个四柱出来，按照《正解》一书的讲法，定格只以月令（寅申巳亥子午卯酉此八个月）主气就可以了。杂气月令按透干会支、从重者论这两个法则就可以了。

但是，现在的好多格局研究者们好自己的“小聪明”，喜欢在定格此一原则问题上作变通，根本不顾及《子平真诠》中的全部古例取格的举例说明，也就是又将《子平真诠》一书读歪了。这几种歧见主要有如下数种表现类型。

（一）定格局以官煞为主，将四柱中出现的官煞作用超越月令，以为只要有官煞，就要放弃月令在四柱全局的主导性，就要将四柱全局去作官煞成格败格与否的研究。这种论四柱全局视官煞重于月令的偏见，自然不是正论。四柱之所以用月令主气来定格，主要是遵循从重者论的原则来的。任何命中的十神对日主要产生影响或如何影响，关健在于各自的力量而不是名谓。四柱中月令主气是当权者，力量最大，当然要以之为中心来定格局属性。当知，《子平真诠》一书中从来没有任何一个例子会以官煞重于月令来定四柱格局的。反而是，所有此书中的四柱古例中凡有涉及到官煞的，都是以服从于月令格局来论的。比如印格见官、财格见煞之类。若按一个四柱中“有官先论官，无煞方论用”的定格歪论，一个月令见印的四柱中出现了官星，就不去依月令印作中心论，反而要月印去屈从于其他柱上的官星，这显然是将官星与月令的主次性进行了本末倒置，也显然是违背了《子平真诠》一书论格的本意。所以，可知在四柱定格中将官煞优于月令主气来定格局，这是读歪《子平真诠》一书定格的一大歧见。

（二）在定格当中，现在不少研究者喜欢以透干与否来定格，而将月令所有的主气定格进行“变化”。《子平真诠》一书中固然有“用神变化”一节来论格局的“变格”，但是原文的本意在于是“变格”必须有“本格”为之定格，也就是说真正的变格是很少的，就是变格了也是可以放在本格的变化中去作研究的。再看《子平真诠》一书所有举的格局例子，都是在本格上作的举例说明与研究，真正的变格几乎没有。也就是所有此书的格局古例，也全是按月令主气来定格作举例说明。也就是讲，《子平真诠》这本书的全部古例定格，作者沈孝瞻先生根本没有过以月令透干来定格划分格局类型的。所以，可知，以天干透露情况来定格也是一条定格的歧见。

（三）在定格中，还有一种歪理是以为月令地支一旦逢六合、三合，则此格就难以月令主气来定格，因为月令地支逢合发生了变化。这种以为地支逢合就会改变地支性质的错误理念，实质上没有了解四柱中地支六合、三合的本义。这是因为，在四柱地支的三合或六合中，任何一个地支的本性都是不会轻易的改变。特别是月令地支正当天时，处于当权之际，如何会因一点小小的合力会变化自己的本性？这是不可能的事。比如甲生在申月，地支合子辰，此格本格的是煞格。若以为地支三合局申子辰成水局，则此四柱就成“印格”了，则就是以为申金月令完全变化了本性，不再是作本身的“庚金主气”了，而去作了“水局之气”了。这种见解大错特错，无论申金是否有三合或六合，其本性主气的庚金性质是不会变的。也就是甲生在申，地支见子辰合成水局，也还是七煞格。其会局，则是煞格逢印、煞印有情的命格模式，是绝对不能将此格直接定位于印格来的。所以，可知，月令地支逢合逢冲与否，都是不会影响其定格的基本性质。

（四）在以月令定格当中，有的研究者还喜欢搞个什么“人元值日司令”的理论，以为在月令当中所藏的天干在一个月中分别司令当值数日，这就是寅月立春后戊土七日、丙火七日、甲木十六日之类的论调。有的人以为此是定格的天机，世上的人都不知道，就是古书上记载的东西也是错误的。只有他们师传上千年的人元值日口诀才是惟一对头的。关于人元值日司令的问题，《子平真诠》一书根本没有谈到，因为这根本不是问题。如果一定要讲是问题，那是好事者们无事生非的“瞎研究”。

《子平真诠》一书作为研究命理格局论的经典，固然有各种各样的不足，但是此书在论格定格方面的一些基本原则是不会错的。所以，按照《子平真诠》定格原理与所举古例，所有四柱格局类型完全要以月令中的主气为定就可以了。任何在此定格基础上进行节外生枝的所谓“研究”都是歧路，不是论格定格的正道。

十五、从《子平真诠》古例看如何定格

关于定格问题，这个是关系到格局论基本方向的原则问题。所以，对格局论经典作品《子平真诠》中相关古例作出格局判断是十分必要的。本来，定格不是问题，但正是研究者多了，以至这不是问题的问题要来特别作举例说明与研究了。

一本书的理论总是为实践服务的，也就是讲一本书的理论就是如何进行实践的基础，而实践则就是理论的最好说明。所以讲，一本书的理论与如何实践总是统一的。凡是理论与实践不一的情况下，不就是将理论读歪，就是在实践中引用的理论不是理论的本义。对于命书而言，这也同样成立。所以，对于格局论的经典《子平真诠》，要想整明白其书是到底如何定格的？也就是将四柱到底如何进行划分格局类型的？最好的方法不是去说什么理，而是去看《子平真诠》作者沈孝瞻先生在格局论实例（举例说明）中是如何定的。所以，《子平真诠》到底如何划分格局类型？也就是四柱到底如何定格？是不是定格中真要官煞优于月令？定格必要月令中透干为主？月令逢六合、三合是不是真要作改变月令基本格局面目的？定格是不是真要考虑人元值日的问题？对于这些现代流行的所谓定格“研究与发明”，我们只要看看《子平真诠》的若干古例就可以明白了。

在《子平真诠》“论正官”一节中，沈孝瞻先生举了如下例子：

薛相公命：甲申　壬申　乙巳　戊寅

注：乙木生在申月，沈孝瞻先生将此命归在正官格中论，显然是将本命定为正官格。但是若按以透干论定格的话，月令申金中庚官没有透出，只有申月令中壬印透出，则此格当为正印格了。可作者沈先生并没有这样定法。可知，以透干来定格，沈孝瞻先生没有这样理念的，有这种理念的人，总是在作“研究发明”。

金状元命：乙卯　丁亥　丁未　庚戌

注：本命中丁生在亥月，沈先生也是放在“论正官”中作举例说明，可知，此命也是正官格。若按现在的定格歪论，此命月令亥中壬水没有透干，反而是命中亥月令逢年支卯、日支未合成木局作丁日主的印局，则此命因月令逢合，就当作印格论。可沈先生不仅没有将此命作印格论，还是将此作为正官论。对于命中的印局与时上庚财，作了年上印星与时上财星来配合月令亥中壬官的关系说明。可知，在沈孝瞻先生眼里，月令逢三合，也不能将此三合性质超越月令功能的，月令逢三合，定格论格还是必须要以月令中的主气来研究的。

在《子平真诠》“论正印”一节中，作者沈孝瞻先生就举了如下例子。

朱尚书命：丙戌　戊戌　辛未　壬辰

注：这个四柱作者将它归于“论正印”一节中，显然是据于本命辛金日主生于戌戌月之故，也就是说本命就是理所当然的正印格了。可是若按现“有官先论官，无煞方论用”的研究观点，就是定格中先要看四柱中有无官煞，有了官煞则必先论官煞，没有官煞了才可以讲月令用神定格的理念，则此命中年上就有丙戌自旺之官星，则此丙官就要优先于月令戌戌印了，则此格就要以官格来论了。很显然，这种定格理念观点与《子平真诠》沈孝瞻先生定格完全是两回事。在沈先生的脑子中，估计从来没有过这种分格定格的想法。这是因为，从《子平真诠》全书中所有的例子来看，从来没有这种定格论调的。

葛参政命：壬申　壬子　戊午　乙卯

这个命在《子平真诠》书的“论财”一节中。沈先生在月令子财与时上乙官之间，完全是以月令子水来定这个四柱为财格，时上正官与财格配合，就是财旺生官的格局组合配置，根本没有什么“有官先论官”的意思。所以，这个例子与上个例子一样，无论是财格、印格中，出现的官星是不能用来作格局划分根据的。所以，凡是命中不在月令位置的官煞之星，首先要服从于月令这个中心定出的格局类型大框框，然后官煞来作为月令格局中的“配角”来研究其功用。

关于人元值日的问题，沈孝瞻先生在《子平真诠》根本没有涉及过，所以，这不是问题，不必再节外生枝去作研究了。

对于月令定格这个问题进行深入研究与探讨，这不是坏事，也不是一定要来说明那一家的理论一定是对，那一家的理论一定是错。本文不过只是在延续《八字正解》的定格基本理论，并且说明这种定格方法的确是实事求是从《子平真诠》中“依样画葫芦”出来的，也就是遵循沈孝瞻先生的定格本义去作划分格局根据的。如果信奉沈孝瞻先生《子平真诠》一书本义、原意者，则可以依这种格局理念去定格去作格局研究。如果不想遵循《子平真诠》一书格局理论，或者以为《子平真诠》一书在格局论方面有不足甚至有重大错误者，则完全可以不依此书的定格原则去作自己所认可的研究。换言之，信《子平真诠》书者，可以依我的定格方法去划分格局类型，简单清楚明白。若不信或怀疑《子平真诠》者，则完全可以别出心裁搞自己的一套定格方法，我也没意见也不反对！

对于《子平真诠》这本书，我以为其是格局论的经典。所以，我对《子平真诠》这本书基本态度就是“信受奉行”，不曲解此书，不怀疑此书，肯定此书所构建的四柱格局论基本体系的正确性。本文写作就是要继承本书的基本理论，将格局论研究的基本方向问题搞清楚搞明白，从而让有缘者顺着《子平真诠》这本书的基本体系进行格局论的深入研究

十六、张神峰病药说小注（说明：括号内的字是我加的注文）

何以为之病？四柱中原有所害（注：这个病是立足于四柱全局来说的，

不是仅针对一个日主而已也；何以为之药？如四柱原有所害之字，而得一字以去之。如何是“去之”？那就是命中要有针对病神字，出现相应的药神字来克制之或合去之，这就是传统命书中所讲的“去配”法。）之谓也；如朱子所谓各因其病而药之也。故书云：“有病方为贵，无伤不是奇，格中如去病（注：指的是月令格局体系，其意就是讲，只有了解格局之后，才可以在格局中讲病药，如果不先讲格局而来先讲病药，这是不对的。病药说要管用，是必在格局论中才能成立。），财禄两相随。”命书万卷，此四句为之括要。

盖人之造化，虽贵中和，若一一中和，则安得探其消息，而论其休咎也？（注：“消息”两字极妙，人生或富贵或贫贱，无非造化陶冶、阴阳消长的结果，富贵者不是天之有私，贫贱者也不是天欲所弃，全是上帝一般自然无为中的消息。）若今之至富至贵之人，必先“劳其筋骨，饿其体肤，空乏其身，然后动心忍性，增益其所不能。”人命之妙，其犹此乎！余先前未谙病药之说，屡以中和而究人之造化，十无一二有验，又以财官为论，亦俱无归趣。后始悟得病药之旨，再以财官中和参看（注：张神峰的看命经验：一者是病药说；二者是以财官为中心；三者才是讲旺衰强弱。），则会得八九，而得其造化所以然之妙矣。

何以言之？假如四柱之中，四柱纯土，水日干则为杀重身轻，如金日干则为土厚埋金，火日干则为晦火无光，木日干则为财多身弱，土日干则为比肩太重，是则土为诸格之病，俱喜木为医药，以去其病也（注：此一节是讲，以日主与命中其他七个字在力量比较上得出的病药说用法之一）。

如用财见比肩为病，喜见官杀为药也。如用食神伤官，以印为病，喜财为药也（注：这一句讲的是命中所要吉神为中心而产生的病神与药神说，不再是以日主旺弱为标准来讲病药了。）。或本身病重而药少，或本身病轻而药重，又宜行运以取其中和。若病重而得药，大富大贵之人也；病轻而得药，略富略贵之人也；无病而无药，不富不贵之人也（注：这是讲命中病神与药神之间配合关系与人生富贵的问题）。

究人之命，将何以探其玄妙？如四柱中先看了日干，次看了月令，且如月令支中所属是火，先看月令中此一火字起，又看年上或有火，又看月时上或有火，宜将以上各火作一处看，或为病，或非病，又或地支虽又藏有别物，且不必看，再看别物，则混杂不明。故曰：从重者论。此理是看命下手法处（注：这些文字最是关键，论命是从日主中心要转移到月令中心上来的。论命中的十神是要讲实力的，誰的力大，誰就在四柱中的发言权就大，这就是从重者论。）。若以火论，又再看水、看金、看土，则不知命理之要也。若财官印绶有病，就要医其财官印绶也；如身主有病，就要医其身主也（注：张神峰的病药说观点本意是有两个层面：一是日主层面上的病药说，一是十神层面上的病药说。现代流行的身旺身弱四柱俗说，只记得了一条日主强弱上的病药说，而不知其他，至于格局论更是不知为何物了，日主无病的四柱，流行俗说如何看此四柱？可知现代流行命理仅以日主强弱一点作为论命的全部依据是何等的肤浅与不足。）。如四柱纯然不旺不弱，原财官印俱无损伤，日干之气，又得中和，并无起发可观，此是平常人也（注：此说大谬矣，四柱中无病者，全是四柱配合有情有意，无一点点不足之处，何必定要找其消息变化，此是天生五福完人之命，东南西北，路路皆通，人生尽善尽美，莫过于斯。）。

然病药之说，此是第一之紧要（注：诚是此法，命中第一法则也，命中吉凶之所以然，全在病药上讨之：病者凶矣；药者吉矣；病药于命中，命运起伏于人事中了。），得斯术者，不可不精察也。

第三节　论命技法

一、成功者的必要命理因素

一个人在社会上想要获得成功，从命理角度去看必有其一定必然之原因！

一者：四柱中有极有用之神，日主终身可以依靠。用神作官煞，日主依之，必贵；用神作财神，日主依此财神爷，必富；印作用神，日主依此为一生依赖，则一身自然有福。若命中日主无依无靠，则必是贫贱之人了！

二者：其人在事业生活中必会相逢其命中之真天乙贵人。此贵人握天命于手，自能主宰他人命运，其人受此贵人青睐，自天佑之，自然胜人一等！

三者：其人必有非凡之机会好运。机缘巧合，自然会在人生某时、在某地从事某事业来开展人生，然后势如破竹地发展壮大！

四者：其人命中必有众神之辅佐，从在社会上出人头地！

合第一条者，必是小康之人；合第二条者，都是贵命者居多；合第三条者，则是富命者多多；合第四条者，则是异路功名之客了！上述四条全合者，必是人间五福完人！

二、普通命所忌讳的命理

按照古书命学经典中的观点，一些常人命所忌讳的命理是如何的呢？

对于一般之男命而言，最忌的就是命中劫财过旺，则克妻。其表现事象：最轻者晚婚，次轻者离异，稍重者，妻多病多灾，克最重者，（中年）妻死！

另外，男命中也忌讳的就是伤官过旺，则克子。其表现事象：最轻者子迟，次轻者子息不好养育，稍重者无子，克最重者（老来）子女大灾或死亡！

对于一般之女命而言，最忌的就是命中伤官过旺，则克夫。其表现事象：最轻者婚迟，次轻者与老男人结婚，稍重者，夫不肖或无能或离异，最重者（中年）夫病或早死。

另外女命中也忌讳的是倒食过旺，则克子。其表现事象：最轻者不想要孩子，稍轻者子迟得，次轻者子劣不好养育，稍重者孩子多灾多难，最重者（老来）损成家立业之子！

当然，上述所论是立足于一般普通男女命来而言的。普通男女一生最重要的就是成家，家是一般人的真正事业。男若犯克妻克子，女若犯克夫克子，则一生之人伦乐趣都没了，生活的意义就浅薄多了。

三、上等四柱的特点

一个人活在世上，总是希望有所作为或者做点事业出来，但这不是人人可以心想事成的，这在很大部分决定于人的生辰四柱之上。

一个好命要做大事的四柱大概有以下几个主要特点，我的经验是：

一者：命中要有七煞，一个成格的四柱有强有力的七煞，其命至少有上千万的财产。我接触的不少千万富翁或大官都有这个特点。换言之，想做大事做大局面四柱中定要有七煞！

二者：四柱中要有天乙贵人。

三者：四柱中的相神要居年柱上。

另外还有几点，这儿就不说了。

学术数要学的特别好，四柱中也是有特点的：

首先要有天乙贵人之星，另外要有印星，尤以偏印最好；当然有辛字、酉字在命中更妙。

四柱中地支之土（辰戌丑未字）太多，虽喜欢术数，但大多是学的不怎么样的！

人的一辈子，若无好四柱凭借想要成功，基本上是不可能的！万般皆有命，半点不由人。看了太多的人命，这句话我是真有体会了。

四、十神运用技法思考

四柱论命中是有两套语言来看法的：一者是用干支语言；二者是十神语言。现就第二套语言的一些运用技法讲讲心得。

（一）十神中的核心是用神，一般专指月令人元，一个人的社会价值与才能就看这用神，一个人在社会中有用没用就是通过这个用神来表现的。

（二）十神是要分四吉神和四凶神的，这是一般之原则。

（三）一个四柱格局中相对日主而言，必有“喜神”和“忌神”两大类。“喜神”所对应就是现实生活中给日主带来名利、经济、好处的人、事物的呈象；“忌神”所对应就是现实生活中给日主带来损失、伤害、灾难的人、事、物之呈象。

(四) 四吉神的作用也会呈现“喜神”、“忌神”的两种功态，四凶神也是如此。

(五) 十神的作用是有“多面性”，其四吉、四凶和“喜神”、“凶神”的作用性质会随大运和流年的变化而变化。

(六) 四柱中针对月令的坏格字就是“病神”，制“病神”字者就是“药神”，这是讨论格局成败的基本逻辑线索。

(七) 上述的用神、相神、四吉、四凶、喜神、忌神、病神、药神是要统一考量的。

五、四柱技法原则

(一) 以六格为总纲来断所有的命造。

(二) 日主只要中和有气，那么在今后大运和流年的算法中就不再考虑日主盛衰的问题了。

(三) 六格的成败是可以用“病药”说来全盘考量的，大运用“病药”说看最对最验。

(四) 大运分五年来看。

(五) 干支性情要分明。

(六) 四柱全局中可作月令与日主组合的重点性局部研究，以《穷通》书为指归。

(七) 流年断细事要和壬学取象结合起来。

(八) 格局高低要看神煞、干支性情、力量、用神位置等综合因素去考虑。

(九) 月令用神是人生价值的体现者。一个人在社会上有用没用有无人生价值，就是从月令上看出来的。一个人对社会有大用，他的人生价值就高，他的命中就是月令大有作用；一个对社会没用的人，四柱中用神是无用的是不发挥作用的。换言之，一个对社会有用的人或者说一个成功者，四柱中是必有极有力之用神的；一个常人或无用之人，四柱中的用神是极弱或是无用的。（这儿我讲的用神不是俗说中的“用神”观念。）

六、相　神

相神是四柱论命中的一个少用的名词，它主要是《子平真诠》一书中提出的一个看命定格局高低的指标。

不过《真诠》虽提出了这个概念，但论之不详。我对它的体会是这样的：相神的种类、相神的位置、相神的轻重、相神所带的神煞，这些东西的是与格局的高低有着直接的关系。

像这个男命四柱：

庚申　壬午　甲辰　庚午

这个四柱是月令人元就是午中丁火，也就是格局中的用神，那么这个命中的壬水就是伤官格中的相神，此一壬水相神对于本命格局的成败、高低就起着根本性的作用。

这个男孩今年才 26 岁，也是外地人，在北京工作，小小年纪已经一个人在京城买了房子，想想看此命是相当的好了！

七、化煞不如制煞高

在四柱命学的“六格论”中，七煞作为大凶神在任何格局中是首要制化的。

“六格论”主要就是讲述以格局为主的论命评价体系，它绝对不同于单纯的以日主强弱为惟一标准的俗说流行论命方法，对于七煞的看法在这两个不同体系中就有不同的应用法则区别！

按当代流行的俗说命学来看，日主极强的四柱，如果柱中有强有力的七煞，那么此一煞星就是“用神”，此一“用神”就一定要保护或生助的，大忌食伤来制克煞星的。可按“六格论”来看，就是在任何格局中，无论你日主有多强健，若用上煞星来作格局中“成格”因素，则此煞星总是要有食伤或刃星来制克化合的。换言之，在“六格论”中，纵然是日主无论有多强，也无论是煞星或强或弱，这个凶神本性的煞星都是要柱中有字来制克化合的。这就是“六格论”与当今流行命学俗说之间的区别！

在对七煞的处理中，就有制煞与化煞之区别。传统流行的观点就是：制之于力不若化之于德，制煞不如化煞高；就是认为化煞有情，制煞无义，以为一个好的四柱格局总有要“有情有义”的为上，如果四柱仅强调力量是不足够为上称命的！

在我的研究过程来看，制煞不如化煞高这句话是值得推敲的，在四柱之中，对于字的力量的要求要远远高于字之间的“有情无情”意义的。对应这个社会现实，就是要搞依力量来进行“弱肉强食”的竞争，就是“力”的角逐，所以，相应地在四柱中要用“力”来制克凶煞。

故而，在四柱中有煞星的成格大命中，总是依强有力的食伤来制七煞为第一义，其命之价值品格也就高了很多。强有力的制煞要比化煞高，这就是我对煞星一物制化原理上的一点经验认知了！

八、禄元三会

禄元三会是子平术中极重要的一个格局之一。

所谓禄元三会，本质上就是三合官煞局。对于这种官煞成局的情况下，不是简单的官与煞的混杂处理法则。

一般而言，禄元三会要分日主的阴阳来定。另外，此一格局喜印，忌煞与伤，日主要健旺，运要走官印身旺之乡才是好运。

禄元三会可以推导变通到其他三合局成格的命理分析之中去。

九、命理艰深

这是我某天晚上深夜与学生研究的一个钢铁老板的四柱。此一四柱的主人在没有发迹之前，让我的这个学生看过风水与四柱。近十年来，看此人一路横发，在当地成为一方名人。今年九月，此人还在北京受到国家领导人的接见。

可是，对于此一命造，我学生是百思不得其解；大家也可以来看看这一四柱。

乾造：丁亥　壬寅　己卯　乙亥

8　18　28　38　48　58　68

大运：辛丑　庚子　己亥　戊戌　丁酉　丙申　乙未

此君在1998年，将一负债3800万元的国家企业转制成为民营企业。自己做老板，短短9年，已成为年产值40亿的集团公司，一路鸿运，到今天意气奋发。个中命理是什么呢？

此四柱身无根气，按常理当然可以作从煞格讲了。可是若按从煞讲，当是38岁前可以大发了，绝无48丁酉开始起家，到现在丙申运到达人生顶峰的道理啊？可知此命按从格讲，没法自圆其说。

若按正格讲，本命要火印来生身，可是原局中丁印极弱，当在38岁戊戌运上可以起家发财？可没运没有啊！就是丁酉或丙申，还是西方金乡呢，火力也不足呀！

就是再按调候看，可以解释现在丙运大好的原因。可此人1998年是戊寅年接手企事业时负债3800万元，此年丙火当是长生，为何境地不妙，几乎倒闭呢？

是以由此一命例，可知命理之艰深；命理之难学，也可见一斑！

附录：

中午回来看若干评论写的后记：呵呵，有评论说我对此四柱有困惑了？事实上是没有的。对于如何理解断定这个四柱，我心中自然有数。当然，这种命理很深，非一般命理研究者所能了解。

十、字碰字

在四柱研究中，就是研究四柱、大运、流年干支之间的关系问题。其本质上，就是研究日主与其他干支字、其他干支字之间的互动关系。所以，四柱的本质就是研究“字碰字”的关系问题。

民间也有俗传的字碰字研究四柱、断四柱的方式，但大都是口诀式的教条主义用法。现在我们所研究的四柱“字碰字”方式，以是古命书为根据的新研究四柱运用法则。

研究四柱中的“字碰字”，实质也是要寻找一个有体系的模式。就日主而言，就要寻找日主与六十甲子的所有关系。比如：我们研究甲木日主，就要研究甲木日主与六十花甲子的所有关系。比如我们理清了甲日主与庚寅的关系，那么，对于庚寅此一干支组合无论在年柱上出现、或月柱上出现、或大运上出现、或流年上出现，都可以断出一些共性的结论。

四柱研究中六十甲子日对六十时辰，本质上就是研究四柱中日时的“字碰字”关系,，其价值也是巨大的！

十一、格局论中的地支关系

六格论作为论命的基础学说，对于人生大局的确定有着高度的准确性，这点通过大量的实践已得到了充分之保证。

格局论中讲格局之成败主要是以透干来说的，当然，地支中的暗干也是可以用讨论成格或败格的，这就是支来代干论。

一般学格局者，正是据于这种格局配合的考虑，好像就对地支间的基本关系考虑或运用的就少了，那就是地支的刑冲化合害没有放到格局论中去研究。事实上不然，格局论中在成格败格上，也是考虑地支间的刑冲化合害的。当然，并不是格局见合就成功、见刑冲害就败格，格局论中的地支刑冲化合害是个很丰富的体系。

下面试举例子说明：

一、比如子丑六合，己日若生于子月，丑日生人，则己生子月是偏财格，日支丑合子水，丑合子，偏财月令子水不专心于日主一身之上，贪合丑土去，则此六合的丑支就是破格字。

二、比如子卯刑，戊子日生于卯月，戊生卯月是正官格，戊坐下子财，若以支中干而言，子中癸水财可以生月令卯乙官，是官格见财生成格之象。可若以地支来讲，戊子日生卯月，子卯相刑，对于日主而言，实际上是子财与卯官相刑，反而是财官相刑，格局无情也，这种格局实质上是成了下格。

三、又如寅申冲，戊申日生寅月，寅为煞格，申来冲寅，却是食神冲煞，地支虽是六冲，格局配合却是成格的，是地支冲而无情却成格局也！

诸如此类，可以举一反三出很多内容来的。同样一个子卯刑，因为不同日主的不同就会出现不同的事象。

甲日见子卯刑，是印与兄刑无情也。

乙日见子卯刑，是贵人与禄刑无情也。

丙日见子卯刑，是官印刑无情也。

丁日见子卯刑，是煞与印刑无情也。

戊日见子卯刑，是财官刑无情也。

己日见子卯刑，是贵财与煞刑无情。

庚日见子卯刑，是伤财刑而无情也，不作伤官与财相生论。

辛日见子卯刑，是食与财刑而无情也。

壬日见子卯刑，是刃与伤刑无情也，最有非横之灾。

癸日见子卯刑，是禄与伤贵刑而无情也。

所以，在我的格局论体系中，地支的刑冲化合害也是要作考虑的：一方面作格局成败上的考虑；二是对六亲事象之间的断定；三是对大运流年之间的关系考虑。这些东西，今后有空会作一个整理研究出一份资料来的。

十二、为学生指导四柱

一、坤命：乙卯　丁亥　己未　乙亥

问：阴煞宜用食制，本命没有，当如何办？

答：阴煞宜用食制，没大错。但对戊己日主而言，煞是甲乙，不喜食制而最喜印化，以成上格；为何？以其煞印最能有情矣！本命丁印坐貴，根气通未，煞清透，宜于富貴。

二、坤命：丁未　癸夘　己亥　壬申

问：此命与上命是否同论，能否嫁人？

答：此命原理与上命差不多，都是用丁印化煞生身，不过，本命财星破印生煞，格中有忌，妙丁印自有护身之物，忌而不忌，又丁印高居命中要位，运又走南地，是以小富小贵宜然。

至于不嫁，全在时辰上坏之。时壬破印致煞攻身无情，支申伤官与煞战，煞受克如何近身，稍下运就趋戊申，伤官旺地，必然终身不嫁，此天命不可违者也。

三、乾命：庚申　乙酉　己酉　壬申

问：有一女孩子搞对象，让看此男孩命？此命如何？此命入于从食格乎？

答：没有从食一说。此命只是脱胎换骨，宜出身富贵。不过，秋土要成上格，总要火神，且本命终不入于正格，此命不作好命看。

四、坤命：甲子　己巳　庚子　壬午

问：此命就是与上个男孩搞对象的命，此命如何？

答：此命大旺夫。

问：为什么啊？庚子日自坐伤神，克夫日啊！

答：本命妙在子水啊，去时官，润命局，取清而富贵。

问：是啊，此女孩子谈的对象全是当地亿万富翁的儿子，去年处了一个对象，对方家有几个亿，都定了亲，可还是此女孩子与人散伙，那要到什么时间才搞的成？

答：女孩子所谈对象大好，全中命中所定，命格上档次，自然所谈对象命好了。去年不成，自然煞食对冲，今年伤官相冲，也谈不成，要到明年婚姻才有谱。

五、乾命：丙寅　壬辰　丁未　庚子

问：此男生与我友的女儿谈恋爱，友人听其他一算命先生说此命大坏，说誰沾他，誰就会倒霉，问她是不是这样？如是，则是死活不会让女儿嫁于此男生？

答：命格是一般般，但也不能说此命极差、大坏。行运到丙申，财官运旺，劫星有制，自有小福。夫妇缘份是上辈子所定，誰也改变不了。算命啊，可以知道前因与后果而已！

六：坤命：丁卯　庚戌　甲寅　乙亥

问：此女生命就是友人女儿的，命中是不是没有好夫星啊？

答：夫星一位，尚有余气，嫁的老公还算说的过去。且前运走北方印运来护煞，运癸丑，夫星入库得贵，还行，至于中年行入甲寅、乙卯，自是夫运困苦，没法子的事。本命月中财星暗旺，又有食伤相助，命中财当成小富，不是穷命。

以上六命简论，全部要点和盘托出，教育指导学生学命理正道。

第四节　女命论要

一、如何的女命才可以旺夫益子

一个现代女孩无论如何有个性有思想，骨子里都向往着嫁一个好的老公；本能告诉她，女性的归宿就是找到一个家，一个终生可相依靠的男人。

同理，男人都想找一个贤淑的女孩，在中国传统男权社会中，四柱等术数就担当起认别女孩命运吉凶的“鉴定器”角色，相应“旺夫益子”这一名词、说法就从古到今在社会上风靡起来了。

四柱命学据于传种接代的世俗理念与价值观的取向，一个家庭一个当家的男子娶一个什么样的女性就显得特别重要了。这是因为一个陌生女人进了家门，她有什么样的品性来持家，她会生些什么样的孩子，她如何相夫教子等等，都与一家的兴旺与否有着直接的因果关系。所以，如何提前认识到女命否泰就成了预测学中的当务之急！

四柱命学中对女命好坏的看法主要立足于夫星、子星两者来展开的，这是女人一生的主要内容。从来是女命的事业在男权社会中都不值一谈，就是到了今天，女命有了所谓的事业，如果没有好的老公、子女与家庭，按传统价值观来看，这种女命还是失败的，没多大社会意义的。中国人的命学观念就认为，女人一生最大的事业应该在家庭上，丈夫孩子就是她的事业，而不是当今社会所理解的所谓的事业（社会工作）中。

按四柱理论来看，一个旺夫益子的女命大致有如下一些指标式的要求：

（一）日主要中和，最好是阴干，阳干次之。大忌女命日干是阳干还特别有力旺相，这种女命都不是省油的灯，自我意识个性极强，大违坤道柔顺之旨，未来基本演不好妻子的角色。身主极旺的女命，都是不安份的主，成格者还算有点自律，不成格者或四柱中凶神恶煞太多，都是破家害夫折腾完家业的“主”。所以，一般择好的女命，身过强者是不要考虑的。如果男人爱上这样的女性，就准备一辈子作“孙子”吧！

（二）夫星要一位且要有力。大凡女命官格、煞格都是旺夫的命，也就是女命日主生在官煞月令，都会嫁一个兴旺发达的丈夫，这也是看女命旺不旺夫的一条简易法则，基本很准！女命夫星一位很重要，如果夫星多多，则日主之心就不定了，朝三暮四就免不了；如此大忌，是看女命的根本！

（三）子星要得禄，如此必得大发达的子孙。细言之，就是女命中的食神星一位通根禄位，则此女必是益子之造了！

所以，按上述要求去看旺夫益子的女命大概是这样的：

1. 五阴日主，也就是乙、丁、己、辛、癸五日生的女性。

2. 生在官煞之月令；比如乙木日主生在申酉月、丁火日主生在亥子月之类就是了。

3. 生在食神禄旺之时，比如乙木日主生在壬午时、丁火日主生在己未时之类就是了。

上述只是讲女命旺夫益子的大规则，还有一些细法也是可以考虑的。

所以，合婚在当今社会中是有极其重要的现实实践意义的！四柱中讲究女命的旺夫益子，同样中国传统相学也是大讲特讲旺夫益子的女相，从相学角度去看一个女性是否为相夫教子、旺夫益子则是更容易的。

二、在某聊天室直断一个女命

某晚，刚好有时间进入某聊天室，有人请看命！

女命：乙卯　戊子　癸丑　癸亥

2　12　22　32　42

大运：己丑　庚寅　辛卯　壬辰　癸巳

这个命的关键一下子可以看出来，事实上不看大运也是可以的！这就是此女至今未婚，而且终身无幸福婚姻可言！

所以，我对她讲的第一句话是，这是一个嫁不出去的女命。果然如此，现32岁还没婚配呢！

她问：今生有无婚姻了？

我答：婚姻还是会有的，不过要到37之后才会有！

她问：对象如何？

我答：必是二婚之人，否则只有作人家情人了！

她问：事业如何？财运如何？

我答：32岁后运气顺畅，事业财运可以！你一生最大之不幸就是婚姻，其他六亲、性格、身体皆好！你结婚之目的就是要生个小孩子（别管婚姻长短如何了，结离顺其自然），不然一生定是一个人过，你命就是独身命了！

三、倒春寒

这是八月份四柱面授班上看的四柱。

当我讲到“六乙日坐支兼得月时及行运吉凶”时，北京的王学员提供了这个女命四柱。

坤造：壬寅　癸卯　乙丑　丙子

我讲道：这个四柱乙木花草生于春月丙子时，表面上看是六乙鼠贵格，时上出丙阳光，似乎可作花木向阳格断。

事实不然，命中“风雨交加”，这是一个“花木淋漓”的凶格，也是一个“倒春寒”的四柱，其命必贫贱劳作，一生凄风苦雨，六亲无依。

王学员讲：这是房山良乡一个扫大街的女同志命，家中极穷。

我接着讲：这个女命老公无能，常有病。

王学员讲：是的，老公没用，常生病，就是在家老喝酒来着，不做事的。

我接着讲：就是这个清洁工的活，还是平辈的兄弟贵人介绍去的呢。

王学员讲：正是啊，是她的堂兄弟托人找关系才去扫大街的哟。

我接着讲：时上丙光，子女稍强于她。

王学员讲：是的，其一女大专毕业，现在一超市打工，一月有千百元收入，稍强于她妈的。

讲完这些之后，我跟学生讲述了花木向阳格、六乙鼠贵格、花木淋漓格、倒春寒格如何看的一些要点。学生们大为惊叹，以为所讲大有理，以前闻所未闻。我总结道：预测无非是以天地之道来知人事，天地祥和，人命必吉；天地乖戾，人命必凶，如是而已矣！

四、红楼选秀相命谈

近来，北京电视台搞的红楼选秀已初步落幕了。当然，如此选秀自是一场闹剧而已，不可能真正出现令人满意的人物出来的。

现就从相命角度来讲讲选秀应有的要求。

对于人物角色的定位，当然首先是外形上的相像，这就是相家讲的“形似”。其次，再就是选秀人物与原角色的在思想、气质、精神面貌上的相类或相近，这就是相家讲的“神似”。只有在形神俱备相类的前提下，选秀出来的人物才有可能是最“象”原著中的人物。然而，坐在评委席上的各类名流专家们，所定的所有选秀标准大都是胡诌，而且，还要去考查选手们各类专长，这有任何必要吗？纯粹是离题万里之事。换言之，只有按此“形似”“神似”的两个原则标准去选秀，才有可能选出真正符合原著精神的现代人物秀来。

当然，选秀更要尊重原著的说法：人物角色的出生地，则选秀的人物重点就一定要放在原著中人物出生地去找，哪能全国去海选啊？如此海选不就是为了造势忽悠人嘛？

从命理角度去，红楼梦本是女儿情长的故事会，当选的主角或人物秀当然主要是五阴日主了。

像林妹妹，可以胜任此一角色的当然是辛金了。当然，如是乙木日主更妙了，其先天命缘会更像乎林妹妹了。如是癸水日主，则是后天缘上像林妹妹了。

像宝姐姐，命象中的日主角色也当是辛金了。当然，如是己土日主更为绝妙了。宝姐姐的命格也是以辛金生在巳月才是对路啊！

像宝哥哥，命象也是要以辛金为主的，命格也是要金白水清为好。如是辛生在子月或癸水生在酉月，则其人必是宝哥哥之相类命相了！！

红楼梦的主旋律就是“辛金（金玉良缘）的故事”，一场“温柔乡”与“富贵场”的太虚幻镜，人生如梦，一切皆空。

当然，以上只是戏谈我们易家对选秀活动人物的相命学上的应要标准而已。现在，这些秀角已出炉，各位有何好感啊？

五、追忆梦中人

人生如戏，戏如人生。

陈晓旭女士的命格日主从原理上讲必是辛金无疑，其他皆是误传。

我对陈晓旭的了解，乃是陈女士出家师付净空老法师 3 月份到北京时，我与老法师的近侍卢先生接触之后，才知道了一些详情。

陈晓旭的命格确是过于清高，以致她不能在此浊世中多留一些时日！

当然，对于其寿元的担心，我早在 3 月份与其友人就提出过，强调一定要延寿，否则必然人生如戏，其会与戏中角色一般“短命”。这般如此尖锐詞眼，我实在不愿意用来表达陈之先天宿命，然而气数所禀，陈晓旭定要在人生现实中演完如此谢幕剧来。

“试看春残花渐落，便是红颜老死时”，陈晓旭一生如此，令人深感人生无常！

六、风流女主持

这是一个电视台的女主持人，她的四柱特点就是夫星交集，所以，其“风流佳话”就不少了。

坤造：壬戌　丙午　庚申　壬午

0　10　20　30　40　50

大运：乙巳　甲辰　癸卯　壬寅　辛丑　庚子

简析：

命格为庚辛产于夏天，妙乎壬癸得局，所以，命自然不错的了。

天生丽质，热情如火，明艳动人，混迹于富商、权贵之中，风流故事多多矣！

七、全国女人大代表

这是一个全国人大女代表的四柱。

坤造：辛巳　癸巳　癸亥　丙辰

简评：财贵格，佩清高长生之偏印，格正局清,禄马同行，富贵双全。金水会夏天，富贵永无边。某集团老总，身价20个亿，连续两任全国人大代表。

第五节　如何根据四柱来起名

一、起名的命理基本原则

这是一个广东客户二儿子的四柱：

乾造：**丙戌　乙未　丁巳　辛亥**

4　14　24　34　44　54

大运：丙申　丁酉　戊戌　己亥　庚子　辛丑

其父打来电话，要求为其今年刚出生的二儿子起个名字。

我给小孩子起名要必须知道的情况：

一、父母的姓名、生肖，这是将来在替孩子起名时要做到文字不与父母名字有冲突或重复，起到“避讳”的作用；另外在依四柱起出的名字上不要与父母的命理有对冲。

二、小孩的出生四柱，这是起名的核心依据。只有考虑了四柱之中的情况之下，才可以考虑所取名字中的文字上的意义好坏。

三、小孩的出生地点、也就是一定的地域性对四柱的影响也是很有关系的。

至于起名为什么一定要和四柱联系起来看？就是来自古人对起名的基本认识与重视程度来的。古人认为：名者，鸣也，命也，是圣人所发天意以察天地之大端；以为名就是鸣而命之，以见天意。所以，出自“名”与“命”的关系，起名与四柱联系起来就成为自然而然的事了！

依四柱起名的原则各家也不一样，都是建立在起名先生个人对命理的认识之上。我之以为：

一、主要根据命中所缺五行来定；

二、依命中格局喜忌来定，也就是取格局中之“病命”来相应的在名字中用“文药”来克治。

三、依出生的季节大象去定。

像上面这个四柱，命中所短缺的五行就是“木”，格局中的“病”有多样：

1. 火炎土燥，2. 丙夺丁光，3. 巳来冲亥；出生的季节大象是在三夏酷暑时节了。

这个命从格局上看，基本还是个小小的好命，原因是生在辛亥时。这个丁日出生的辛亥时，在《三命通会》中被视作为“时上三奇”，以为命好的不得了。特别是这个命，这个丁日生的辛亥金水时辰生在大旱天，其金水之价值更是不可低估了，也就无形中提升了本命格局的层次。可惜命中的土气太重来克来混此一金水之“清流”，这就是本命中的最大的缺陷了。此点就是为本命起名须要考虑的主要点了。

有人可能以为本命中的辛金太弱，起名当要补之。不知未月之金已是进气了，况且年支戌中、日支巳中皆是辛金气脉所在，故而辛金之力量大小是不用忧虑的，倒是要想方设法不让丙夺丁光来合辛金财星了，但此不是命中主要矛盾，为什么如此说呢？这是只要加强此命中的亥水之力就不忌此丙火了！

上述所言，就是对这一命的基本分析，只有看透了一个四柱中的真正命理了，给人起名就有了大方向，大方向不错，就是文字意象或数理上有点不妥，也是无关要紧的啦。

二、断命起名要有正确根据

如是我闻云：我的女儿相关四柱信息

出生钟表时间：阳历2006年7月5日4时19分

出生地：北京海淀区，农历2006年六月初十日寅时

四柱：**丙戌　甲午　乙未　戊寅**

我大约了解一些四柱理论，但不通。好像是寅午戌合成火局，而甲午乙未为死木，易焚，看样子需要金以塑木；我想通过名字来修正，大概是需要金么？火是不是重了些，需要水来克制？也要水么？在徐老师面前班门弄斧了。

有缘找到徐老师这里来，望能指点迷津，给一个新生的生命一个祝福。

我说：看一个四柱是要心中有全局与系统之观念的。

如是我闻先生的闺女四柱是：

丙戌　甲午　乙未　戊寅

这一命是乙木日主生在午月，这是本命议论之“提纲”，一切之推断皆要从此而出。

谨按《三命通会》之宏论，甲乙木生在夏天（午月），其命欲成富贵者有二种线索：

一者，命中有庚壬金水存也，则是命可作伤官格之佩印带官煞论，若真

如是，必成上品之大命！

二者，若命中无一点金水，则反要火土元神露出，作伤官生财论。而这种情况下，反喜柱中甲乙木比肩重重，则作夏木枝节纵横论，也是高命断。诗云：木生夏月节纵横，此地财伤要劫生；畅茂繁华根未盛，劫多用重两宜情。其释：木在夏生火土之时，若干头再见火土，最要劫多生火，火生土为财，以此比肩多能任，莫言比肩多反分其财也。如甲寅　庚午　乙卯　戊寅，乙未　壬午　甲子　丙寅二命比肩，所以皆吉。

持此论命思想来看此一女孩命：**丙戌　甲午　乙未　戊寅**，显然是完全符合第二条之论述，此命之吉象一眼就可断定；则此四柱之喜忌与取名原则就出来了。

一不要金水，二也不作火重论，三也不作火成局论，四也不作焚木论；如是本命取名只要加木就 OK 了，如此简易不烦多虑！

四柱论命不可心中模模糊糊，心中全无个系统之理论指针，一见个四柱就作“混沌”式断命，全无个明白思路，如此之弊学命者举世皆然，奈何乎？

三、给亿万富翁的女儿起名

这是一个小女孩的四柱，她的父亲是亿万富翁。这个女孩子的名字是我所起的。她的四柱是：

坤造：乙酉　壬午　甲子　癸酉

9　19　29　39　49　59　69

大运：癸未　甲申　乙酉　丙戌　丁亥　戊子　己丑

简评：

格局理气是伤官佩印，穷通天地成象是夏木逢润，皆是出身大富之家的命理所在。

此一女孩子出生之日甚得天时，为何？其刚好生于当日一场大雨之后。

按照易理而言：冬以温暖为德，夏以凉冷为德。换到命理中，夏天出生之人若逢天降大雨，是谓久旱逢甘霖，禀命大吉，大得天时。这也是本命其父之所以大富的重要原因。

我为这个孩子起名，就是依本命之“天垂象”来构思设计的：名（命）中有一“雨”字，以象其得“上天（父亲）”恩泽之意。

四、我给奥运宝宝起名字

由于我研究命理的关系，所以，一年当中，也有好多小孩子的名字是由我起的，我老家所有亲戚孩子的名字基本上全是我定的。

今年我也给不少孩子起了名字，当然，好多是客户的孩子了。虽然，名字不是决定人生命运的根本，但是起出个好名字，对于孩子及其父母来说，会起到一个心理上暗示的好作用。所以，起名字在今天还是极其重要的。

今年 8 月 8 号，在天津自然生产了一个男孩子，孩子的父母与我的一个学生是友人，通过我的学生要求给这个真正的奥运宝宝起个名字。

已知信息：父姓兰、母姓杨，天津人。

孩子出生时间：2008 年 8 月 8 号早上 7 点多辰时。

排出孩子四柱：

乾造：戊子　庚申　庚辰　庚辰

简断：命中无木火财官，局中土生金、金生水，三象成序，长生水局流通土金之气。

命名原则：以文字的象、意、数、理来综合考虑之。

拟名：兰天佑、兰福星、兰义伦、兰星奥。

力荐：兰天佑。

说明：

1. “天佑”之词取自易经中的火天大有卦中的上九爻辞：自天佑之，吉无不利，此孩子自然生于8月8号，真是上天的宠儿啊！日子特别好记，极富纪念意义。

2. “兰”姓谐音为“蓝”、“来”，配合天佑更是一绝，兰天佑：一个“来”自上天“蓝色天空”护佑的宝宝。

3. 兰天佑在读音上，也是琅琅上口，很是好听，非常大气。

4. 兰天佑按繁体字算五格数理,也是大吉。具体分析内容如下：

蘭天佑 (lantianyou)。

笔画分别是：20 (水) 4 (火) 7 (金)。

天格	人格	地格	外格	总格
21 (木)	24 (火)	11 (木)	8 (金)	31 (木)

详细解说如下：

天格数理：21 (木) [又称先格，乃祖先留下来的，对人生影响不大]，暗示：

(明月中天) 光风霁月，万物确立，官运亨通，大搏名利。(吉)

格数理：24 (火) [又称主格，是姓名的中心点，主管人一生命运]，暗示：

(掘藏得金) 家门余庆，金钱丰盈，白手成家，财源广进。(吉)

地格数理：11 (木) [又称前运，是前半生的命运，会影响中年以前]，暗示：

(旱苗逢雨) 万物更新，调顺发达，恢弘泽世，繁荣富贵。(吉)

外格数理：8 (金) [又称灵运，主管命运之灵力、社交能力和智慧]，暗示：

(八卦之数) 八卦之数，乾坎艮震，巽离坤兑，无穷无尽。(半吉)

总格数理：31 (木) [又称后运，是后半生的命运，影响中年到老年]，暗示：

(春日花开) 智勇得志，博得名利，统领众人，繁荣富贵。(吉)

天、人、地三才 141 (木火木) 暗示健康、生活是否顺利为：

得上下的惠助，顺调成功发展，基础强固，境遇安泰，子孙繁荣，心身健和而获得幸福及长寿的配置。(吉)

综上所述四大原因，故力荐此一好名字，后来，孩子父母采信了此一建议，就将此名为孩子定为正式大名，报了户口。

第六节 择吉（好四柱）产子研究

一、选择吉时生子有无可行性

近年来，由于研究四柱命学的原因，常常有些朋友或学生来电为孩子的出生进行选择吉时来生产（剖腹产）。由于人之趋吉避凶之本能，故而这种事也就司空见惯了。

不过，为人家孩子出生选择一时间生产，这非小事，或会影响孩子一生之命运，故而择之不可不慎！

择吉生子这一事，首先是对术者命学水平的考验。若一知半解者胡乱择时（当然是术者限于本身学术水平选取的自以为是的“吉时、吉命”），则这问题就大了，小孩子的命就不免不理想了。像当代最出名的易学大师为自己小孩子所择的“吉时”作了剖腹产，结果是小孩子体质上先天不足，身体较差，连正常的上学都上不了，7、8 岁的孩子竟因病在家休学。这就是胡乱择时（择命）生产的结果。这种结果恐怕是大师当初自己做梦也没料到的呀！

择吉生子从原理上是不适合进行全面提倡的，它只对高龄产妇或生理上有特殊要求的妇女适用。如果是出于求福的心理（希望孩子有个好命）要求择吉生子，这种要求术者应该要拒绝的，因为它本质上不符合天地自然之道。

一个家庭生个什么样命的孩子，取决于这个家庭本身的气运。择吉生产想要造一个上品的大命、好命，是不太容易实现的。没有福德之家，是不太会生出特别好命的孩子。同样，就算是术者水平过关了，但由于主家的福德或因缘不够，就是择了大吉之时（好四柱）来生孩子，也往往会阴差阳错地错过所择的吉时。像国内搞奇门出名的张先生，他为自己的孙子、外甥出生都取了吉时，结果是这两个孩子不“听话”，提前闹腾了让妈妈的肚子痛，结果是这两个小家伙就提前“来”了。

择了吉时要顺利实现按时生产，不出现阴差阳错的误会，这取决于如下因素：

一、产妇的预产期与所择吉时的时间差，时间差越大则成功的可能性就越小了。

二、医生的工作时间与日程安排。像去年我给加拿大的一妇女择吉生产，她就提前了大半年要我确定具体剖腹产时间，原因是她所请的主刀医生在加国太出名了，如此出名的人就自然忙的不得了，其工作日程安排就要提前半年预约。如此一来，她就只好提前半年时间来让我定时间为宝宝的生时定了下来了。又像前天我的一个马拉西亚的学生来电，讲为其一好友生产也要择时，结果是下午 4 点后的时辰没法用；什么原因呢？原来大马的医生在 4 点后就要下班了。没法子，为孩子的择时只能考虑巳午未申这四个时辰了。

三、孩子本身的气运。孩子的出生时间就是孩子的一生四柱命了，什么的家庭生什么样的孩子是有一定之规律的，这本质上决定于父亲、母亲本身命中子星如何了。所以，如果不考虑父母的命，就来盲目地定一个所谓的“吉时”，也是恐怕不太容易来“实现”“理想”的啦！

今天，北京的好友又打来了电话，讲其夫人（高龄产妇）的预产期是 8 月 4 日，让我为他宝宝找个好日子好时辰来生，这下我又就要动一下脑筋了！

二、择吉生子实例解析

这个月，我为好几个朋友与客户的妻子选择吉时生产，主要是因为这几个妻子都是高龄产妇，且身体都不太好。

这是一个昨天下午我择的吉时四柱，是替苏州的一个朋友选择的。他们也聪明，严格按照我的所说去做的。不到时间，他们不进手术室，让别人先进去的。在整个下午，这个丈夫与我一直短信联系，由我全程进行辅导，帮助掌握最佳生产时机。

当然，这个孩子出生四柱的选择，我是充分考虑了爸妈的四柱后才定的。这对夫妇基本命运不错，也有数千万的资产。

选吉四柱：

乾造：丁亥　丁未　庚戌　甲申

这个四柱从格局论与穷通论看，皆是上格之命。

实质上，我所看重的是在这个择吉生产的四柱的具体四柱上所带的吉祥信息。

一、年柱正官坐贵，年支金猪一年之水润泽命局。

二、月令财库作天乙贵人，且是将星扶德（未是壬学中的太阳吉将当值），吉祥无比！

三、庚金日主是天下真男人之象，且是魁罡日。庚金与魁罡刚煞皆喜烈火，生在六月，正得天时之功。

四、时辰为四柱归藏之所，本命之时更是妙不可言：

1. 日主青云得路；
2. 时干甲木天月两德星秀放光；
3. 时支申金禄马同行。

如此四柱，大运不必要多费心考虑，运程虽有小小不足，也是无妨的！

第七节　贵命赏析

一、一个贵命

发一个贵命给大家看看，此人曾经长期担任国家体育总局的一把手。

乾造：己卯　戊辰　甲戌　丙寅

　　　0　10　20　30　40　50　60　70

大运：丁卯　丙寅　乙丑　甲子　癸亥　壬戌　辛酉　庚申

这是一个成格之四柱，1989 年开始在国家体委工作，1998 年任国家体育总局一把手，从事体育工作长达十一年，2000年调任！

二、升　官

这两年党委、政府将要换届，当官的人没有一个不关心自己官运前程的。

去年，我就接触了多名政府官员，没有一个不是想着升官的。同这些官员们交往多了，你才会真切地体会到当官、升官对于一个在职的官员是多么地重要。如果在政府换届中不幸退下来，对于一些官员来讲，真是会郁闷死人！可以讲，当今很多当官的人都是官迷，天天在想着如何升官，做了小官想要做大官。如今到了党委、政府换届官场重新洗牌之时，也就是机会来了。做官的人都坐不着了，都要去活动了。

下面这个例子是去年夏天我为河南某地级市建委主任看的四柱：

乾造：壬寅　己酉　壬子　辛亥

　　　9　19　29　39　49　59　69

大运：庚戌　辛亥　壬子　癸丑　甲寅　乙卯　丙辰

当时，我不知道这个命主的身份，但一看其人长相与四柱，我就知道他一定是政府官员了。

所以，我开口的第一句话是：你是公务员，做官的，现在是局级干部。一言中的，对方称是。

有了这个出发点后，再来看这个四柱，他的人生故事与官场风云也就一清二楚了。

不过，人家主任不在乎你算对过去如何如何，人家最关心的是年底党委换届中他的位子如何变化，是升？还是退？或是不动？

当时，我根据这个四柱及所走年运，自然告诉他年底肯定有好消息，来年定会升官的。他听了，很是高兴。

这个四柱还算是个“清官”之命，除了有点风流之外，人品、官品尚正。所以，我对他也是有好感的，对他的仕途作了详细分析，并对他的人生命运作了全面的预测。

今年3月份，我得到了他的消息。他已顺利提升，担任河南某地级市的常务副市长，想到了北京要请我吃饭。

三、高考状元进北大

这是我在国庆四柱面授班上碰到的故事。

在我讲到天干壬水的特性时，我强调了壬水作为长江之水的先天禀性，壬水要成大命，则必要江堤高厚之戊土来阻挡江水，则此一江之水方可造福一方百姓！

另外，对于壬水此一天干来讲，无大堤拦截也必要大森林来遮阴方见江水之秀色，也就是壬水见甲木或寅木也是可以成好命的。这是特别要揭密的是，在所有的十干食神关系中，尤其以壬水日主见甲、寅食神尤为大命，成大富命易如反掌！也就是说，在所有的食神中，壬以甲木作食神是最吉的！只要再见一点丙火，壬日主之人想成大富命轻而易举！

我接着讲，古人讲过一句话，就是著名的：壬骑龙背喜风云。也就是讲了壬日主这一个天干，想成大命是必要见到寅（风）或辰（云）的，只要壬水日主在格局中见到寅辰两字，则成上品大命的可能性就很大了。当然，这还要看具体的格局如何组合！

在我讲到这里的时候，浙江义乌的女学员当场要让我看个四柱，我就说，好吧，你报出来吧！她遂说出了以下四柱：

乾造：**戊辰　甲子　壬子　壬寅**

这个命一出来，无论按格局断还是按穷通断，都是极为少见的大品大命，我见之后惊叹不已，如此之命前程不可限量；地方出这种人才太稀少了。那么，这个才19岁的少年有什么出人头地的事迹呢？

听我如此说来，学员在下面翘起大姆指，并说道，今年这个小孩子是他们当地的高考状元啊！

我听了她的反馈后接着说，这个命就是典型的壬骑背喜风云一格，壬日主成大命的要素寅和辰此两字全有了！且四柱全阳，戊煞高据太岁位，应当考入中国第一流的大学，比如北大、清华、人大之类，前程不可估量；此命将来从商的可能性最大，发个亿万资产毫无问题的！

我还没说完，女学员就迫不及待地接上了口，讲道，老师啊，这个小孩今年就是考入了北大啊！

我听了真是啧啧称好，一流之命果入一流大学，真是命啊！要知道的是，地方上尖子成千上万，可考入北大的人才是真正的尖子中的尖子啊，绝对不是一般学子所可以想象的啊！学员们深有同感，考入北大之人全国在地方上有几人啊？

针对这个命，我作了详细讨论。并对学员们讲，这个命就是一个证明，说明我刚才讲的理论的确是对，你们要好好学，只要真正认识到了真命理，用它来断命必然正确。断不对命，不是说你没水平，只是说明一个问题，那就是你对这个命的命理认识错误或不到位。理论对头，实践才会正确！所以，学命就是要学真正的命理，格局论与穷通论就是我论命体系的主要框架，你们一定要好好学！

四、高官为何落马?

这个四柱是我学生提供的，是由书记的直系亲人来求算时才了解到。此公曾是某省某沿海城市的前市委书记，闻名一时。但此公在 2006 年被中纪委双规，2008 年 2 月以受贿罪被判处无期徒刑。

高官为何落马？全在命中缘由。

乾造：庚寅　戊寅　乙未　丙戌

1　11　21　31　41　51　61

起运：己卯　庚辰　辛巳　壬午　癸未　甲申　乙酉

研究格局的命学爱好者们，看此八字自然知道此公之所以落马的原因了！

第八节　穷富命

一、巨富之命

下面这个四柱是我的一个学生提供的，但她看不出这个四柱的好来。

这个四柱的命主今年到我学生妹夫的度假村中投资了一个亿，所以学生就认识了命主。

命主目前是一位有100多亿身价的集团老总，上过中国民营百富榜，是位列第16名的人物。

乾造：**癸巳　己未　壬午　戊申**

8　18　28　38　48　58　68

起运：戊午　丁巳　丙辰　乙卯　甲寅　癸丑　壬子

这个命无论是从格局还是穷通来看，都是成格之上命。而且，极其符合大命的标准；所以，其之巨富确乎在于命中注定。

我看了这个四柱，就大致定了他的一些重要人生年份与主要成功时间；然后上网查了其人其集团的创业成长过程，果然与命理一一对应契合，信乎！命之匡定人生真是有其数啊！

一个人成功就是通过一件件的事体的成功累积起来的，其对应的就是其为一个可以成事的人，一个总能成事的人，就是一个成功的人士，成事、成功与四柱的成格是有因果关系的。一个败格的四柱想在社会上走向成功几乎是不可能的。

大凡一个大成功者或大失败者，总是严格按乎四柱命的走向去实现人生价值的。

有的人要讲了：四柱是先天的，人的努力是后天的；先天是注定的，后天是可改变的；所以，命理学家讲命全是注定只对了一半。事实上，这种先天后天之说来讲人生命运之谜是根本不对头的。当然，有些搞命学研究的专业人士也会如是说的；那么，此说有理否？

上说事实上却是外行人说的瞎话，表面上有理，实际上全是谬论。关于先天与后天的正确关系应该是：先天决定后天，先天是气数，后天是现象；有先天了才有后天，后天是先天的体现；后天一切全落在先天的气数中。四柱就是先天气数，命运现象就是后天，你有什么样的先天四柱，就有什么样的后天命运现象。

这样说来，人生命运一切真是全注定的了？如果立足于四柱命学这一门学术建立之原理，则人生的是注定的。当然，这一结论的成立必是从四柱本身学术角度去看的。

当然，如果我们的眼光不仅仅是局限于四柱这一术来看人生全部命运，从更大的范围去看人生命运，则四柱就不会也不可能来全部定死人的一辈子啦！

如此一来，人生就有可能活在希望之中了！

二、金融家

这个四柱的命主是我一个天津学生老杨的亲弟弟，去年当老杨在学习班上报出这个命的前三柱，就让我惊叹不已：如此佳造真是四柱中之“精品”“艺术品”，四柱之“美感”不可思议，集萃天地精英之气，其四柱之结构与组合天衣无缝无懈可击，不是单独两个简单的“好命”字所能概括描述的了；为什么呢？这是因为这个四柱不仅仅只是集才能与运气于一身，更可贵的是在富贵之中更还拥有高尚的人品与德行，这是尤为难得者。

乾造：壬寅　庚戌　丙戌　壬辰

8　18　28　38　48　58

大运：辛亥　壬子　癸丑　甲寅　乙卯　丙辰

这位先生目前是某国际著名投资银行的中国区总裁，是当前国际金融界的著名人物之一。

前几天，在老杨的安排下，他们哥俩两对夫妇请我和妻子吃饭。其人一表人才，性情人品也很好，与其命中先天气数完全符合，真的是造化“精

英"，信哉，命也！（附：此命的详细分析在拙者《四柱现代命例集》中有解）

大凡四柱命学往往被世俗视为迷信，不知其学真是中国传统文化中的"方外"之术。精研其学，真的深感意义重大：

一者：可依四柱来识人用人。路遥知马力，日久见人心，这是一般人之识人之道。但用四柱来识别人品、人性之准根本不用"日久"，高手在数分钟之内就可给人定性：君子乐得为君子，小人乐得为小人，这些东西在四柱中完全可以一锤定音的。

二者：可依四柱来识别人才才器之长短处。天生我材必有用，天生一人必有一用，人在合适的位置的上都是人才；所以，用四柱识别龙凤与凡庸之间的区别就显得尤有意义：人尽其才，物尽其用，龙凤之人自有龙凤之用，凡庸之人也有凡庸之用，一个社会各种人都要有其用，如此社会才有生生不息之发展。

三者：可依四柱来掌握时机定进退趋避存亡之道。天下有才人无有穷尽，为何领风骚者聊聊无几？不就是得才者多，得时者少嘛！世道来来往往，舞台不会永远属于你，今天轮到你，就是你的天下；明天轮到他，那就是他的天下了；此一时彼一时，功成者退，未来者进，大道谁也抗拒不了！四柱命学就是识时之学也！

四者：可依四柱来防微杜渐、知几识微，提高危机、忧患意识。人生一世，草木一秋，祸福相倚势若循环，天道人道一理而已，乐极生悲，否极而泰，人生不过如斯！四柱命运全在循环之中，得之者幸，失之者命，处世中以之视成功失败则心态方会稳当。

兴亡谁人定，盛衰岂无凭；古今多少事，多付笑谈中。

三、一门富贵人

25号下午3点到7点，我接待了广东由学生带来的三个朋友，进行了课命法的综合预测。在四个小时内，共看了三个家庭12个命，其中最后一家是满门富贵人，令我印象深刻异常啊！

老公：**壬子　庚戌　己丑　戊辰**

此男明显是财主、地主命，上千万之身价轻而易举！

妻子：**甲寅　丙子　丙戌　己丑**

其妻夫子双星皆旺，则是典型之旺夫益子之好命！

长子：**壬午　壬寅　甲寅　甲戌**

此子木火通明，才子之命、状元之命，必艺术出众将来扬名天下！

次子：**乙酉　丁亥　甲寅　戊辰**

此子财官印俱备，读书成名必走于仕途也！

此一家人之四柱全是富贵中人，其妻、二子之命之富贵皆缘于男主人之年上壬子旺财天乙贵人之星秀，命中如此，鸿福齐天！

四、少年财神负债记

这是我昨天下午接待的一个客户，初见其人不过是很年轻的，只有26岁。是从山西特别过来找我看命的，坐下后他报上四柱后，方让我"刮目相看"了！

乾造：辛酉　甲午　庚午　壬午

5　15　25　35　45　55

大运：癸巳　壬辰　辛卯　庚寅　己丑　戊子

这个命一看个人出身家庭很苦的，不过这个小孩出道很早，15岁就出来闯世界了，到了19、20岁就可发大财了。可遗憾的是，此命自前年开始就走下坡路了，去年到今年则是负债累累，如今是四面楚歌了。

这个命本是夭折命，如今到现在已是有多次生死大灾了，幸命中有救星，每次都是绝处逢生的。当然，此孩子的个性也是极有特点的：胆大凶狠、做事不计后果、花天酒地的，到如今则是要山穷水尽了！

这个命的发财来自什么地方是很值得研究，事实上，在命中也是可以看出来的。就是这个小孩在 17、18 岁的时候就混迹于当地官场中，贿赂官员取得官员们的信任，来挣国家的钱。事实的是这样，这小孩就是向银行贷款贷出小钱来，然后接着用小钱来贷中钱、用中钱来贷大钱，搞的是连续贷钱弄到手，弄到手后就拼命去享乐去了，纸醉金迷一掷千金，活得阔奢极了。

去年，这个 25 岁的年轻人心就更大了，竟想通过银行来贷个 6000 万，于是乎大把大把地去花钱去做“工作”，结果是一年下来大钱花了出去，事却到头无成，结果是白白花了几百万，本身以前的上千万贷款更是连利息都还不上，弄得今年是心急火燎烦恼之极！

从命中看，他的运气要坏了，连上 20 多年，难啊！好在中年后运转北方水地，还有东山再起的机会！

可远水解不了近渴，如今恶运当头，今年更是时刻有抓进去的危险。我看其命中还不如此无解，就告诉他了一个避凶、破官符的方法，让他去做。

临走的时候，我告诉他，你的希望在于将来，一定要相信自己能走过去的。我还说，前些时间有位老先生负债近 2 个多亿的债务，日子比他难过多了，现在也在挺着。命运如此，谁也逃不出四柱的主宰！

多年的职业生涯告诉我，四柱本质上是人生规律，人是出不了规律的制约，只有服从规律与顺从规律去奋斗才会有所成功。肯与规律抗争的人，肯与命运搏斗的人，只是理想主义者一厢情愿的想法而已。

财官有时总须有，财官无时莫强求！

运来铁变金，运去金变铁。

相信命运之神无奈，感叹人生之路无常！

五、冬天里的一把火

这是我昨天看的一个四柱：

男命：**癸丑　乙丑　庚申　丙子**

5　15　25　35　45　55

大运：甲子　癸亥　壬戌　辛酉　庚申　己未

生在丑月的庚申日主，最要的是火。富贵贫贱全在火之上，无火或火无根，只能是苦命一个，此是天理所在，所对应的人命必是患难之人！

所以，我对他讲，你是命就是要“冬天里的一把火”，没有火，什么都不会有的！今年丙戌火来旺局，是最重要的年份。

此人现在 34 岁了，问我其老婆何在？我说，你想要结婚，老婆嘛，好难找的。没有工作，身体又不好，如何想要老婆？

他问：有无解灾法子？

我讲：全要“一把火”，有了火则命中的妻星才可“激活”，否则的话命中的妻星一直处于“冬眠”状态，如何会来到你的身边呀！

我按此理路，说了一法子：让他的命“烧旺”起来，这样才可以在明年或今年找到老婆！

第九节　预测实战实录

一、电话预测

一般在晚上，是我为客户进行电话四柱或六壬测预测命运、占事的工作时间。今年这一方面的工作很多，也很累；为什么？替人占事或看命，要算的对很理想是要真付出心力动脑子，不是可以无责任心地敷衍了事就可以的。

这是昨晚为广东的一客户断的命，他是看了我的四柱书后要求预测的。经过预约安排之后，昨晚 8 点 45 分左右他打来了电话，我正式为他断了四柱，以下就是断命过程的简略实录。

乾造：**庚申　己卯　丙戌　戊戌**

7　17　27　37　47　57　67

大运：庚辰　辛巳　壬午　癸未　甲申　乙酉　丙戌

因他也研究四柱，一上来就问我其家庭出身情况如何？

答：身有气，年上偏财自旺，照理应说出身很富；可我不能这样讲，反是出身贫寒之极，生活都有问题的，因而影响小时候的运气。他称是，问命理之所在，遂讲与他听了。

问：此命格局如何？

答：印格无官煞入命，格局已是平常了。年时财食无情，格更是下了层次，常人之命而已；一生目标小康已是很高的了！好在德星临身命，还可稍挽回些造化的。

问：现在运气如何？

答：27岁开始好运，人生才走上正点，有小名小利极是明显。22岁前运滞之极，生活困苦，22岁后才有像样工作收入，这数年尚行，就是今年最好，比去年强多了，事实如何？他讲，这点很对，今年就是好的很，不明白其理所在？就讲与他听，就是丙日主在身旺或有气的情况下，见到了特定的“成功密码”字眼，所以这运就顺了。

问：我的性格如何？

答：好好先生，很善良的，温和，与人相处都行，人缘好，有点书生的酸气，要面子，无做官欲望，有点小技术。

问：我的婚姻如何？结婚了没有？

答：虽然27多了，就是没有结婚啦；命中有早婚象却是假象，成不了。今年可谈朋友，一对三，明年可定，后年春节期间可办事的。他称赞，算的对，就是还没结婚，询问命理何在？又讲了他听，用的是四柱分类占。

问：我的长相如何？妻的长相、才貌如何？

答：看的四柱，人家都要说你胖，可我就是要讲你个子中等，人却偏瘦的。他听后，忙问其理，我笑而不答。

其妻一般长相，才情稍可，夫妇关系好，妻子要靠你的；将来必有二个孩子。

问：你看我的学历如何？

答：最多大专，不过，定是成人大专，就是自考的。（他大惊，我竟会直接讲其是成人大专，太准了，急问个中命理？我笑了，没回答他。）

问：我最关心的是父母情况？

答：命中父母双全，不必多忧。就是母亲稍有不好，在肠胃上有病，但时间很长了，没大碍的。至于父亲身体很硬的，没有，到了己丑年，父亲到了关口，凶多吉少！他讲，是啊！就是母亲肠子有病，不好，有点让人担心呀！父亲就是命硬，没事的！

问：我的兄弟人数如何？

答：至少五、六个；确切讲的话，就是五个了。（他很惊奇地说，就是5个兄弟姐妹了，命中不是仅有两个劫星，这么会算出五个人的？我大笑之，告诉他如何去看，一个一个去点命中的劫星，果是五个人的。）

问：你看看我的一些主要流年吧？1994~1995、1998~2005年如何？

答：1994、1995读书好，家境可以，多得长上之力。1998运动工作读书或工作生活环境大变，不过是好年，大利读书。1999年还是1998年的运气，好年，顺利。2000、2001年不好，没财，抗上，心里不畅。2003年好年，有财，有工作了，不过这年有是非的，家中好，可造房进财，家业兴。2005年贵人财，吉中有凶，财稍有，想换工作，没换成，主要是母亲反对，一年事多，心烦，天天学易经。（他讲，主要流年都对了，基本是这样过的，就是今年运气很好；不明白流年丙戌与日主伏吟，竟是好年，我说，是啊，你自己也研究研究。他就是不解个中原因的！）

最后，他还问了他的寿元、身体、今后主要运程和未来数个流年，都给他作了细断。

这个命算了3个多小时，到23点结束，他很满意，问我收不收徒弟，我讲还不到收徒弟的时间，他没办法，就说要参加我的函授好好学东西。

他高兴了，我累坏了。

二、饭局之上捷断四柱

这次我到广州讲课，自然也会与学生们谈起四柱的推算事。

下面这个四柱是我的一个学生的，他在未接触我的四柱理论之前，对四柱还是一知半解，看了李后启的书，以为找到了真理，可底子里就是用李的理论自己也说服不了自己。所以，对自己的命也就是一直处于模糊的认知状态中！

在21日的晚饭席中，聊起了这个学生的四柱。我随口直断，一一击中其命要害，所断与其人生经历事实无异，可见四柱断命的高度准确性！

乾造：**己酉　丁卯　辛丑　甲午**

7　17　27　37　47　57

大运：丙寅　乙丑　甲子　癸亥　壬戌　辛酉

这种四柱若按身之强弱来断，必然百思不得其解，而且所断必与事实相反。这是因为按身之强弱来看本命，日主自然偏弱，则生扶日主之土金之运必是大吉好运。如此推论，则其人之好运当是惟一之丑字之上，27后甲子之后运气则大凶了，未来好运要到57岁之后了。本命的中运27到56之前人生奋斗的时光中，其人就会过的暗无天日了。如此俗家理论，则预测再无算对之可能了！预测也只能是一种迷信了！

而按四柱格局之论，看其命洞若观火。结合大运流年，其人之主要人生经历点清清楚楚的！

出身贫穷，克父。兄弟多多有6个，与祖父缘深！

17岁之后，不学好，混迹于社会，好打斗，小混混。

18岁更是好斗成性，学坏了！

23、24岁则是在社会上混开了，小有名气。

27岁人生彻底改观，开始想学好了！因此，从家乡出来到了广州。

32岁则是开始正式有了工作，人生好运始开头。

35岁始结婚。

36岁贵人运开始，名利起色了！

37岁好运继续。

注：以上所讲，只是我在此笼统写来。事实上，在实际判断中具体事情与流年上我会说的很细，有些东西这里就不写出来了！

以上所讲，大体全对。命之神验，可想而知！

后　记

自我的拙著《八字正解》在2004年10月出版之后，在国内易学界掀起了一轮学习格局命理的高潮，大量读者来电来信对《正解》一书给予高度评价，认为此书是自民国以来第一本在四柱命学上进行拨乱反正、正本清源的好书，要求进行更一步的深造。

本书的写作就是继于《正解》之后的又一本古法正统命学专著，较之于《正解》一书，本书的写作有两个显著特点：一者，本书在《正解》格局理论的基础上，进一步推出了《穷通宝鉴》的论命技法体系，自此我的论命框架体系方才基本完整。读者详研此二本书，就会初步掌握传统四柱正确的评命技术系统。二者，就是本书在实例上基本全部采用现代人的命例，这些例子都是我亲身实战的产物，可信度极高，可以让研究者更好地了解如何运用理论进行实战断命。按照上述这两个特点，读者们只要用心去看去研究，就会把握本书的大意了。

四柱命学和大六壬是我目前研究的两个主要术数课目，所以这次这本《子平实战指引》的出版，可帮助国内易学界了解正统四柱学真正学理所在，认识到四柱命学在实战中的真风采，让大家都来学习研究这门传统术数中的大宗之法。

另外，我对相学、风水的研究也在进行当中，到现在也积累了很多心得与经验，相信不久之后我就会推出相学、风水方面的专著。这样一来我就会通过六壬、四柱、相学、风水此四门专业传统预测术数来全面推动当代中国应用易学的健康发展。

从易的人知道，学好一门术数殊为不易，更别说是可以精通多门了。一个人学易好坏，首先在个人对所学的某门术数是否高度自信；其次，就是在实战中能否奏效有用；只有这两者结合的好，方才可以说得上精通了一门技术。今天的我，对于自己所学的这四门术数，可以讲是天天在用，天天在实战，所取得的良好效果，是我的家人、朋友们、学生们、客户们最是了解明白的。我想说的是，既是天赋我才，就当担起这方面的使命与任务，好好学易用易，为生命中与我有缘的人去好好服务。

我学易的主要经历，就是从来没有跟过那个老师学过。我在壬学、四柱、风水、相学此四门主流术数的研究，都是靠自学来完成取得成绩的。当然，个中过程充满曲折，我几乎用了所有的时间在看书、在思考、在实践，特别是我在常熟老家的那一段日子，全身心地投入，魂牵梦绕全在术数上，我学易之所以有一点成果，跟我的努力付出是分不开的。就是这本书主要内容的写作，也是利用 2006 年回家过节的时间完成的。到了今天，我每天也还要有将近 6~7 个小时来看书作研究，精进不已，这就是我研究术数生活的真实写照了！

易道艰深，非浅根人所能轻易掌握；术数微妙，非有心人不能深入。同时，学易更要有时间精力，没有充分的时间仅作业余爱好去学，想学好易经术数会更费力。正是学易的不容易，当我面对先贤们的种种经典时，就会告醒自己，谦虚使人进步，这是永恒的真理；好好学吧，天外有天，人外有人，要想达到古人曾经的高度还有很多路要走的。

今天，这本书的出版，算是我个人研易用易的阶段性成果吧。对于这些成果的取得，我要感谢我的父母在艰难困苦岁月中对我的爱；我要感谢我妻子给我的支持，在生活中给了我充分的照顾。我想用这本新著作为对他们的回报，可能就是最好的礼物了吧！

易学同仁及读者们如有学术方面的交流与问题，可直接与我联系，通讯地址：北京市丰台区光彩路 72 号院 5 号楼 3 单元 502 室，邮编：100079，电话：010–87867781　13522501712，网址：http://www.xwgzy.com。

徐伟刚

2009 年 1 月 8 日一稿于北京

2009 年 7 月 26 日定稿于北京

主要参考书目

《子平真诠评注》	徐乐吾注	中州古籍出版社
《穷通宝鉴》	徐乐吾注	中州古籍出版社
《造化元钥评注》	徐乐吾注	台湾武陵出版社
《三命通会》	明　万民英著	上海古籍出版社
《滴天髓》	清　任铁樵著	中州古籍出版社
《神峰通考》	明　张楠著	兰州大学出版社
《渊海子评》	宋　徐大升著	上海广益书局
《伊川击壤集》	宋　邵雍著	学林出版社
《张子正蒙》	宋　张载著	上海古籍出版社
《汉书》	汉　班固著	中州古籍出版社
《四书集注》	宋　朱熹著	上海古籍出版社
《四书五经》	陈戍国点校	岳麓书社
《乙巳占》	唐　李淳风著	上海广益书局
《余氏用神辞渊》	梁湘润著	台湾武陵出版社
《最新八字造化真迹》	刘金财著	台湾武陵出版社
《八字学星宫之论》	刘金财著	台湾进源书局
《八字批命实务》	潘东光著	台湾武陵出版社